**eBook inklusive**

Laden Sie Ihr persönliches eBook unter wbv.de/download herunter.
Ihr persönlicher Downloadcode lautet:

j4FiFC2W

DGFP e.V. (Hg.)

# Personalcontrolling für die Praxis: Konzept – Kennzahlen – Unternehmensbeispiele

# DGFP-PraxisEdition | Band 92

Herausgegeben von der Deutschen Gesellschaft für Personalführung e.V.

**Zeichenerklärung**

 Abbildungen

 Checklisten

 Tipps

 Interne Seitenverweise

 Verweise auf weitere Informationen im Internet

DGFP e.V. (Hg.)

# Personalcontrolling für die Praxis: Konzept – Kennzahlen – Unternehmensbeispiele

DGFP e. V. (Hg.)

Personalcontrolling für die Praxis: Konzept – Kennzahlen – Unternehmensbeispiele
überarbeitete Neuauflage

DGFP-PraxisEdition Band 92
Reihenherausgeber:
Deutsche Gesellschaft für Personalführung e. V., Düsseldorf

**Bibliografische Information der Deutschen Nationalbibliothek**
Die Deutsche Nationalbibliothek verzeichnet diese Publikation in der Deutschen Nationalbibliografie;
detaillierte bibliografische Daten sind im Internet über http://dnb.d-nb.de abrufbar.

Gesamtherstellung und Verlag:
W. Bertelsmann Verlag GmbH & Co. KG
Postfach 10 06 33, 33506 Bielefeld
Telefon: (05 21) 9 11 01-11, Telefax: (05 21) 9 11 01-19
E-Mail: service@wbv.de, Internet: wbv.de

Signet PraxisEdition: Grafikstudio HÜGEMO
Umschlag, Gestaltung und Satz: Christiane Zay, Potsdam

MIX
Papier aus verantwortungsvollen Quellen
FSC® C013205

Alle Rechte vorbehalten. Kein Teil dieses Werkes darf ohne schriftliche Genehmigung des Herausgebers und des Verlages in irgendeiner Form reproduziert, in eine andere Sprache übersetzt, in eine maschinenlesbare Form überführt oder in körperlicher oder unkörperlicher Form vervielfältigt, bereitgestellt oder gespeichert werden. Die Wiedergabe von Warenbezeichnungen, Eigennamen oder sonstigen Bezeichnungen in diesem Werk berechtigt nicht zu der Annahme, dass diese frei verfügbar seien und von jedermann benutzt werden dürfen, auch wenn diese nicht eigens als solche gekennzeichnet sind.

Die Autoren und der Verlag haben die in dieser Veröffentlichung enthaltenen Angaben mit größter Sorgfalt zusammengestellt. Sie können jedoch nicht ausschließen, dass vereinzelte Informationen auf irrtümlichen Angaben beruhen oder bei Drucklegung bereits Änderungen eingetreten sind. Aus diesem Grund kann keine Gewähr und Haftung für die Richtigkeit und Vollständigkeit der Angaben übernommen werden, soweit nicht mit dem Produkthaftungsgesetz vereinbar.

Dieses Buch enthält Verweise auf Internetseiten, deren Inhalte zum Zeitpunkt der Linksetzung mit größter Sorgfalt ausgewählt und geprüft wurden. Auf die Aktualität, Richtigkeit und Vollständigkeit der Inhalte sowie die aktuelle und zukünftige Gestaltung der verlinkten/verknüpften Seiten haben Herausgeber und Verlag keinerlei Einfluss. Wir distanzieren uns ausdrücklich von allen Inhalten aller verlinkten/verknüpften Seiten, die nach der Linksetzung verändert wurden, und übernehmen keine Haftung.

ISBN 978-3-7639-5125-3 (Print)    **Bestell-Nr. 6001679a**
ISBN 978-3-7639-5126-0 (E-Book)
© 2013, W. Bertelsmann Verlag GmbH & Co. KG, Bielefeld

# Inhalt

Vorwort zur zweiten Auflage .................................................. 11

Vorwort zur ersten Auflage (2009) ........................................ 13

I.    Konzeptionelle Grundlagen des Personalcontrollings .............. 17

1    Bedeutung und Nutzen des Personalcontrollings
*(Sascha Armutat)* ................................................................... 17

2    Gegenstand und Dimensionen des Personalcontrollings
*(Sascha Armutat)* ................................................................... 19

3    Ziele und Aufgaben des Personalcontrollings *(Sascha Armutat)* .... 23

4    Instrumente des Personalcontrollings ........................................ 29

4.1    Daten und Datenquellen des Personalcontrollings
*(Sascha Armutat)* ................................................................... 29
4.2    Kennzahlen – Daten für das Personalcontrolling
*(Silke Wickel-Kirsch)* ............................................................. 31
4.3    Instrumente für den Zugriff auf Daten *(Sascha Armutat)* ............ 35
4.4    Instrumente für die Datenauswertung *(Sascha Armutat)* ............ 36
4.5    Instrumente für die Datendokumentation und -verbreitung
*(Sascha Armutat)* ................................................................... 40

5    Organisatorische Einbindung im Unternehmen und Rolle
des Personalcontrollers *(Jörg Sasse und Hede Gesine Elsing)* ....... 43

6    Rechtliche Rahmenbedingungen des Personalcontrollings ....... 49

6.1    Rechtliche Aspekte von Personalcontrolling, Datenschutz
und betrieblicher Mitbestimmung *(Oliver Barta)* ...................... 49
6.1.1    Zulässigkeit von Personalcontrolling im Rahmen des Bundes-
datenschutzgesetzes ............................................................... 50
6.1.2    Personalcontrolling in der betrieblichen Mitbestimmung ........... 57
6.2    Allgemeines Gleichbehandlungsgesetz (AGG)
*(Hede Gesine Elsing)* ............................................................. 63

II.    Anwendungsbereiche ............................................................ 65

1    Personalplanung *(Michael Schmitz)* ........................................ 65

1.1    Definition und Aufgaben ......................................................... 65
1.2    Faktororientierte Personalplanung .......................................... 66
1.3    Prozessorientierte Personalplanung ........................................ 73
1.4    Unternehmensbeispiel RWE Power AG .................................... 75
1.4.1    Ziel der Personalplanung ........................................................ 75

| | | |
|---|---|---|
| 1.4.2 | Prozess der Personalplanung | 76 |
| 1.4.3 | Unterjährige Prognosen/Abweichungsanalysen | 83 |
| 1.4.4 | Bewertung | 84 |
| **2** | **Personalgewinnung** *(Silke Wickel-Kirsch, Alfred Lukasczyk)* | **85** |
| 2.1 | Definition und Aufgaben | 85 |
| 2.2 | Faktororientiertes Controlling der Personalgewinnung | 87 |
| 2.3 | Prozessorientiertes Controlling der Personalgewinnung | 89 |
| 2.4 | Einfluss des demografischen Wandels und der Digitalisierung der Arbeit auf das Controlling der Personalgewinnung | 96 |
| **3** | **Personaleinsatz** *(Paul Kittel)* | **99** |
| 3.1 | Definition und Aufgaben | 99 |
| 3.2 | Faktororientiertes Controlling des Personaleinsatzes | 102 |
| 3.3 | Prozessorientiertes Controlling des Personaleinsatzes | 104 |
| 3.4 | Unternehmensbeispiel real,- SB-Warenhaus GmbH | 105 |
| 3.5 | Unternehmensbeispiel Kassenärztliche Vereinigung Bayerns *(Hede Gesine Elsing)* | 107 |
| **4** | **Personalentwicklung** *(Bernd Kosub)* | **111** |
| 4.1 | Definition und Aufgaben | 111 |
| 4.2 | Faktororientiertes Controlling der Personalentwicklung | 112 |
| 4.2.1 | Talententwicklung | 112 |
| 4.2.2 | Fort- und Weiterbildung | 117 |
| 4.3 | Prozessorientiertes Controlling der Personalentwicklung | 121 |
| 4.3.1 | Leistungsportfolios | 121 |
| 4.3.2 | Balanced Scorecard in der Personalentwicklung | 124 |
| 4.3.3 | Prozesskostenrechnung in der Personalentwicklung | 128 |
| **5** | **Personalführung** *(Volker Nürnberg)* | **133** |
| 5.1 | Definition und Aufgaben | 133 |
| 5.2 | Faktororientiertes Controlling der Personalführung | 133 |
| 5.3 | Prozessorientiertes Controlling der Personalführung | 135 |
| 5.4 | Unternehmensbeispiel einer Baustofffirma | 136 |
| 5.4.1 | Der Personalbereich als Treiber der Strategieentwicklung | 136 |
| 5.4.2 | Ableitung von Zielen | 137 |
| 5.4.3 | Einführung der Balanced Scorecard | 139 |
| **6** | **Personalbetreuung** *(Susanna Steinle)* | **145** |
| 6.1 | Definition und Aufgaben | 145 |
| 6.2 | Faktororientiertes Controlling der Personalbetreuung | 145 |
| 6.3 | Prozessorientiertes Controlling der Personalbetreuung | 146 |
| 6.4 | Unternehmensbeispiele | 148 |
| 6.4.1 | Transparente Kosten der Personalbetreuung | 148 |
| 6.4.2 | Personalbetreuung mit Benchmarking optimal gestalten *(Jörg Sasse)* | 148 |

| | | |
|---|---|---|
| 7 | **Personalabbau** *(Sascha Armutat)* | **153** |
| 7.1 | Definition und Aufgaben | 153 |
| 7.2 | Faktororientiertes Controlling des Personalabbaus | 154 |
| 7.3 | Prozessorientiertes Controlling des Personalabbaus | 155 |
| 7.4 | Unternehmensbeispiel zur Schließung eines Produktionswerks | 156 |
| 7.4.1 | Kommunikation | 156 |
| 7.4.2 | Elemente des Interessenausgleichs | 158 |
| 7.4.3 | Elemente des Sozialplans | 159 |
| 8 | **Kosten des Personals und der Personalarbeit** *(Dieter Gerlach)* | **161** |
| 8.1 | Definitionen und Grundlagen | 161 |
| 8.2 | Faktororientiertes Controlling der Personalkosten | 163 |
| 8.3 | Prozessorientiertes Controlling der Kosten der Personalarbeit | 171 |
| 8.4 | Unternehmensbeispiel RWE Generation SE *(Michael Schmitz)* | 176 |
| **III.** | **Aktuelle Entwicklungen** | **179** |
| 1 | **Demografieorientierte strategische Personallangfristplanung** *(Michael Schmitz)* | **179** |
| 1.1 | Modelllogik | 179 |
| 1.2 | Simulation der Bestandsentwicklung | 181 |
| 1.3 | Simulation der Bedarfsentwicklung | 182 |
| 1.4 | Gap-Analyse und Ableitung von Maßnahmen | 183 |
| 1.5 | Unternehmensbeispiel RWE Power AG | 185 |
| 1.6 | Unternehmensbeispiel aus der Chemischen Industrie Ost: Umsetzung von lebensphasenorientierter Arbeitszeit auf betrieblicher Ebene *(Volker Nürnberg)* | 189 |
| 2 | **Personalrisikomanagement** | **197** |
| 2.1 | Personalrisiken identifizieren, messen und steuern *(Bernd Kosub)* | 197 |
| 2.1.1 | Risikofelder im Personalmanagement | 197 |
| 2.1.2 | Risikoeinschätzung und -bewertung | 201 |
| 2.1.3 | Einführung von Risikomanagement | 202 |
| 2.2 | Grundlagen des Risikomanagements am Beispiel eines Versicherungsunternehmens *(Uta Lecker-Schubert)* | 202 |
| 2.2.1 | Hintergrund und Rahmen des Risikomanagements | 202 |
| 2.2.2 | Operationelle Risiken | 204 |
| 3 | **Strategische Steuerungsinstrumente und Navigationshilfen** *(Paul Kittel, Jörg Sasse)* | **211** |
| 3.1 | Personalinformationssysteme | 211 |
| 3.1.1 | Überblick | 211 |
| 3.1.2 | Das Personalabrechnungssystem als Informationsquelle | 212 |
| 3.1.3 | Datenverarbeitung mittels Tabellenkalkulation | 213 |

| | | |
|---|---|---|
| 3.1.4 | Relationale Datenbanken im Personalcontrolling | 214 |
| 3.1.5 | OLAP-Cubes und Data Mining | 214 |
| 3.1.6 | Data Warehouse | 215 |
| 3.1.7 | „Big Data" als neuer Trend? | 216 |
| 3.1.8 | Cockpits und Dashboards | 216 |
| 3.2 | Steuerungssysteme | 217 |
| 3.2.1 | Analysewerkzeuge | 217 |
| 3.2.2 | Balanced Scorecards | 219 |
| 3.2.3 | Prognose- und Simulationssysteme | 222 |
| 3.3 | Unternehmensbeispiel: Strategische Personalplanung bei der METRO AG – von der Altersstrukturanalyse zur strategischen Personalplanung *(Paul Kittel)* | 225 |
| **4** | **Prozessoptimierung im Personalbereich** *(Stefan Huber)* | **231** |
| 4.1 | Prozessoptimierung und Personalcontrolling | 231 |
| 4.2 | Prozesskontrolle und -steuerung im Personalmanagement | 232 |
| 4.2.1 | Prozesse im Personalmanagement | 232 |
| 4.2.2 | Grundlagen der Prozesssteuerung | 233 |
| 4.2.3 | Prozesskostenrechnung | 234 |
| 4.2.4 | Qualitätscontrolling | 238 |
| 4.2.5 | Zeitcontrolling | 240 |
| 4.3 | Standardisierung von Personalprozessen | 243 |
| 4.3.1 | Vorteile der Standardisierung | 243 |
| 4.3.2 | Prozessdefinition und -auswahl | 244 |
| 4.3.3 | Prozessdarstellung | 246 |
| 4.3.4 | Prozessstrukturierung | 246 |
| 4.3.5 | Prozessrealisation und -steuerung | 247 |
| 4.3.6 | Prozessoptimierung | 249 |
| 4.3.7 | Prozessdokumentation | 251 |
| 4.4 | Unternehmensbeispiel: Prozessoptimierung im Bereich Personalbetreuung der Cognis Deutschland GmbH *(Susanna Steinle)* | 252 |
| **5** | **Internationales Personalcontrolling** *(Susanna Steinle)* | **259** |
| 5.1 | Kennzahlenauswahl | 259 |
| 5.2 | Informationsbeschaffung/EDV-Unterstützung | 262 |
| 5.3 | Standardisierung, Implementierung und Interpretation | 263 |
| 5.4 | Kulturelle Unterschiede | 264 |
| 5.5 | Internationale Steuerungsstrategie | 265 |
| 5.6 | Zwei Beispiele zu internationalen Personalkennzahlen aus der Praxis | 267 |
| 5.6.1 | Tabellarischer Kennzahlenvergleich Landesgesellschaften mit Gesamtunternehmen | 267 |
| 5.6.2 | Einführung globaler qualitativer HR-Kennzahlen | 270 |
| 5.6.3 | Ganzheitliche Personalsteuerung mit dem HR-Cockpit bei der Celesio AG *(Oliver Sehorsch)* | 272 |

| IV. | Ausblick: Zukünftige Ausrichtung des Personalcontrollings | 279 |
|---|---|---|
| 1 | Entwicklung des Personalcontrollings bis zum heutigen Stand *(Dieter Gerlach und Sascha Armutat)* | 279 |
| 2 | Zukunftsgerichtetes Personalcontrolling *(Dieter Gerlach)* | 283 |
| 3 | Trends und Themen *(Dieter Gerlach und Sascha Armutat)* | 285 |

| V. | Anhang | 289 |
|---|---|---|
| 1 | „Reifegrad" des Personalcontrollings *(Silke Wickel-Kirsch, Dieter Gerlach)* | 289 |
| 2 | Strukturierte Kennzahlenübersicht | 295 |
| 3 | Literaturverzeichnis und -hinweise | 305 |
| 4 | Abbildungs- und Checklistenverzeichnis | 309 |
| 5 | Stichwortverzeichnis | 315 |
| 6 | Autorenverzeichnis | 321 |

# Vorwort zur zweiten Auflage

Das Personalcontrolling hat sich als eigenständige Funktion etabliert: In der DGFP-Langzeitstudie „Professionelles Personalmanagement" gaben 2012 75 Prozent der befragten Unternehmen an, dass sie systematisch Personalkennzahlen erheben. Auch wenn der Nachweis des Wertbeitrages der Personalarbeit in vielen HR-Abteilungen nicht auf der Tagesordnung steht, so sind diese Ergebnisse dennoch ermutigend, zeigen sie doch, dass das Gros der Unternehmen aktiv daran arbeitet, ihr Personalmanagement mit Kennzahlen transparent und steuerbar aufzustellen.[1] Diesem Ziel sieht sich die DGFP seit der Jahrtausendwende verpflichtet. Mit Beiträgen zum Human Capital Management, zur wertorientierten Steuerung der Personalarbeit, zu HR-Kennzahlen und vor allem durch die grundlegenden Bücher zum Personalcontrolling hat die DGFP Wegweiser für die konzeptionelle und die praktische Diskussion des Themas in Hochschulen und vor allem Unternehmen aufgestellt.

Die zweite Auflage des vorliegenden Grundlagenwerkes ist in weiten Teilen kaum verändert. In einigen Kapiteln wurden aktuelle Neuerungen integriert. Das bezieht sich vor allem auf die Unternehmensbeispiele in den derzeitigen Handlungsfeldern. Das Buch wurde an die Layoutstandards der DGFP-Buchreihe PraxisEdition angepasst und um Handreichungen wie eine strukturierte Kennzahlenübersicht für Gestaltungsfelder des Personalmanagements ergänzt.

Der Dank für die Überarbeitung ihrer Kapitel gilt:
- Dr. Sascha Armutat, Deutsche Gesellschaft für Personalführung e. V., Düsseldorf
- Oliver Barta, Bosch Thermotechnik GmbH
- Hede Gesine Elsing, Personalmanagement und Organisationsentwicklung, Überlingen
- Dieter Gerlach, Idstein
- Prof. Dr. Stefan Huber, Fachhochschule Köln
- Paul Kittel, METRO AG, Düsseldorf

---

1  DGFP e. V. (Hg.) (2012a): Langzeitstudie Professionelles Personalmanagement 2012 (pix). PraxisPapiere, Ausgabe 4/2012. Verfügbar über www.dgfp.de/praxispapiere (Stand: 05.12.2012).

- Dr. Bernd Kosub, Munich Re, München
- Uta Lecker-Schubert, Deutsche Gesellschaft für Personalführung e. V., Düsseldorf
- Alfred Lukasczyk, Evonik Industries AG, Essen
- Volker Nürnberg, IDT Biologika GmbH, Dessau
- Jörg Sasse, Loesche GmbH, Düsseldorf
- Oliver Sehorsch, Celesio AG, Stuttgart
- Michael Schmitz, RWE Generation SE, Essen
- Susanna Steinle, LANXESS Deutschland GmbH, Leverkusen
- Prof. Dr. Silke Wickel-Kirsch, Fachhochschule Wiesbaden

Danken möchten wir auch Dr. Benedikt Jürgens, PEAG HR GmbH, für seine fachliche Beratung.

Vonseiten der DGFP e. V. haben Dr. Sascha Armutat und Lena Steinhäuser das Überarbeitungsprojekt gesteuert, unterstützt von Katherin Hojka und Katja Nadine Seyl. Das Lektorat hat Siegrid Geiger, Eckental, ausgeführt. Ihnen allen gilt unser Dank für ihr Engagement in diesem Projekt.

*Katharina Heuer*
Vorsitzende der Geschäftsführung der Deutschen Gesellschaft für Personalführung e. V.

# Vorwort zur ersten Auflage (2009)

In den Neunzigerjahren der letzten Jahrhunderts entstand in manchen Unternehmen eine neue betriebswirtschaftliche Funktion, die sich systematisch mit personalbezogenen Kennzahlen beschäftigte, für mehr Transparenz in den Personalaktivitäten sorgte und Steuerungsimpulse für eine unternehmerische Personalarbeit liefern sollte. In diesem gedanklichen Kontext arbeiteten im Zeitraum 1999 bis 2001 erste Arbeitsgruppen der Deutschen Gesellschaft für Personalführung e. V. (DGFP) an praxisorientierten Handlungshilfen zur professionellen Anwendung von Personalcontrolling im betrieblichen Alltag. Die Arbeitsergebnisse wurden in einem Buch zusammengefasst, das für sich beanspruchte, den damaligen Stand des Personalcontrollings in den Unternehmen abzubilden und Unternehmen Orientierung bei dessen Einführung zu geben.[2]

Das Personalcontrolling ist mittlerweile ein etablierter Funktionsbereich des Personalmanagements geworden. In immer mehr Unternehmen gibt es Mitarbeiter im Personalbereich, die sich professionell mit Personalcontrolling beschäftigen: Eine Umfrage unter den DGFP-Mitgliedsunternehmen im Jahr 2007 hat ergeben, dass mittlerweile in jedem zweiten Unternehmen hauptamtliche Personalcontroller beschäftigt sind, die das Gros der Personalcontrollingaktivitäten ihrer Unternehmen bewältigen.[3] Immerhin 52 Prozent der Unternehmen stuften sich in der Umfrage als fortgeschritten bei der Bewertung des Reifegrades ihres Personalcontrollings ein. Diesen Trend zeigen auch die fachspezifischen Erfahrungsaustauschkreise der DGFP, in denen mittlerweile 86 Personalcontroller mitarbeiten.

Nicht nur dieser Institutionalisierungsgrad ist neu. Auch die Fragestellungen im Personalcontrolling haben in den letzten Jahren neue Facetten bekommen. Kennzahlenbasierte Steuerungssysteme auf der Basis komfortabler Personalinformationssysteme sind verbreitet und ermöglichen ein Personalcontrolling, das imstande ist, in Echtzeit aufbereitete entscheidungsrelevante Informationen zu liefern. Vor

---

2   Vgl. DGFP e. V. (2001).
3   Vgl. DGFP e. V. (2007b).

diesem Hintergrund erschien es uns geboten, das damals erarbeitete Verständnis von Personalcontrolling und dessen Handlungshilfen für die Praxis auf den Prüfstein zu stellen und entsprechend den aktuellen Anforderungen zu modifizieren und weiterzuentwickeln.

Initiiert von der DGFP, hat sich 2008 ein neuer Arbeitskreis Personalcontrolling an diese anspruchsvolle Aufgabe gemacht und mit der vorliegenden Veröffentlichung einen Standard für ein praktisches Personalcontrolling definiert. Das Ergebnis dieses Prozesses ist ein weiterführendes, neues Buch, das weiterhin gültige Elemente der ersten Publikation nutzt, sie mit aktuellen Vertiefungen und Ergänzungen aus der Unternehmenspraxis und der Wissenschaft kombiniert und mithilfe einer neuen Veröffentlichungsstruktur sinnvoll zusammenführt.

An den Diskussionsprozessen im Arbeitskreis und der Verschriftlichung der Arbeitsergebnisse haben sich in alphabetischer Reihenfolge die folgenden Personen beteiligt:

| | |
|---|---|
| Dr. Sascha Armutat, | Deutsche Gesellschaft für Personalführung e. V., Düsseldorf |
| Hede Gesine Fink, | Kassenärztliche Vereinigung Bayerns (KVB), München |
| Dieter Gerlach, | Langgöns |
| Prof. Dr. Stefan Huber, | Fachhochschule Köln |
| Paul Kittel, METRO AG, | Düsseldorf |
| Dr. Bernd Kosub, | Münchener Rückversicherungs-Gesellschaft AG, München |
| Uta Lecker, | HUK-COBURG Versicherungsgruppe VVaG, Coburg |
| Alfred Lukasczyk, | Evonik Industries AG, Essen |
| Volker Nürnberg, | URSA Deutschland GmbH, Leipzig (Stand 2009) |
| Helmut Oetzel, | Daimler AG, Stuttgart |
| Jörg Sasse, | Deutsche Gesellschaft für Personalführung mbH, Düsseldorf |
| Michael Schmitz, | RWE Power AG, Essen |

Susanna Steinle, LANXESS Deutschland GmbH, Leverkusen
Dr. Ulrike Tymister, Essen und München
Prof. Dr. Silke Wickel-Kirsch, Fachhochschule Wiesbaden

Vonseiten der DGFP e.V. haben Dr. Sascha Armutat und Dieter Gerlach das Projekt gesteuert; Susanne Kath hat die Arbeit des Arbeitskreises und die Manuskripterstellung administrativ begleitet. Das Lektorat hat Siegrid Geiger, Eckental, ausgeführt. Ihnen allen gilt unser Dank für ihr außerordentliches Engagement in diesem Projekt.

Wir danken zudem Rechtsanwalt Oliver Barta für seinen Beitrag zu den rechtlichen Aspekten des Personalcontrollings im Kapitel I.6.1 und Volker Schaumburg, Commerzbank AG, für sein Unternehmensbeispiel im Kapitel III.3.3.2.

Der Herausgeberrat der DGFP-Schriftenreihe – Karl-Heinz Große Peclum, Commerzbank AG, Frankfurt am Main, Joachim Höper, W. Bertelsmann Verlag, Bielefeld, und Univ.-Prof. Dr. Dirk Sliwka, Universität zu Köln, Köln – hat die Veröffentlichung befürwortet.

*Prof. Gerold Frick*
Geschäftsführer der Deutschen Gesellschaft für Personalführung e.V.
Düsseldorf, 2009

# I. Konzeptionelle Grundlagen des Personalcontrollings

## 1 Bedeutung und Nutzen des Personalcontrollings *(Sascha Armutat)*

Personalcontrolling hat sich als wichtiges Element eines zeitgemäßen Personalmanagements etabliert. Diese Entwicklung hat viele Gründe. Vor allem beruht sie auf der Einsicht, dass Personalfragen eine große Bedeutung für die Unternehmensentwicklung haben. Das zeigt sich unter anderem daran, dass in Bonitätsprüfungen von Banken, in Ratingverfahren von Analysten oder auch in Unternehmensbewertungen von Wirtschaftsprüfern immer häufiger Bezug auf Personalaspekte genommen wird, um die Situation eines Unternehmens zu beurteilen.[4] Dadurch gewinnen Personalfragen mittlerweile in allen Chefetagen der großen, mittleren und kleineren Unternehmen an Gewicht. Dieser Bedeutungsschub von außen geht einher mit der gewachsenen Nachfrage nach businessorientierten Personalinformationen, die Entscheidungen im Rahmen der Unternehmensführung unterstützen. Das Personalcontrolling sorgt dafür, dass diese Personalinformationen erhoben und in den unternehmerischen Entscheidungsprozess integriert werden. Das ist kein frommer Wunsch, sondern die Realität in vielen Unternehmen: Die DGFP-Befragung zeigte, dass die Hauptaufgaben des Personalcontrollings in den meisten Unternehmen darin bestehen, strategische Entscheidungen durch Informationen vorzubereiten (74 %), Personalkosten transparent zu machen (63 %), einen Beitrag zur Unternehmensberichterstattung zu leisten (48 %) und die Auswirkungen neuer Entwicklungen frühzeitig einzuschätzen (38 %).[5]

*Bedeutung des Personalcontrollings steigt*

*Nachfrage nach businessorientierten Personalinformationen*

Mit anderen Worten: Der Trend der Ökonomisierung und strategischen Orientierung des Personalmanagements hat auch eine Aufwertung des Personalcontrollings zur Folge, das mit einer per-

*Aufwertung des Personalcontrollings durch Ökonomisierung und strategische Orientierung*

---

4   Vgl. DGFP e. V. (2007a).
5   Vgl. DGFP e. V. (2007b).

sonal- und personalmanagementbezogenen Kosten- und Leistungsrechnung die informationellen Grundlagen für eine zeitgemäße unternehmerische Personalarbeit schafft. Die Zeiten, in denen es beim Personalcontrolling in den meisten Unternehmen hauptsächlich nur darum ging, das Personalmanagement als Funktion zu legitimieren, sind damit endgültig vorbei.

Ein weiterer Grund für den Bedeutungsschub des Personalcontrollings liegt in der Organisation der Personalarbeit vieler Unternehmen, die durch Arbeitsteiligkeit und Dezentralisierung geprägt ist. Personal-Service-Center, Expertise-Center und Key-Account-Personalmanagement-Modelle stehen für eine effizienz- und businessorientierte Organisation des Personalmanagements.[6] Zugleich werden die Führungskräfte des Unternehmens stärker in die Pflicht genommen. Ein derartig dezentral organisiertes Personalmanagement kann nur wie aus „einem Guss" betrieben werden, wenn es verbindliche, gemeinsame Orientierungsgrößen gibt. Hier bekommt das Personalcontrolling die Funktion der Governance-Unterstützung: Es trägt bei zur Identifikation relevanter Orientierungsgrößen, wie zum Beispiel Key-Performance-Indikatoren, hilft bei der Erhebung von Zielerreichungsgraden und unterstützt die Analyse der Ursachen für den Erfolg oder Misserfolg von Personalaktivitäten. Dadurch werden die Führungskräfte im und außerhalb des Personalbereichs in die Lage versetzt, ihre Entscheidungen an aufbereiteten, integrierenden Personalinformationen zu orientieren.

*Funktion der Governance-Unterstützung*

Beides – sowohl die Ökonomisierung als auch eine strukturelle Businessorientierung – sind wichtige Bausteine eines professionellen Personalmanagements. Das Personalmanagement kann nur dann Erfolgsbeiträge leisten, wenn die Werttreiber und die Erfolgsprozesse transparent und steuerbar sind. Darum ist die weitere Professionalisierung des Personalmanagements zwingend mit einem gut funktionierenden Personalcontrolling verbunden.

---

6   Vgl. Armutat et al. (2007).

# 2 Gegenstand und Dimensionen des Personalcontrollings *(Sascha Armutat)*

> Das Personalcontrolling ist die Teilfunktion des Personalmanagements, die ein optimales Verhältnis von personalbezogenem Aufwand (im Sinn von Preis, Menge, Zeit und Qualität) zu personalbezogenem Ertrag (im Sinn von Preis, Menge, Zeit und Qualität) überwacht und dabei die derzeitige und künftige wirtschaftliche Entwicklung im Unternehmen und in dessen Umfeld berücksichtigt.

Als unternehmensspezifischer, integrierter Managementprozess liefert das Personalcontrolling mithilfe geeigneter Tools und auf einer einheitlich strukturierten, unternehmensweit definierten Daten- und Kennzahlenbasis personal- und betriebswirtschaftliche Steuerungsimpulse für die aktuelle und zukünftige Personalarbeit, den derzeitigen Personaleinsatz und den zu prognostizierenden Personalbedarf. Dadurch unterstützt es flexibel die Zielerreichung des Unternehmens und des Personalmanagements.

Damit kommt auch zum Ausdruck, dass das Personalcontrolling eine unternehmerische Funktion ist: Es initiiert Aktivitäten, die der wirtschaftlichen Situation des Unternehmens Rechnung tragen und sich nachweisbar auf die Optimierung des Verhältnisses von personalbezogenem Aufwand und Ertrag auswirken. Diese Optimierung bezieht sich zum einen auf die im Unternehmen arbeitenden Mitarbeiter hinsichtlich Anzahl, Struktur und Kosten – das ist die faktororientierte Perspektive des Personalmanagements. Sie bezieht sich zugleich auf die Prozesse der Personalarbeit, mit denen die Mitarbeiter gesucht, ausgewählt, eingesetzt, entwickelt, entlohnt und abgebaut werden und mit denen die Personalarbeit selbst gesteuert wird. Das ist die prozessorientierte Perspektive der Personalarbeit.

*Personalcontrolling: eine unternehmerische Funktion*

Einerseits reagiert Personalcontrolling also auf die personalspezifischen Umstände, andererseits wirkt es gestaltend auf diese Umstände ein. Eine wichtige gestalterische Aufgabe ist es, den quantitativen und den qualitativen Wertschöpfungsbeitrag des Personalmanagements zum Unternehmenserfolg transparent zu machen und strategische Steuerungsimpulse für die Erreichung der Unternehmensziele zu liefern.

Bei diesen Überlegungen tauchen Begriffe auf, die verschiedene Dimensionen und spezifische Ausprägungen des Personalcontrollings beschreiben und Bestandteile des hier vertretenen umfassenden Personalcontrollingansatzes sind:

*Dimensionen des Personalcontrollings*

- strategisches und operatives Personalcontrolling
- quantitatives und qualitatives Personalcontrolling
- prozessorientiertes und faktororientiertes Personalcontrolling

**Dimensionen des Personalcontrollings**

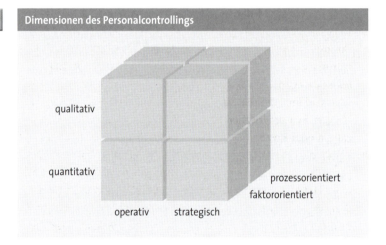

Das Begriffspaar „strategisch" und „operativ" zeigt die Zielebene des Personalcontrollings an:

*Strategisches Personalcontrolling*

- Das strategische Personalcontrolling ist eine Unterstützungsfunktion des strategischen Personalmanagements. Es beschäftigt sich mit den Beiträgen, die das Personalmanagement zur Umsetzung der Unternehmensstrategie leistet. Im Einzelnen untersucht es, ob und in welchem Maß die Aktivitäten zur Steuerung des Aufbaus und der Nutzung von Humanressourcen als Erfolgspotenzial zur Sicherung der Unternehmenszielerreichung zu werten sind. Um die Effektivität des Personalmanagements transparent zu machen, werden geeignete Instrumente der Informationsgewinnung, -analyse und -dokumentation eingesetzt.

- Das operative Personalcontrolling ist im Gegensatz zum strategischen Personalcontrolling eine Unterstützungsfunktion des operativen Managements („Abwicklung des Tagesgeschäfts"), die primär handlungsbezogen auf wiederkehrende Arbeitsvorgänge und Aufgabenstellungen ausgerichtet ist. Es geht dabei vor allem darum, mit geeigneten Instrumenten die Effizienz der operativen Personalaktivitäten zu hinterfragen und geeignete Steuerungsimpulse für einen ergebnisorientierten Ressourceneinsatz zu setzen.

*Operatives Personalcontrolling*

Das Begriffspaar quantitativ – qualitativ verweist auf den Charakter der Informationen, mit denen das Personalcontrolling umgeht:
- Das quantitative Personalcontrolling ist auf die Erhebung, Verarbeitung und Steuerung quantitativer Kennzahlen (sogenannter *hard facts*) gerichtet. Diese quantitativen Kennzahlen sind metrische Größen, die die Menge, Anzahl oder Häufigkeit von Vorgängen in numerischer Form beschreiben, zum Beispiel Kopfzahlen oder Kosten.

*Quantitatives Personalcontrolling*

- Unter dem Begriff „qualitatives Personalcontrolling" ist demgegenüber die Erfassung, Aufbereitung und Steuerung qualitativer Daten zu verstehen. Diese qualitativen Daten sind Größen, die die Eigenschaften und Merkmale von Vorgängen in numerischer Form beschreiben. Beispiele hierfür sind Daten zur Mitarbeiterqualifikation, zum Führungsverhalten, auch Potenzialinformationen oder Aussagen zur Qualität der Personalarbeit. Diese Daten werden häufig indirekt über mess- und steuerbare Indikatoren erhoben.

*Qualitatives Personalcontrolling*

Mit dem prozessorientierten und dem faktororientierten Personalcontrolling kommt der Controllinggegenstand in den Blick:
- Beim prozessorientierten Personalcontrolling liegen der Personalbereich und die im Rahmen der Personalarbeit ablaufenden personalwirtschaftlichen Prozesse im Fokus. Im Vordergrund der Betrachtungen und Aktivitäten steht zum einen die Kundenorientierung des Personalbereiches, das heißt die Anpassung der Leistungen des Personalbereichs an die Bedürfnisse und Wün-

*Prozessorientiertes Personalcontrolling*

sche seiner Leistungsnehmer (Führungskräfte, Mitarbeiter, externe Institutionen etc.). Zum anderen rückt die Prozessoptimierung der Personalarbeit in das Blickfeld, das heißt die optimale Gestaltung der internen Prozesse zum Erreichen einer bestimmten Außenwirkung.

*Faktororientiertes Personalcontrolling*

- Beim faktororientierten Personalcontrolling stehen unternehmensweite Betrachtungen und Analysen zur Steuerung des Einsatzfaktors Personal im Vordergrund. Dies umfasst auf der einen Seite die Analyse des mit dem Faktoreinsatz erzielten Ergebnisses und damit insbesondere der Personalkosten und ihrer Struktur sowie der Personalnutzung (zum Beispiel Anzahl der Mitarbeiter, Mehrarbeitszeiten und Mengenleistungen). Auf der anderen Seite stehen die Struktur des Personals (zum Beispiel Alter, Dauer der Betriebszugehörigkeit, Qualifikationen) sowie Strukturveränderungen durch Personalbewegungen (zum Beispiel Zu- und Abgänge) im Mittelpunkt der Betrachtung.

# 3 Ziele und Aufgaben des Personalcontrollings *(Sascha Armutat)*

Ob im Unternehmen der Schwerpunkt auf die strategischen oder die operativen, die quantitativen oder die qualitativen, die prozessorientierten oder die faktororientierten Elemente gelegt wird, hängt letztlich davon ab, welche konkreten Ziele das Unternehmen mit seinem Personalcontrolling verfolgt.

Mit Blick auf die übergeordneten Wirkungen lässt sich feststellen, dass das Personalcontrolling zum Ziel hat, die Erreichung der Unternehmens- und der Personalmanagementziele durch Verbesserung von Effizienz und Effektivität zu unterstützen. Das erreicht es durch fünf funktionsspezifische Aufgaben:

*Ziele des Personalcontrollings*

- *Informationsversorgung und Berichterstattung sicherstellen und verbessern*
  Personalcontrolling versorgt Personalverantwortliche und Vorgesetzte mit entscheidungsrelevanten Daten, indem es den Informationsbedarf ermittelt, die entsprechenden Informationen beschafft, aufbereitet und an diese Gruppen übermittelt. Dies beinhaltet für das Personalcontrolling auch die Aufgabe der Planung, Implementierung, Nutzung und kontinuierlichen Aktualisierung von Informationssystemen. Ein Beispiel für ein derartiges Informationssystem bietet die folgende Tabelle in Abbildung 2.

 Abbildung 2

| Beispiel: Berichtssystem eines Unternehmens | | | | |
|---|---|---|---|---|
| Kriterium | Vorjahr | Geschäftsjahr | Abweichung | in % |
| Personalaufwand | | | | |
| ■ Aufwand in Mio. Euro | | | | |
| ■ In % der Beitragseinnahmen | | | | |
| Mitarbeiter (Anzahl) | | | | |
| ■ Personalstand | | | | |
| ■ Arbeitskapazität Mitarbeiterjahre | | | | |
| ■ Fluktuationsrate | | | | |
| ■ Einstellungen | | | | |

## Fortsetzung Abbildung 2

| Mitarbeiter (Qualität, in % Mitarbeiter) | | | | |
|---|---|---|---|---|
| ■ Leitende Angestellte | | | | |
| ■ Tarifangestellte | | | | |
| ■ Frauenanteil | | | | |
| ■ Hochschulabschluss | | | | |
| ■ Abgeschlossene Berufsausbildung | | | | |
| ■ Führungskräfte | | | | |
| ■ Durchschnittsalter | | | | |
| ■ Betriebszugehörigkeit | | | | |
| Kosten je Mitarbeiter | | | | |
| ■ Personalkosten je Mitarbeiter in Euro | | | | |
| ■ Zusatzleistungen je Mitarbeiter in Euro | | | | |
| ■ Zusatzleistungen in % Direktentgelt | | | | |
| ■ Variable Kosten je MJ in Tsd. Euro | | | | |
| Vergütung | | | | |
| ■ Löhne und Gehälter in Mio. Euro | | | | |
| ▪ darin Bonus LA in Mio. Euro | | | | |
| ▪ darin Erfolgsbeteiligung Nicht-LA in Mio. Euro | | | | |
| ▪ darin individuelle Steigerung | | | | |
| ■ Soziale Abgaben | | | | |
| ■ Durchschnittsgehalt | | | | |
| Arbeitszeit | | | | |
| ■ Mehrarbeitszeit in MJ | | | | |
| ■ Fehlzeiten in MJ | | | | |
| ■ Verfügbarkeit in % | | | | |
| ■ Teilzeitquote in % | | | | |
| Bildung | | | | |
| ■ Bildungsaufwand in Mio. Euro | | | | |
| ■ Weiterbildung extern | | | | |
| ■ Schulungen intern | | | | |
| ■ Führungskräftequalifizierung | | | | |
| ■ Gesamtausbildungsquote | | | | |
| ... | | | | |
| ■ ... | | | | |

LA = Leitender Angestellter
MJ = Mannjahr

- *Transparenz in den Personal- und Personalkostenstrukturen des Unternehmens schaffen*    *Schaffung von Transparenz*
  Personalcontrolling hilft, die Ziele der Personalarbeit, die Personalkosten und die Wirkungszusammenhänge ökonomischer und sozialer Zielsetzungen bzw. Maßnahmen transparent zu machen und kundenorientiert aufzubereiten, um den Beitrag der Personalarbeit zum Unternehmenserfolg sicherzustellen. Das nachfolgende Beispiel zeigt, wie eine kennzahlenbasierte Ursache-Wirkungs-Kette den Beitrag einzelner Personalmaßnahmen zur Zielerreichung transparent machen kann: In der Kassenärztlichen Vereinigung Bayerns (KVB) wurde 2006/2007 in den Rahmenzielen der Gesamtorganisation festgehalten, dass die KVB ein attraktiver Arbeitgeber sein soll und dass intern leistungsfähige Strukturen zu schaffen sind. Daraus leitete sich im Rahmen der Balanced Scorecard für die Zentralfunktion Personal unter anderem ab, dass Familienförderung und Gesundheitsmanagement durchgeführt werden sollen. Dazu wurde eine Reihe von Einzelmaßnahmen definiert. Eine Maßnahme war die Durchführung von Nichtraucherkursen. Kosten und Nutzen solcher Maßnahmen wurden in der Folge ebenfalls regelmäßig aufgezeigt (siehe Abbildung 3).

- *Beiträge zur Früherkennung von Personalchancen und -risiken liefern*    *Früherkennung von Personalchancen und -risiken*
  Durch systematische Beobachtung unternehmensinterner und -externer Indikatoren (zum Beispiel Arbeitsmarkt und aktuelle und künftige Qualifikationsstruktur) ermöglicht Personalcontrolling den Entscheidungsträgern, bei sich abzeichnenden Risiken oder Chancen zielgerichtet Maßnahmen zu ergreifen.

- *Personalwirtschaftliche Funktionen koordinieren*    *Koordination von personalwirtschaftlichen Funktionen*
  Personalcontrolling stellt die Abstimmung von einzelnen Maßnahmen und Prozessen im Hinblick auf ein übergeordnetes Personalziel sicher. Diese Abstimmung geschieht durch die Gestaltung und Überwachung von Systemen der Planung, Kontrolle und Informationsversorgung. Neben der Koordination personalwirtschaftlicher Maßnahmen im Sinne einer einheitlichen Personalarbeit übernimmt das Personalcontrolling auch die Aufga-

be, die Koordination zu anderen Unternehmensbereichen, wie dem Unternehmenscontrolling, zu gewährleisten. Ein Beispiel für die Koordination ist die Budgetierung des Personalaufwands im Unternehmen.

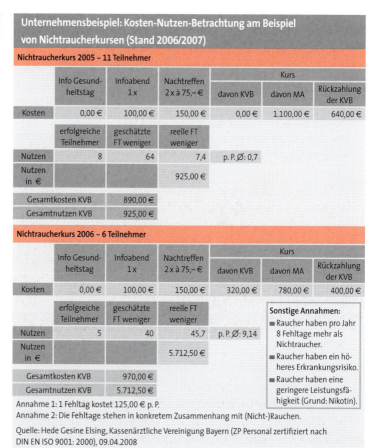

Abbildung 3

*Sensibilisierung für das Personalmanagement*

- **Führungskräfte für die Belange des Personalmanagements sensibilisieren**
  Personalcontrolling zeigt die Folgen personalwirtschaftlicher Maßnahmen auf (zum Beispiel Folgekosten oder aus unternehmerischen Maßnahmen resultierende Veränderungen der Qualität von Arbeitsergebnissen) und verdeutlicht damit Ent-

scheidungsträgern die Auswirkungen personalwirtschaftlicher Entscheidungen. In den meisten Unternehmen werden dazu Cockpitsysteme genutzt, die den Führungskräften relevante Informationen auf einen Blick anbieten.

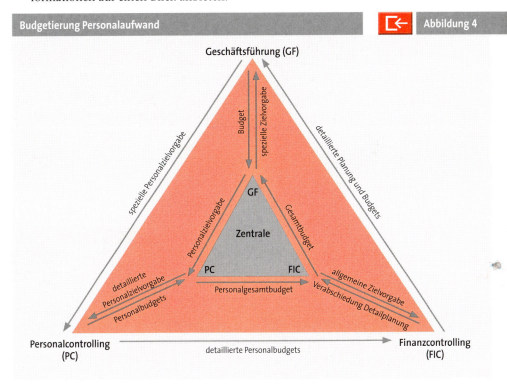

Abbildung 4: Budgetierung Personalaufwand

*Unterstützung der Evaluation der Personalarbeit*

Diese Aufgaben werden mithilfe von Informationsverarbeitungsprozessen nach einem Regelkreismodell umgesetzt, mit dem Ziel, die Evaluation der Personalarbeit zu unterstützen: Die Planung von Personalaktivitäten, die Feststellung des Ist-Stands, die Soll-Ist-Analyse und die Nutzung der Analyseergebnisse für die weitere Personalmanagementplanung hat das Personalcontrolling durch die Gestaltung der Datenbeschaffung, -analyse, -aufbereitung, -dokumentation und -kommunikation durch ein Personalinformationssystem adäquat vorzubereiten.

**Abbildung 5**  **Regelkreis im Personalcontrolling**

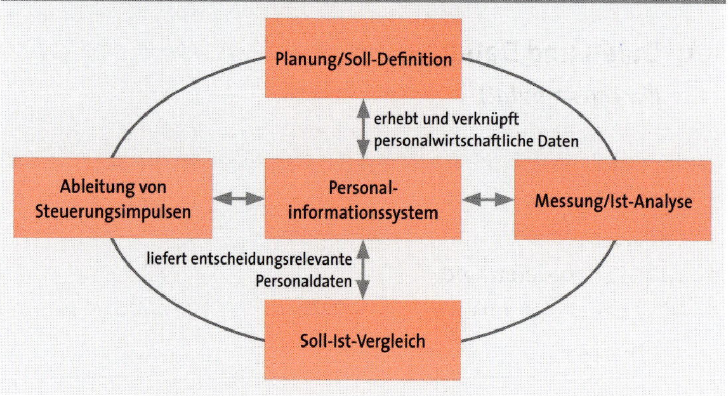

# 4 Instrumente des Personalcontrollings

## 4.1 Daten und Datenquellen des Personalcontrollings
*(Sascha Armutat)*

Instrumente des Personalcontrollings sind alle Verfahren, mit denen Personalcontroller
- auf externe und interne Daten zugreifen,
- Daten analysieren und
- die Analyseergebnisse (entscheidungsorientiert) aufbereiten und verbreiten.

Die Daten, die Personalcontroller verwenden, können unterschiedlichen Quellen entstammen. Interne Quellen sind zum Beispiel:

*Interne Quellen*

- das Personaldaten-Informationssystem mit den Personalstammdaten, den lohn- und gehaltsrelevanten Daten der Mitarbeiter, den Qualifikationsdaten etc.
- das externe Rechnungswesen mit den finanzökonomischen Daten des Unternehmens, die in der Bilanz abgebildet werden (Vermögen, Schulden, Reinvermögen) bzw. die der GuV zugrunde liegen (Umsatz-, Ertrags-, Aufwands- und Erfolgsgrößen)[7]
- die Kosten- und Leistungsrechnung des Unternehmenscontrollings mit den Daten aus der betrieblichen Kostenarten-, Kostenstellen- und Kostenträgerrechnung[8]
- die Zielvereinbarungs- und Beurteilungssysteme, die Daten zur Leistung und zur Ausprägung strategierelevanter Kompetenzen der Mitarbeiter beinhalten[9]
- technische Abbildungen von Personalprozessen (zum Beispiel Bewerbermanagement, Veranstaltungsmanagement, Nachfolgeplanung) in gesonderten DV-Systemen liefern automatisiert eine Vielzahl von Daten über die Zeit, die Kosten und die Qualität der einzelnen Personalprozesse

---

7   Vgl. Wöhe (2005).
8   Nach Wöhe (2005), S. 811.
9   Vgl. Breisig (2004); vgl. zu Beurteilungssystemen: Domsch, Gerpott (2004).

- prozessorientierte Evaluationsverfahren wie zum Beispiel Prozessaudits, die ebenfalls Daten über einzelne Personalprozesse liefern
- Mitarbeiterbefragungen, die zu unterschiedlichen Zwecken im Unternehmen durchgeführt werden

Externe Daten für das Personalcontrolling entstammen Quellen außerhalb des Unternehmens. Für das Personalcontrolling relevant sind unter anderem Daten aus:

*Externe Quellen*

- den Datenbanken Eurostat oder Destatis des Statistischen Bundesamtes, wie beispielsweise demografische Daten oder Daten zur Absolventenstruktur deutscher Hochschulen, auch mit regionalem Bezug[10]
- Arbeitsmarktstudien, die zum Beispiel das Arbeitgeberwahlverhalten unterschiedlicher Bewerbergruppen erörtern
- Benchmarks, in denen – selbst initiiert oder koordiniert durch kommerzielle Anbieter – Unternehmen sich einem kennzahlengestützten Vergleich mit anderen Unternehmen unterziehen und Daten zum Stand der eigenen Aktivitäten im Vergleich zum Wettbewerb gewinnen
- Kennzahlensammlungen, die von kommerziellen Anbietern erstellt und vertrieben werden, zum Beispiel Daten der Arbeitgeberverbände oder der DGFP

*Rolle als Nutzer der Datenquellen*

Auf diese internen und externen Datenquellen kann das Personalcontrolling zugreifen. Das bedeutet im Umkehrschluss: Für die Quellen ist es in der Regel nicht verantwortlich – das Personalcontrolling führt kein Zielvereinbarungssystem ein, es initiiert eigenverantwortlich kein Beurteilungssystem, ja es entscheidet noch nicht einmal über die Durchführung von Mitarbeiterbefragungen. Wohl aber gibt es den Anstoß für derartige Primärerhebungen und führt in Einzelfällen Befragungen auch selbst durch. In der Regel arbeitet es jedoch sekundäranalytisch, indem es vorhandenes Datenmaterial auf der Basis definierter Zugriffsrechte verarbeitungsorientiert erhebt. Dar-

10  Vgl. www.eds-destatis.de/ oder www.destatis.de/ (Stand: 08.04.2013).

über hinaus spiegelt es die Datenqualität zurück an die Verantwortlichen für die Datenquellen und nimmt so indirekt auch Einfluss auf deren Qualität.

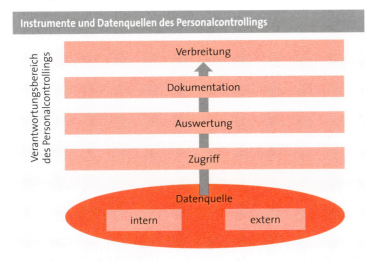

Abbildung 6

## 4.2 Kennzahlen – Daten für das Personalcontrolling
*(Silke Wickel-Kirsch)*

Kennzahlen sind die Grundlagen für jedes Personalcontrolling. Sie sind bedeutungsvolle Daten, das heißt Daten, die einen Sinn in einem bestimmten Kontext haben. Sie können, wie in Abbildung 7 dargestellt, systematisiert werden als absolute Zahlen oder Verhältniszahlen. Kennzahlen geben einen quantifizierbaren Sachverhalt in konzentrierter Form wieder.

Dies geschieht entweder durch direkte Messung in Form von „harten" Kennzahlen oder durch indirekte Messung über die Entwicklung von Indikatoren. Um einen qualitativen Aspekt messbar zu machen, muss ein Umweg über Indikatoren gewählt werden. Der Unterschied zwischen Kennzahlen und Indikatoren besteht also darin, dass es bei Kennzahlen einen direkten Rückschluss auf das Gestaltungsfeld gibt, zum Beispiel wird Fluktuation durch die direkte Messung der Fluktuationsquote erhoben. Bei Indikatoren be-

*Direkte und indirekte Messung*

steht kein direkter, sondern nur ein indirekter Rückschluss auf das Gestaltungsfeld. Zum Beispiel kann auf eine geringe Motivation der Mitarbeiter bei einer hohen Kurzzeiterkrankungsquote geschlossen werden. Eine andere Möglichkeit besteht darin, mithilfe von Befragungen und daraus abgeleiteten Indizes auf derartige Sachverhalte Rückschlüsse zu ziehen.

Abbildung 7  Klassifizierung von Kennzahlen[11]

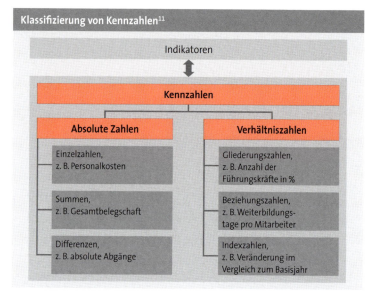

Kennzahlen filtern die Datenflut an Informationen aus dem Unternehmen, das heißt, sie fassen zusammen, verdichten und machen damit Informationen handhabbar und steuerbar. Auch erlauben sie Aussagen über wichtige Sachverhalte und Zusammenhänge, womit sie eine Funktion als Steuerungsinstrument bekommen. Sie sind nicht nur eine Formel, sondern bedürfen einer Definition und Beschreibung, um bei der Verwendung Fehler zu vermeiden.

*„Schablone" für die Definition von Kennzahlen*

Als „Schablone" für die exakte Definition von Kennzahlen können die Kennzahlenblätter von Schulte dienen.[12] Ein Beispiel zeigt Abbildung 8.

---

11 In Anlehnung an Schulte (2002), S. 3.
12 Vgl. Schulte (2002).

Die Auswahl von Kennzahlen muss immer zweckbezogen aus Sicht des einzelnen Unternehmens erfolgen. Die relevante Frage lautet: Was will ich mit der Kennzahl ausdrücken?

Abbildung 8

| Definitionsblatt für Kennzahlen am Beispiel Ausbildungsquote[13] | | |
|---|---|---|
| Kennzahlenbezeichnung | Ausbildungsquote | Kennzahl-Nr. 2 |
| Beschreibung/Formel | $\frac{\text{Anzahl der Auszubildenden}}{\text{Gesamtzahl der Mitarbeiter}}$ | x 100 (%) |
| Gliederungsmöglichkeiten | ▪ Ausbildungsberuf<br>▪ Ausbildungsjahr<br>▪ Geschlecht<br>▪ Standorte/Werke | |
| Erhebungszeitpunkte/-räume | Jährlich | |
| Anwendungsbereich | Maß für den Anteil der Auszubildenden an der Gesamtzahl der Mitarbeiter | |
| Kennzahlenzweck | Planung des Personalbestandes | |
| Mögliches Ziel | Steigerung bzw. Reduzierung der Ausbildungsquote | |
| Basisdaten | Anzahl der Ausbildungsverträge<br>Anzahl der Mitarbeiter | |
| Vergleichsgrundlagen | ▪ Zeitvergleich<br>▪ Soll-Ist-Vergleich<br>▪ Betriebsvergleich | |
| Interpretation | Die Ausbildungsquote beeinflusst langfristig die Altersstruktur der Belegschaft. Um verlässliche Planungsaussagen zu erhalten, muss die Ausbildungsquote mit folgenden Daten verknüpft werden:<br>▪ Fluktuationsquote der Facharbeiter<br>▪ Anzahl der Facharbeiter nach Beruf und Lebensalter<br>▪ Bedarf an Facharbeitern<br>▪ voraussichtlicher Zuwachs durch Auszubildende nach bestandener Prüfung<br>Aus dieser Gegenüberstellung kann abgeleitet werden, ob bedarfsgerecht ausgebildet wird, welche Einstellpolitik künftig zu verfolgen ist und ob alle Auszubildenden übernommen werden können. | |

Die Gefahr beim Einsatz von Kennzahlen besteht allerdings darin, dass Kennzahlenfriedhöfe produziert werden und aussagelose Kennzahlen aus Zahlengläubigkeit erhoben werden. So werden diese

*Gefahren des Einsatzes von Kennzahlen*

---

13  Schulte (2002), S. 196.

Kennzahlen häufig nicht auf ihre Sinnhaftigkeit und Steuerungsrelevanz geprüft, da sie einfach aus dem Personalinformationssystem ableitbar sind. Dadurch wird ein Steuerungsinstrument zu einem Berichtsinstrument und Personalcontrolling somit wieder auf die Bedeutung eines reinen Zahlenlieferanten reduziert.

*Aufstellung eines Kennzahlensystems*

Als nächste Ausbaustufe im Personalcontrolling kann das Aufstellen eines Kennzahlensystems gesehen werden, da durch die logische Verknüpfung mit anderen Kennzahlen die Aussagekraft einer isolierten Kennzahl erhöht wird. Weil mathematische Beziehungen oft nur schwer oder gar nicht herzustellen sind, kann im Personalcontrolling auch von einem Kennzahlensystem gesprochen werden, wenn die Kennzahlen aufeinander und auf die personalwirtschaftlichen und Unternehmensziele bezogen werden. Diese Kennzahlensysteme sind in der Praxis nicht starr, sondern wandeln sich im Zeitablauf und entsprechend den geschäftspolitischen Zielsetzungen. Daraus folgt, dass sie sehr arbeitsaufwendig in der Erstellung und Pflege sind.

Neben Kennzahlensystemen besteht eine andere Möglichkeit, die Aussagekraft von Personalkennzahlen zu erhöhen, darin, dass Kennzahlen mit anderen Kennzahlen in Form von innerbetrieblichen Gegenüberstellungen oder im Zeitverlauf verglichen werden.

Abbildung 9  **Beispiel für ein Kennzahlensystem**[14]

| Personalbedarf und -struktur | Personalbeschaffung | Personaleinsatz |
|---|---|---|
| Personalentwicklung | Personalfreisetzung | Personalleistung |
|  | Personalkostenplanung und -kontrolle |  |

14  Vgl. Schulte (2002).

## 4.3 Instrumente für den Zugriff auf Daten
*(Sascha Armutat)*

Instrumente für den Zugriff auf Daten sind bestimmte vorbereitete, systematische Hilfsmittel für die Sichtung und Aufbereitung von relevantem Datenmaterial. Mit ihrer Hilfe werden die Rohdaten zusammengestellt, die dann Grundlage der weiteren Auswertungen sind. An dem Beispiel „Fluktuationsquoten nach Qualifikationsniveau für den Geschäftsbericht des Unternehmens zusammenstellen" werden die verschiedenen Möglichkeiten illustriert:

- Die einfachsten Zugriffsinstrumente sind nach festgelegten Regeln händisch erstellte Datenzusammenstellungen auf Papier. Der Personalcontroller definiert zum Beispiel Qualifikationsniveaustufen, ordnet sie auf einer Datenliste den Mitarbeitern und den im Betrachtungszeitraum aus dem Unternehmen ausgeschiedenen Mitarbeitern zu und bildet dann je nach Qualifikationsniveaustufe Quoten aus der Anzahl der Mitarbeiter zu Beginn des Betrachtungszeitraums und der Anzahl der Mitarbeiter, die das Unternehmen verlassen haben. *Datenzusammenstellung auf Papier*

- Etwas komfortabler sind Excel-Lösungen, in die das Datenmaterial möglicherweise automatisiert eingespielt wird. Aus den Personalstammdaten werden die vom Personalcontroller benötigten Daten exportiert. Dann werden Funktionen für die einzelnen Qualifikationsniveaus programmiert. *Excel-Lösungen*

- Data-Warehouse-Lösungen stellen veredelte Informationen aus verschiedenen operativen und externen Datenbeständen in einer zentralen Datenbank zusammen. Unter „veredelt" versteht man unter anderem die Aggregation der Informationen auf höheren Verdichtungsebenen. Damit verbunden sind häufig Data-Mining-Systeme, die je nach Fragestellung die benötigten Daten aus angeschlossenen Systemen heraussuchen und auswertungsorientiert aufbereiten. In diesem Fall gibt der Personalcontroller die gesuchten Zusammenhänge formal ein. Im Rahmen eines intelligenten Auswahlprozesses sucht sich das System die richtigen Informationen aus den angeschlossenen Systemen heraus und wertet sie selbstständig aus. *Data-Warehouse-Lösungen*

## 4.4 Instrumente für die Datenauswertung
*(Sascha Armutat)*

*Analyse des Datenmaterials*

Instrumente für die Datenauswertung unterstützen die Analyse des Datenmaterials, indem sie die einzelnen Daten zueinander ins Verhältnis setzen. Die Anwendung dieser Auswertungsinstrumente gehört zu den Grundlagen des Personalcontrollings, da Kennzahlen für sich gesehen nicht sehr aussagefähig sind. Schon die wertende Feststellung über die Höhe einer Kennzahl impliziert einen Vergleich. Um Beziehungen zwischen Kennzahlen herzustellen, gibt es unterschiedliche statistische Instrumente:

*Beziehungs-, Verhältnis- und Indexzahlen*

- Mithilfe von *Beziehungs-*, *Verhältnis-* und *Indexzahlen* lassen sich erste Interpretationshinweise für absolute Kennzahlen gewinnen. Die einfachste Vergleichsmöglichkeit ergibt sich aus der zeitlichen Entwicklung einer Kennzahl. Hier können Vergangenheitswerte betrachtet oder Prognose- und Hochrechnungsdaten herangezogen werden. So lassen sich zum Beispiel prozentuale Veränderungen als Indexzahlen bilden. Vergleiche können sich zweitens auch auf Planzahlen, die von den Führungskräften zu verantworten sind (Bottom-up-Ermittlung), oder Soll-Zahlen, die als strategische Vorgabe der Geschäftsführung anzusehen sind (Top-down-Vorgabe), beziehen (Soll-Plan). Ein Plan-Ist-Vergleich ist zum Beispiel das Budgetcontrolling. Ein Soll-Ist-Vergleich ergibt sich beispielsweise aus der Balanced Scorecard. Daraus kann dann durch Abgleich der verschiedenen Pläne ein Soll-Plan-Ist-Vergleich resultieren. Hier werden in der Regel Gliederungszahlen gebildet, mit denen die Soll- bzw. Plan-Ist-Abweichung prozentual angegeben werden kann. Es können aber auch Daten zum selben aktuellen Zeitpunkt verglichen werden (Ist-Ist), wobei zwischen einem innerbetrieblichen und einem zwischenbetrieblichen Vergleich zu unterscheiden ist. Außerdem lassen sich Beziehungen zwischen unterschiedlichen Daten herstellen. So lässt sich zum Beispiel der Personalbestand kriteriengeleitet abbilden. Darüber hinaus kann man hier auch weitere Verfahren der deskriptiven Statistik einsetzen, wie *Mittelwertvergleiche* oder *Varianzanalysen*.

- Statistische Verfahren *der Ursache-Wirkungs-Analyse* bieten die Möglichkeit, Informationen über Ursache-Wirkungs-Beziehungen zwischen verschiedenen Sachverhalten zu gewinnen. Diese Tests lassen sich als Verfahren verwenden, um quantifizierbare Indikatoren für qualitative Sachverhalte zu ermitteln und messbar zu machen. Solche statistischen Verfahren können Hypothesentests,[15] zwei- bzw. mehrdimensionale Datenanalyseverfahren wie Korrelations- oder Regressionsanalysen oder auch Prozeduren im Data Mining sein. Bei den angesprochenen Verfahren der bi- und multivariaten Datenanalyse[16] sind verschiedene statistische und interpretatorische Probleme zu berücksichtigen, so zum einen die Annahme der Normalverteilung bei vielen Modellen, zum anderen das Problem der Scheinkorrelation.

*Ursache-Wirkungs-Analyse*

- Im Rahmen des Zeitvergleichs ist auch ein Blick in die Zukunft in Form von Prognosen möglich. Neben Vorhersagen und Hochrechnungen lassen sich auch *statistische Prognoseverfahren* einsetzen. Ausgehend von Vergangenheitswerten wird eine Zeitreihe in ihre Komponenten Trend, Saison und Zufallseinflüsse zerlegt. So lassen sich Aussagen über zukünftige Entwicklungen treffen. Ergebnis des Einsatzes solcher Prognoseverfahren sind zum einen Kennzahlen als prognostizierte künftige Werte, zum anderen Kennzahlen für die Güte der mit der Realität übereinstimmenden Prognosen. *Qualitative Prognoseverfahren* sind zum Beispiel Szenarioanalysen oder die Delphi-Methode. Dabei werden Experten nach bestimmten Regeln um Zukunftseinschätzungen gebeten. Im Fall der Szenariotechnik findet dann eine Analyse nach verschiedenen Szenarioausprägungen statt. Im Fall der Delphi-Methode gelangt man zu Vorhersagen durch Sammlung von Expertenurteilen und Diskussion in moderierten Workshops.

*Statistische Prognoseverfahren*

- *Wertschöpfungsrechnungen* sind kennzahlenbasierte Verfahren, mit denen berechnet wird, wie groß der Anteil des Personals bzw. des Personalmanagements an Unternehmenserfolgsgrößen

*Wertschöpfungsrechnungen*

---

15  Vgl. Schaich (1996).
16  Vgl. Fahrmeir, Hamerle, Tutz (1996).

ist. Ein Beispiel ist der „Value Added per Person" der Boston Consulting Group (BCG): VAP = (Ertrag – Aufwand – Kapitalkosten x investiertes Kapital)/FTE.[17]

*Human-Capital-Bewertungsverfahren*
- *Human-Capital-Bewertungsverfahren* sind kennzahlenbasierte Verfahren, mit denen das Human Capital eines Unternehmens bewertet werden kann. Es gibt Verfahren, die Indikatoren zu einem Gesamtindikator verrechnen, andere Verfahren verwenden Ertragswerte, wiederum andere Inputgrößen wie den Personalaufwand, um eine Kennzahl für das Human Capital zu bestimmen.[18]

*Kosten-Nutzen-Analyse*
- *Kosten-Nutzen-Analysen* setzen die Kosten für einzelne Personalaktivitäten mit Nutzenindikatoren in Beziehung. So lassen sich Aussagen zur Effizienz der Personalaktivitäten treffen.[19]

*Benchmarking*
- *Benchmarking:* Benchmarking wird häufig als Vergleichsstudie zur Überprüfung von Organisationsstrukturen und Arbeitsabläufen durchgeführt. Vergleichspartner können intern bestimmte Organisationseinheiten sein. Extern geht es um ein konkurrenzbezogenes oder branchenvergleichendes Benchmarking. Ergebnisse eines Benchmarks können Kennzahlen über Menge, Zeit, Nutzen oder Kosten für Strukturen und Prozesse sein.[20]

*Prozesskostenrechnungen*
- *Prozesskostenrechnung:* Um Prozesse von der Kostenseite her beurteilen und die Kostenstruktur verbessern zu können, wird eine Prozesskostenrechnung benötigt. Sie ermöglicht, die Kosten für einzelne Aktivitäten zu ordnen und in Relation zueinander oder zum Nutzen zu setzen, sodass hier vor allem Kosten-Kosten- oder Kosten-Nutzen-Relationen als Kennzahlen resultieren. Die Prozessoptimierung mit den Teilschritten Prozessanalyse, Redesign und Umsetzung basiert auf diesen Daten.[21]

*Kennzahlenorientierte Steuerungssysteme*
- *Kennzahlenorientierte Steuerungssysteme* beruhen auf Kennzahlensystemen, die regel- und strategiegeleitet gebildet werden und

---

17 Vgl. Strack (2002). FTE = Anzahl Mitarbeiter, Teilzeitmitarbeiter anteilig, ohne Ruhende (Mitarbeiter in Elternzeit, Sabbatical, Altersteilzeit-Passivphase ...), ohne Auszubildende.
18 Vgl. DGFP e.V. (2007a); Scholz, Stein, Bechtel (2006).
19 Vgl. Wunderer, Jaritz (2006).
20 Vgl. Wunderer, Jaritz (2006).
21 Siehe hierzu auch Kapitel III.4.

eine Orientierungsfunktion für das Personalmanagement eines Unternehmens haben. Die HR-Balanced-Scorecard[22] ist ein Instrument, das die Unternehmensstrategie in messbare Zielvorgaben – und damit Kennzahlen – für das Personalmanagement übersetzt. Dabei werden verschiedene Sichtweisen und deren Beziehungen bei der Messung des Erfolges berücksichtigt. Die konkreten Zielvorstellungen können dann idealerweise über die einzelnen Organisationseinheiten bis auf die Mitarbeiter heruntergebrochen und über die individuellen Zielvereinbarungen im Rahmen eines Planungsprozesses realisiert werden. Ähnlich funktioniert das wertorientierte Personalmanagement: Durch die Identifikation von strategischen Erfolgsfaktoren des Personalmanagements werden Schlüsselprozesse und Werttreiber gebildet, die eine quantitative Steuerung der Personalarbeit ermöglichen.[23]

- *Strategische Analyseverfahren* sind Verfahren, mit denen die komplexe Wirklichkeit auf ein überschaubares Maß an Informationen reduziert wird, um auf dieser Basis strategische Entscheidungen treffen zu können. Zu diesen Verfahren gehört die *SWOT-Analyse*, die Stärken und Schwächen mit Chancen und Risiken in Beziehung setzt und so einerseits erkennen lässt, welche Stärken das Personalmanagement einsetzen kann, um Gelegenheiten zu nutzen und Bedrohungen abzuwehren. Andererseits verdeutlicht die Analyse, wie durch Nutzung von Gelegenheiten die eigenen Schwächen überwunden werden können und wie durch Bedrohungsvermeidung die eigenen Schwächen eingeschränkt werden können.[24] *Portfolios* arbeiten mit einer ähnlichen Komplexitätsreduktion: Sie bilden die Wirklichkeit zweidimensional ab, unterstützen die Status-quo-Bestimmung des Personalmanagements und helfen bei der Entwicklung eines Zukunftsbildes vom angestrebten Zustand. So arbeitet das BCG-Portfolio, in dem die Variablen Marktattraktivität und relative Wettbewerbs-

*Strategische Analyseverfahren*

22  Vgl. Kaplan, Norton (1997); Maschmeyer (1998). Siehe auch Kapitel III.3.2.2. Vgl. DGFP e.V. (2004).
23  Vgl. DGFP e.V. (2004).
24  Vgl. Macharzina, Wolf (2005).

vorteile angeführt werden, so arbeiten auch Personalportfolios, in denen Leistungs- und Potenzialinformationen miteinander in Beziehung gesetzt werden.[25]

Welches dieser Verfahren der Personalcontroller zu Analysezwecken auch einsetzt: Die Anwendung des Verfahrens ist kein Selbstzweck, sondern dient der Beantwortung einer Fragestellung. Die Auswahl des Verfahrens muss der Fragestellung angemessen sein. Diese kritische Distanz zu den Methoden muss der Personalcontroller auch gegenüber den Ergebnissen ihrer Anwendung einnehmen. Es kommt immer darauf an, die gewonnenen Informationen auf ihre Plausibilität hin zu überprüfen und dabei zu berücksichtigen, dass jedes Analyseergebnis das Resultat der Anwendung eines spezifischen Instruments ist.

## 4.5 Instrumente für die Datendokumentation und -verbreitung *(Sascha Armutat)*

*Zielgruppenorientierte Aufbereitung der Analyseergebnisse*

Instrumente für die Datendokumentation und -verbreitung dienen der zielgruppenorientierten Aufbereitung der Analyseergebnisse des Personalcontrollings.

*Berichte*, wie zum Beispiel Unternehmensberichte, Personalcontrolling-/Managementberichte (pro Quartal etc.) oder Ad-hoc-Berichte, dienen der Informationsübermittlung an interne und externe Empfänger. Zu den *internen Berichtsempfängern* gehören zum Beispiel Aufsichtsrat, Geschäftsleitung, Personalleiter, personalverantwortliche Vorgesetzte, Projektleiter und die Arbeitnehmervertretung. *Externe Berichtsempfänger* sind beispielsweise Anteilseigner (Geschäftsbericht, Hauptversammlung), Verbände, Institute und Behörden (IHK, Arbeitsverwaltung, statistische Bundes- und Landesämter). Diese Zielgruppen lassen sich über ein Standardberichtswesen bedienen. Es gibt jedoch auch externe Berichtsempfänger, die nicht über Standardberichte informiert werden können. Das können die Öffentlichkeit (Pressemitteilungen etc.), verschiedene

---

25 Vgl. Macharzina, Wolf (2005).

Prüfer (Wirtschaftsprüfer, Betriebsprüfer etc.), Kreditinstitute, Versicherungen oder Beratungs- und Investmentgesellschaften sein. Bei den internen Berichtsempfängern stellt sich das Problem, dass das Standardberichtswesen im Lauf der Zeit zu einem „Datenfriedhof" ausgebaut werden könnte und die Ergebnisse von keinem mehr gelesen werden. Daraus folgt, dass der Informationsbedarf aktiv oder passiv (zum Beispiel durch Eliminierung einzelner Bestandteile) abzufragen ist. Das Berichtswesen muss also im Rahmen eines Regelkreises ständig verbessert werden. Da es neben seiner Aufgabe der Informationsübermittlung auch ein internes und externes Marketinginstrument für das Personalcontrolling ist, sind nicht zuletzt Fragen des Berichtsdesigns (zum Beispiel Aufbau von Tabellen und Grafiken unter Maßgabe von Corporate-Identity-Vorgaben) zu berücksichtigen. Neben der Berichterstellung sind auch die Kommunikationswege wie Intranet/Internet und die Häufigkeit der Informationsübermittlung zu klären.

*Internes und externes Marketinginstrument*

*Cockpitsysteme* präsentieren strategische Kennzahlen steuerungsorientiert und in Echtzeit. Sie sind hoch aggregierte, automatisierte Darstellungen des Ist-Zustandes im Unternehmen, die sich in der Regel an die Unternehmensführung richten.[26]

Präsentationen und Entscheidungsvorlagen sind das Medium, um auf Ad-hoc-Anfragen an das Personalcontrolling zu reagieren. Solche Anfragen können Ausdruck dafür sein, dass das Standardberichtswesen nicht vollständig ist. Sie lassen sich manchmal aber auch darauf zurückführen, dass das Personalinformationssystem nicht ausreichend komfortabel ist oder dass es sich tatsächlich um den Fall einer speziellen, selten wiederkehrenden Frage handelt.

*Ad-hoc-Anfragen*

---

26  Siehe hierzu auch Kapitel III.3.1.8.

# 5 Organisatorische Einbindung im Unternehmen und Rolle des Personalcontrollers *(Jörg Sasse und Hede Gesine Elsing)*

Die Schlagkraft und Effizienz eines wirksamen Personalcontrollings hängen nicht unwesentlich von der Art und Weise der organisatorischen Einbindung innerhalb der Unternehmensstruktur ab. Einen Sachbearbeiter im Personalmanagement, der – gerade eingestellt – sich „mal ein bisschen um die Statistiken kümmern soll", als gelungene Aufhängung eines Personalcontrollings zu bezeichnen, mag mancherorts immer noch Praxis sein, wird aber so weder den Erwartungen noch den Möglichkeiten des Personalcontrollings gerecht.

*Schlagkraft und Effizienz eines Personalcontrollings*

Ganz anders stellt sich die Situation dar, wenn aufgrund der organisatorischen Zuordnung die Verantwortung des Personalcontrollings nach außen deutlich dokumentiert wird und damit die Gestaltungsmöglichkeiten des Personalcontrollings erleichtert werden. Insbesondere die wichtige Einbeziehung in strategische Entwicklungen des Unternehmens erfordert eine entsprechende organisatorische Einordnung.

Da ein wirksames Personalcontrolling in seiner Außenwirkung einen erheblichen Einfluss auf die Geschäftsfelder haben kann und haben sollte, bleibt somit nur eine Möglichkeit für eine sinnvolle und wirksame Organisation:

*Organisatorische Anbindung*

> Das Personalcontrolling sollte direkt dem obersten Personalverantwortlichen zugeordnet sein, wenn damit die Einbeziehung in die strategische Unternehmensentwicklung und die rechtzeitige Information über die Geschäftsentwicklung gewährleistet sind.

Je nach Größe des Unternehmens und seiner Organisationsform sollte das Personalcontrolling also konkret dem
- Arbeitsdirektor,
- Geschäftsführer Personal,
- Personalvorstand,
- kaufmännischen Leiter,

- Spartengeschäftsführer oder
- dem Unternehmenscontrolling und dem Zentralvorstand usw.

zugeordnet sein, falls dem obersten Personalverantwortlichen im Unternehmen eine dieser beispielhaft genannten Funktionen ausschließlich oder auch gleichzeitig zukommt.

Sofern ein separates Personalressort (zum Beispiel neben einem Controlling) besteht, wird die organisatorische Anbindung an das Personalressort favorisiert. Hierfür spricht neben Aspekten des Datenschutzes insbesondere der erforderliche enge Kontakt zu den sonstigen Mitarbeitern im Personalbereich. Da der Personalcontroller ein anerkannter Fachmann im Umgang mit dem gesamten personalwirtschaftlichen Instrumentarium sein sollte, besitzt er in aller Regel eine langjährige Personalpraxis. Das dient einerseits seiner Akzeptanz und fördert andererseits die Qualität seiner Arbeitsergebnisse. Gerade von ihm erwarten sowohl der oberste Personalverantwortliche als auch die Unternehmensleitung besondere Leistungen, die Initiative und Kreativität zeigen.

**Abbildung 10**  **Verschiedene Möglichkeiten der organisatorischen Verortung des Personalcontrollers im Organigramm**[27]

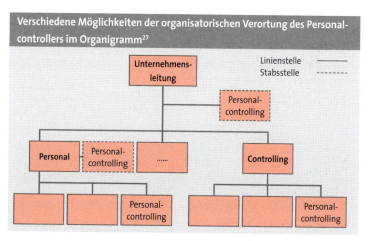

*Rolle des Personalcontrollers*

Die Rolle eines Personalcontrollers ist sehr vielfältig – aufgrund eines breiten Spektrums von Qualifikationen und Aufgabeninhalten, aber

---

27  Nach Scholz (1994), S. 670, bzw. Scholz (2000), S. 149.

nicht zuletzt auch wegen der zahlreichen Stakeholder bzw. Kunden. Wie dann letztlich diese Rolle ausgestaltet ist und welche Akzente gesetzt werden können, liegt einerseits an der Organisationsstruktur mit den jeweils definierten Kompetenzen, Aufgaben und Verantwortungsbereichen im konkreten Unternehmen, andererseits auch an dem Personalcontroller selbst mit seinen Qualifikationen und Fähigkeiten, die er in die Aufgabe einbringt. Derzeit differieren sowohl Tätigkeitsschwerpunkte als auch der Aufgabenumfang in den Unternehmen erheblich.

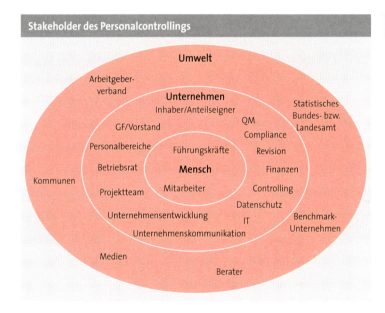

Abbildung 11

Schaut man sich in Unternehmen um, lassen sich folgende Rollen des Personalcontrollers unterscheiden:[28]

- Informationsbeschaffer: Sammelt Informationen – auch verdeckte –, macht Sachverhalte transparent und übernimmt mit innerbetrieblicher Aufklärungsarbeit auch Funktionen für die Innenrevision. Bei einer sehr starken Fixierung auf Zahlen kann er auch als „Erbsenzähler" wahrgenommen werden. Auch gehören

*Informationsbeschaffer*

---

28  Vgl. Wimmer, Neuberger (1998).

zu seiner Aufgabe als Informationsbeschaffer der Aufbau und die Nutzung eines Netzwerkes und zum Beispiel die Durchführung von Benchmarks.

„Hofnarr"
- Hofnarr: derjenige, der unbequeme Wahrheiten sagt, sie den Managern „mit Fingerspitzengefühl" übermittelt und Schwächen – auch als Frühwarnung – transparent macht. Im Rahmen seiner Arbeit muss der Personalcontroller häufig kritische und unerfreuliche Ergebnisse seiner Auswertungen und Analysen präsentieren. Auch die Arbeit des eigenen Personalbereichs wird von ihm thematisiert.

„Navigator"
- Navigator: trägt mithilfe von Zahlen und weiteren Informationen dazu bei, dass die „Kapitäne" in ruhigem Fahrwasser operieren können, und muss signalisieren, wenn Gefahren bestehen oder auftauchen. Das Personalcontrolling liefert in dieser Funktion also Informationen zur Unterstützung von führungs- und personalpolitischen Entscheidungen. Dabei muss es auch in der Lage sein, „weiche Daten" (zum Beispiel Mitarbeiterzufriedenheit) zu lesen, mit anderen Daten zu kombinieren und zu interpretieren. Projektmanagementkompetenz ist hier ein wichtiger Bestandteil.

Moderator
- Moderator: Personalcontroller sollten in dieser Rollenausprägung vor allem in der Lage sein, mit Fingerspitzengefühl Ergebnisse der Analysen und Auswertungen zu präsentieren. Dabei sind Verhandlungsgeschick, Konfliktfähigkeit und Kompromissfähigkeit besonders wichtig, um mit den verschiedenen Stakeholdern auf einen Nenner zu kommen und eine nachhaltige Zusammenarbeit zu sichern. Hier kommt auch die Integrations- und Schnittstellenfunktion zum Tragen.

Serviceleister
- Serviceleister: Der Personalcontroller verrichtet einen selbstlosen Dienst, indem er andere mit Methoden, Instrumenten und Informationen unterstützt.

Berater
- Berater: Vom Personalcontroller als hausinternem Berater wird vergleichbar mit der Rolle als Serviceleister erwartet, dass er – gefragt oder ungefragt – mit unparteiischem Rat bei der Problemlösung hilft und wie ein Coach Erfahrungen und Techniken als Unterstützung vermittelt. Er muss in der Lage sein, die Ergebnis-

se seiner komplexen Analysen so darzustellen, dass sie der Kunde versteht. In dieser Rolle sollte der Personalcontroller auch in die strategische Entwicklung des Unternehmens eingebunden werden, um die Beratung vollständig zu ermöglichen.
- Seelsorger: Wie ein Pfarrer versucht der Personalcontroller, die Menschen auf dem Weg der „Tugend" zu halten. Eine wichtige Basis ist das Vertrauen in der Zusammenarbeit. Zugleich liefert der Personalcontroller keine fertigen Lösungen, sondern versucht, Lösungsmuster anzubieten, indem er das Problem transparent macht und Wege zur Bearbeitung aufzeigt. Zu dieser Rolle gehört auch die strategische Funktion, durch „Mitdenken" der Konsequenzen von Entscheidungen in anderen Funktionsbereichen, ähnlich einem Seelsorger, für eine sorgenfreie Zukunft vorzubauen.

*„Seelsorger"*

Diesen unterschiedlichen Rollen liegen mehrere Verantwortungsdefinitionen zugrunde. Lisges/Schübbe sprechen hier von „Transparenzverantwortung", die System-, Berichts- und Kommunikationsverantwortung beinhaltet:

- Systemverantwortung: Controller haben die Aufgabe sicherzustellen, dass Daten liefernde Systeme bedarfsgerecht funktionieren. Dies umfasst Kriterien wie Einheitlichkeit und Konsistenz, Richtigkeit und Verlässlichkeit, Zeitnähe, Funktionsfähigkeit und Robustheit.

*Systemverantwortung*

- Berichtsverantwortung: Für eine wirkungsvolle Kontrolle ist es weiter erforderlich, die erfassten Soll- und Ist-Werte adäquat aufzubereiten. Eine solche Berichtsverantwortung umfasst mehrere Aspekte: Objektivität, Nachvollziehbarkeit, Benutzer- und Problemadäquanz.

*Berichtsverantwortung*

- Kommunikationsverantwortung: Auch wenn die Soll- und Ist-Werte den soeben skizzierten Anforderungen entsprechen, muss dennoch die richtige Verwendung durch das Management sichergestellt sein. Folglich beinhaltet die Transparenzverantwortung auch die ständige Interaktion mit den Managern.[29]

*Kommunikationsverantwortung*

---

29   Lisges, Schübbe (2007), S. 23–24.

*Konzentration auf Personalcontrolling-funktion*

Die Vielfalt dieser Rollen zeigt, in welch schwierigem Umfeld sich Personalcontroller im Unternehmen bewegen. Sie haben Einblicke in die Details der Personalarbeit, verfügen über umfangreiche Personalinformationen und sind aufgrund dessen in der Lage, die Unternehmens- und die Personalleitung in allen Personalfragen zu beraten. Dieses umfangreiche Wissen kann zu Akzeptanzproblemen im Personalmanagement führen.

Dem können Personalcontroller begegnen, wenn sie sich klar zu ihren zentralen Aufgaben bekennen – Informationen zu gewinnen, zu analysieren und mithilfe der gewonnenen Erkenntnisse Handlungsvorschläge zu unterbreiten. Die Entscheidung über die Handlungsmöglichkeiten liegt bei der entsprechenden Führungskraft, nicht beim Personalcontroller.

# 6 Rechtliche Rahmenbedingungen des Personalcontrollings

## 6.1 Rechtliche Aspekte von Personalcontrolling, Datenschutz und betrieblicher Mitbestimmung
*(Oliver Barta)*

Ein erfolgreiches Personalcontrolling kann nur eingeführt und genutzt werden, wenn dem Personalcontroller der Zugriff auf wichtige personenbezogene Daten gestattet ist. Die Durchführung von Personalcontrolling erfolgt zudem ausschließlich in elektronischer Form. Letzteres verlangt jedoch eine rechtliche Regelung. Ausgehend vom grundgesetzlich geschützten Recht der informationellen Selbstbestimmung sind vor allem die Vorschriften der EU-Datenschutzrichtlinie 95/46/EG und das Bundesdatenschutzgesetz (BDSG) zu beachten. Für die betriebliche Nutzung eines elektronischen Personalcontrollingsystems sind zudem die Regelungen des Betriebsverfassungsgesetzes (BetrVG) bzw. die entsprechenden Regelungen des Personalvertretungsgesetzes zu beachten.[30]

*Rechtliche Regelung für elektronische Form*

Abbildung 12: Übersicht über die rechtlichen Aspekte

---

[30] Aus Gründen der Übersichtlichkeit beschränkt sich die Darstellung bezüglich der betrieblichen Mitbestimmung auf die Vorschriften des Betriebsverfassungsgesetzes.

Neben diesen grundlegenden Vorschriften gibt es eine Vielzahl von weiteren spezialgesetzlichen Regelungen. Deren Behandlung ist allerdings im Rahmen dieser Darstellung nicht möglich. Einen guten und aktuellen Überblick bietet hierzu unter anderem die Internetpräsenz des Bundesbeauftragten für Datenschutz (www.bfdi.bund.de).

### 6.1.1 Zulässigkeit von Personalcontrolling im Rahmen des Bundesdatenschutzgesetzes

Geprägt vom Recht der informationellen Selbstbestimmung lässt das Bundesdatenschutzgesetz eine Datenverarbeitung und damit die Nutzung eines Personalcontrollingsystems nur in einem sehr begrenzten Rahmen zu.

Der zentrale Regelungszweck ist der Schutz des Einzelnen und damit die Sicherstellung, dass durch den Umgang mit personenbezogenen Daten keine Beeinträchtigung des individuellen Persönlichkeitsrechts entsteht (§ 1 BDSG).

Demnach ist die Datenverarbeitung grundsätzlich unzulässig, es sei denn, das BDSG selbst oder eine andere Rechtsvorschrift erlauben eine Datenverarbeitung ausdrücklich. Die Erlaubnistatbestände des BDSG sind in § 28 BDSG abschließend geregelt. Hiernach ist die Datenverarbeitung zulässig

*Zulässigkeit der Verarbeitung von personenbezogenen Daten*

- im Rahmen der Zweckbindung eines Vertragsverhältnisses (Abs. 1 Nr. 1);
- im berechtigten Interesse der speichernden Stelle (Abs. 1 Nr. 2);
- bei Daten aus allgemein zugänglichen Quellen (Abs. 1 Nr. 3);
- für andere Zwecke, wenn kein schutzwürdiges Interesse des Betroffenen vorliegt (Abs. 3).

*Neuregelung des Arbeitnehmerdatenschutzes im BDSG*

Die Öffnungstatbestände des § 28 BDSG sind abschließend. Mit der Gesetzesnovelle vom 1. September 2009 wurde für den Bereich des Arbeitnehmerdatenschutzes § 32 BDSG neu geregelt. Hiernach muss die Erhebung von personenbezogenen Daten von Beschäftigten erforderlich sein für die Entscheidung über die Begründung eines Beschäftigungsverhältnisses, dessen Durchführung oder Beendigung. Mit dieser Neuregelung ändert sich jedoch wenig, da diese Handhabung bereits zuvor durch Richterrecht auf der Basis des oben genannten § 28 BDSG kodifiziert war. Neben diesen Erlaubnistatbeständen ist eine Datenverarbeitung und letztlich ein funktionierendes Personalcontrolling nur mit der Einwilligung des Betroffenen oder – wie bereits dargestellt – aufgrund einer anderen Rechtsvorschrift zulässig.

Bereits auf den ersten Blick wird deutlich, dass §§ 28 und 32 BDSG völlig unzureichend für eine betrieblich sinnvolle Ausgestaltung von Personalcontrolling sind. Neben der generellen Beschränkung auf möglichst wenige personenbezogene Daten ist schließlich die Zweckbindung zu beachten. Der Grundsatz der „informationellen Gewaltenteilung" erfordert das „Namhaftmachen" der einzelnen Zwecke der Datenverarbeitung. Denn je konkreter die Zweckbindung, umso geringer die Gefahr, durch Verknüpfung von Daten neue Aussagen gewinnen zu können.

Ebenso unzureichend ist, die Ausgestaltung des Personalcontrollingsystems auf die Einwilligung der Betroffenen zu stützen. Es liegt auf der Hand, dass es bei einer Vielzahl von betroffenen Mitarbeitern völlig unpraktikabel ist. Darüber hinaus knüpft das BDSG auch an die Einwilligung der Mitarbeiter weitgehende formale Erfordernisse. So muss die Einwilligung schriftlich und – sofern sie im Rahmen von anderen Erklärungen abgegeben wird – besonders hervorgehoben erfolgen. Zudem muss der Erklärende den Erklärungsgehalt hinreichend klar verstanden haben. Dies umfasst auch etwaige Konsequenzen im Falle der Verweigerung der Zustimmung. Die Entscheidung soll vom Betroffenen frei getroffen werden können *(undue influence)*. Inwieweit das im Rahmen eines Arbeitsverhältnisses faktisch überhaupt möglich ist, ist höchst fraglich.

Letztlich muss auf die Erhebung von besonders sensiblen Daten gemäß § 3 Abs. 9 BDSG ausdrücklich hingewiesen und deren Zweckbindung dargelegt werden.

## Andere Rechtsvorschrift

Die Nutzung eines Personalcontrollingsystems ist mithin weder aufgrund der durch das BDSG vorgesehenen Erlaubnistatbestände noch mit der individuellen Einwilligung des jeweiligen Betroffenen sinnvoll möglich. Somit kann die rechtliche Zulässigkeit nur aufgrund einer anderen (als der des BDSG) Rechtsvorschrift hergeleitet werden.

In Ermanglung von spezialgesetzlichen Regelungen zur Ausgestaltung von Personalcontrollingsystemen in Unternehmen hat das BAG entschieden, dass auch betriebliche Regelungen in Form von Betriebsvereinbarungen eine andere Rechtsvorschrift im Sinne des BDSG sind. Diese inzwischen sehr alte Entscheidung hat zwei Konsequenzen:

- Zum einen eröffnet dies einen sehr großen Gestaltungsspielraum zur Ausgestaltung eines Personalcontrollingsystems.
- Zum anderen sind in vielen Betrieben regelmäßig bereits Regelungen vereinbart, welche die Verarbeitung von personenbezogenen Daten behandeln. In diesen Fällen ist lediglich zu prüfen, ob diese nicht bereits ausreichend ausgestaltet sind bzw. welche Ergänzungen zur Implementierung eines Personalcontrollingsystems notwendig werden.

### Weitere Voraussetzungen für die Datenverarbeitung

Neben der generellen Zulässigkeit der Datenverarbeitung im Rahmen der Regelung des BDSG knüpft das Gesetz weitere Voraussetzungen an die betriebliche Datenverarbeitung von personenbezogenen Daten. So dürfen auch bei vorliegender betrieblicher Regelung sensible Daten (vgl. § 3 Abs. 9 BDSG), wie zum Beispiel Angaben über ethnische Herkunft, Hautfarbe, politische Meinung, Parteimitgliedschaften, religiöse und philosophische Überzeugung und Informationen zum Gesundheitszustand, nur verarbeitet werden

*Voraussetzungen für die Verarbeitung sensibler Daten*

- zum Schutz lebenswichtiger Interessen,
- wenn sie offenkundig öffentlich gemacht wurden,
- zur Geltendmachung oder Verteidigung rechtlicher Ansprüche,
- zum Zwecke wissenschaftlicher Forschung, wenn das öffentliche Interesse überwiegt.

Appellcharakter dagegen hat der Aufruf zur Datensparsamkeit und -vermeidung. Nach § 3a BDSG soll sich die Ausgestaltung von Datenverarbeitungssystemen an dem Ziel orientieren, so wenig wie möglich personenbezogene Daten zu erheben. Vor dem Hintergrund, dass diese Vorschrift ohne jede Sanktion ist und Speicherkapazität inzwischen nahezu unbegrenzt zur Verfügung steht, geht diese Regelung weitgehend ins Leere.

Unabdingbar hingegen und zugleich in der Praxis nicht ohne Weiteres zu gewährleisten ist das Auskunftsrecht des Betroffenen nach den §§ 19 und 34 BDSG. Hiernach ist dem Betroffenen auf Antrag Auskunft über die gespeicherten personenbezogenen Daten, deren Herkunft und etwaige Datenempfänger zu geben. Der Arbeitgeber ist verpflichtet, diese Auskunft schriftlich und unverzüglich (innerhalb von zwei Wochen) zu erteilen. Nach § 6 Abs. 1 BDSG ist das Auskunftsrecht auch nicht durch eine betriebliche Regelung abdingbar.

So selbstverständlich das Auskunftsrecht aus Sicht des Mitarbeiters ist, so schwer ist die technische Realisierung im Unternehmen. Der Ausdruck der Stammdaten mag in jedem Personalcontrollingsystem schnell und einfach möglich sein. Das Gesetz allerdings verlangt, individuell auf den einzelnen Auskunftsberechtigten bezogen die Herkunft und den Empfänger von Daten sowie den Zweck der Datenerhebung zu erläutern. In komplexen Personalcontrollingsystemen, insbesondere innerhalb von Konzernunternehmen, führt dies zu höchst komplexen Anforderungen an etwaige Auswertungen zur Befriedigung des Auskunftsanspruchs des Mitarbeiters.

*Probleme der technischen Realisierung*

## Verantwortliche Stelle (§ 3 Abs. 7 BDSG)

Neben den bereits dargestellten Anforderungen muss der Arbeitgeber als „verantwortliche Stelle" der Datenverarbeitung weitere Verpflichtungen erfüllen. Dies sind zum einen die Erfüllung der Meldepflicht nach § 4 BDSG, zum anderen die Sicherstellung der Verpflichtung auf das Datengeheimnis nach § 5 BDSG sowie das Gewährleisten von technischen und organisatorischen Maßnahmen bei der Datenverarbeitung gemäß § 9 BDSG.

## Meldepflicht nach § 4d BDSG

Verfahren zur automatisierten Datenverarbeitung sind vor ihrer Inbetriebnahme von nicht öffentlichen verantwortlichen Stellen der zuständigen Aufsichtsbehörde und von öffentlichen verantwortlichen Stellen des Bundes sowie von Post und Telekommunikationsunternehmen dem Bundesbeauftragten für Datenschutz nach Maßgabe von § 4e BDSG zu melden. Diese Meldepflicht entfällt nur dann, wenn ein betrieblicher Beauftragter für den Datenschutz bestellt wurde. Sofern die Datenverarbeitung meldepflichtig ist, sind folgende Angaben zu machen:

*Angaben im Rahmen der Meldepflicht*

- Name oder Firma der verantwortlichen Stelle
- Inhaber, Vorstände, Geschäftsführer oder sonstige gesetzliche oder nach der Verfassung des Unternehmens berufene Leiter und die mit der Leitung der Datenverarbeitung beauftragten Personen
- Anschrift der verantwortlichen Stelle
- Zweckbestimmung der Datenerhebung, -verarbeitung oder -nutzung

Darüber hinaus sind weiter gehende inhaltliche Erläuterungen zu melden:

- eine Beschreibung der betroffenen Personengruppen und der diesbezüglichen Daten und Datenkategorien
- Empfänger oder Kategorien von Empfängern, denen die Daten mitgeteilt werden können
- Regelfristen für die Löschung der Daten
- geplante Datenübermittlung in Drittstaaten
- eine allgemeine Beschreibung, die es ermöglicht, vorläufig zu beurteilen, ob die Maßnahmen nach § 9 zur Gewährleistung der Sicherheit der Verarbeitung angemessen sind

Der Umfang der Meldepflicht ist enorm und bedarf darüber hinaus einer regelmäßigen Aktualisierung. Abgesehen davon besteht ohnehin die Verpflichtung zur Bestellung des betrieblichen Datenschutzbeauftragten nach § 4f BDSG.

*Datenschutzbeauftragter*

Führte der betriebliche Datenschutzbeauftragte in der Vergangenheit in vielen Unternehmen ein Schattendasein, misst das aktuelle BDSG der Funktion eine zentrale Rolle zu. Dies ist nicht zuletzt am Umfang der vorgenannten Meldepflicht zu erkennen. Der Beauftragte für den Datenschutz muss nach § 4f BDSG mehrere Voraussetzungen erfüllen. Neben der notwendigen Sachkunde zur Erfüllung seiner

Aufgaben ist er auch weisungsunabhängig und berichtet direkt an die Geschäftsführung des jeweiligen Unternehmens. Nur so ist sichergestellt, dass er seine Tätigkeit nachhaltig und unabhängig von etwaigen betrieblichen Interessen wahrnehmen kann. Seine vom Gesetz definierten Aufgaben sind zum einen die Überwachung der Datenverarbeitung auf Gesetzeskonformität, zum anderen aber auch die Schulung bzw. Information von Personen, die mit der Datenverarbeitung im Unternehmen betraut sind. Darüber hinaus erhält er die nach § 4e BDSG meldepflichtigen Angaben. Nachdem die Rolle des betrieblichen Datenschutzbeauftragten naturgemäß zu betrieblichen Interessenkonflikten führen kann, sieht § 4f Abs. 3 BDSG einen besonderen Kündigungsschutz vor.

### Verpflichtung auf das Datengeheimnis

Wenn auch schon nahezu selbstverständlich, soll doch die Verpflichtung auf das Datengeheimnis nach § 5 BDSG ausdrücklich erwähnt werden. Der Arbeitgeber ist als verantwortliche Stelle verpflichtet, beschäftigte Personen, die mit der Verarbeitung von personenbezogenen Daten betraut sind, auf das Datengeheimnis gesetzlich zu verpflichten. Hiernach ist den bei der Datenverarbeitung beschäftigten Personen untersagt, personenbezogene Daten unbefugt zu erheben, zu verarbeiten oder zu nutzen. Diese Personen sind bei der Aufnahme ihrer Tätigkeit auf das Datengeheimnis zu verpflichten. Diese Verpflichtung wirkt auch nach der Beendigung der Tätigkeit der Personen fort. Aufgrund der zentralen Bedeutung dieser Vorschrift empfiehlt sich, diese Erklärung stets neben etwaigen arbeitsvertraglichen Regelungen gesondert auszuformulieren und schriftlich niederzulegen. In aller Regel sind die Formulierungen in Musterarbeitsverträgen zur allgemeinen Verschwiegenheitsverpflichtung von Mitarbeitern nicht ausreichend zur Erfüllung der Voraussetzung von § 5 BDSG.

*Datengeheimnis*

### Technische und organisatorische Maßnahmen für die Datenverarbeitung

Das BDSG sieht schließlich auch weitreichende technische und organisatorische Maßnahmen für die Datenverarbeitung vor. Die einzelnen Maßnahmen, die der Arbeitgeber bzw. die in seinem Auftrag

Daten verarbeitenden Stellen zu treffen haben, sind nunmehr in der Anlage zu § 9 Abs. 1 BDSG zusammengefasst:

- *Zutrittskontrolle:* Schutz vor unbefugtem Zutritt zu Räumen mit Datenverarbeitungsanlagen
- *Zugangskontrolle:* Festlegung, welche Funktionen mit der Datenverarbeitung betraut sind
- *Zugriffskontrolle:* Festlegung eines Berechtigungssystems
- *Übertragungskontrolle:* Gewährleistung, dass die Daten beim Transport/bei der Übertragung von Unberechtigten nicht gelesen werden können (zum Beispiel durch Verschlüsselung)
- *Eingabekontrolle:* Ausschluss, dass Unbefugte Eingaben in das System vornehmen können (Passwörter; Bildschirmschoner mit Passwortschutz)
- *Auftragskontrolle:* wenn eine dritte Stelle die Verarbeitung für den Arbeitgeber vornimmt (sorgfältige Auswahl; Datensicherungsmaßnahmen; Aufbewahrungsvorschriften etc.)

### Übermittlung von Daten innerhalb der EU

Die Datenverarbeitung und Datensicherheit in der Europäischen Union ist durch die EU-Richtlinie 95/46/EG und die entsprechenden nationalen Regelungen der EU-Länder abschließend geregelt.

Damit jedoch die strengen Regelungen zur Datenverarbeitung in der Europäischen Union nicht durch Übermittlung der Daten ins Ausland und die dortige Weiterverarbeitung umgangen werden können, ist die Übermittlung nur zulässig, wenn das jeweilige Land, in dem sich der Datenempfänger befindet, ein vergleichbares Datenschutzniveau wie das der EU vorweisen kann (vgl. § 4b Abs. 2 BDSG). Es ist im Rahmen der Darstellung nicht möglich, jedes Nicht-EU-Land und das dortige Datenschutzniveau darzustellen. Aufgrund der Bedeutsamkeit für den europäischen Wirtschaftsraum ist jedoch auf die Datenübermittlung in die Vereinigten Staaten nachfolgend einzugehen.

*Safe-Harbor-Abkommen*

Die Vereinigten Staaten von Amerika haben aufgrund der vorrangig gelebten „Selbstregulierung" keine Datenschutzgesetzgebung. Aufgrund der Artikel 25 und 26 der vorgenannten EU-Richtlinie wäre demnach eine Datenübermittlung in die Vereinigten Staaten nicht möglich. Zur Überbrückung der Systemunterschiede wurde die „Vereinbarung zum sicheren Hafen" – das sogenannte Safe-Harbor-Abkommen – getroffen. Im Rahmen seiner Regelung verpflichten sich Unternehmen zur Einhaltung von Datenschutzregelungen auf dem Niveau der Europäischen Union.

Der Beitritt zu diesem Abkommen ist durch jedes Unternehmen freiwillig möglich. Etwaige Streitigkeiten werden durch Schiedsstellen geregelt.[31]

## Sanktionen bei Verstoß gegen das BDSG

Schließlich sei abschließend auch auf die Sanktionsvorschriften des BDSG hingewiesen. Während § 43 BDSG einen Bußgeldrahmen von bis zu 300.000 € für die dort genannten Verstöße gegen das BDSG beschreibt, wurde im Jahr 2009 mit § 42a BDSG der sogenannte „Datenschutzpranger" eingefügt. In besonders schwerwiegenden Fällen von Verstößen gegen das BDSG, wie etwa die rechtswidrige Nutzung von besonders sensiblen Daten des § 3 Abs. 9 BDSG, bestimmt § 42a BDSG neben der Information der Betroffenen und der Aufsichtsbehörde auch das Öffentlichmachen des Gesetzesverstoßes. Hierzu schreibt das BDSG in bestimmten Fällen vor, die Öffentlichkeit durch Anzeigen, die mindestens eine halbe Seite umfassen, in mindestens zwei bundesweit erscheinenden Tageszeitungen zu informieren.

### 6.1.2 Personalcontrolling in der betrieblichen Mitbestimmung

Die Beteiligung des Betriebsrates im Unternehmen ist durch das Betriebsverfassungsgesetz (BetrVG) geregelt. Die Mitbestimmung in sozialen Angelegenheiten regeln die §§ 87 ff. BetrVG. Weitere Schwerpunkte der betrieblichen Mitbestimmung sind die personellen Angelegenheiten gemäß der §§ 92 ff. BetrVG, die Gestaltung von Arbeitsplätzen, Arbeitsabläufen und Arbeitsumfeld gemäß §§ 90 f. BetrVG sowie die Beteiligung in wirtschaftlichen Angelegenheiten gemäß der §§ 106 ff. BetrVG.

---

31  Weitere Informationen zur Safe-Harbor-Vereinbarung sind unter www.export.gov/safeHarbor/ abrufbar.

**Abbildung 13: Beteiligung des Betriebsrats**

Bekanntermaßen ist die Mitbestimmung in sozialen Angelegenheiten gemäß den §§ 87 ff. BetrVG am stärksten ausgeprägt. Beabsichtigte betriebliche Maßnahmen bedürfen stets der ausdrücklichen Zustimmung der Arbeitnehmervertretung.

Beispiele für die betriebliche Mitbestimmung in sozialen Angelegenheiten sind:

- Ordnung des Betriebes
- Beginn und Ende der täglichen Arbeitszeit
- Kurzarbeit
- Mehrarbeit
- technische Überwachungseinrichtungen
- betriebliche Lohngestaltung

Die Einführung und Umsetzung eines Personalcontrollingsystems wird von den Tatbeständen zumindest nicht offensichtlich erfasst.

Aufgrund der Rechtsprechung des BAGs ist jedoch die Einführung einer elektronischen Datenverarbeitung zum Zwecke des Personalcontrollings ohne ausdrückliche Vereinbarung mit dem Sozialpartner nicht zulässig. Zentrale Vorschrift hierfür ist § 87 Abs. 1 Ziff. 6 BetrVG. Hiernach sind die „Einführung und Anwendung von technischen Einrichtungen, die dazu bestimmt sind, das Verhalten oder die Leistung der Arbeitnehmer zu überwachen", zwingend mitbestimmungspflichtig. Ursprünglich regelte diese Vorschrift ausschließlich klassische Überwachungsgeräte, wie zum Beispiel elektronische Zeiterfassung. Mit fortschreitender technischer Entwicklung ist § 87 Abs. 1 Ziff. 6 BetrVG aber auf alle elektronischen Datenerfassungs- und -verarbeitungssysteme anzuwenden, soweit dort personenbezogene Daten erhoben werden. Hierbei kommt es nicht darauf an, ob die Datenverarbeitung mit dem Zweck der Leistungs- bzw. Verhaltenskontrolle erfolgt. Dies mag der Wortlaut der Regelung zwar suggerieren. Die ständige Rechtsprechung des BAG stellt aber klar, dass allein die objektive Möglichkeit zur Leistungs- und Verhaltensüberwachung ausreichend ist. Dadurch ist faktisch jedes EDV-System, das personenbezogene Daten verarbeitet, mitbestimmungspflichtig und bedarf einer Vereinbarung mit dem Betriebsrat. Die Mitbestimmung sieht hierfür die Beteiligung der Arbeitnehmervertreter sowohl bei der Einführung als auch bei der Anwendung und Veränderung der Systeme vor. Die Planung an sich ist nicht von der Mitbestimmung umfasst.

Aufgrund des späteren Zustimmungserfordernisses und der häufig sehr komplexen EDV-Systemgestaltung hat es sich in aller Regel bewährt, den Betriebsrat bereits in der Planungsphase mit einzubeziehen. Hierdurch ist beiden Betriebsparteien möglich, bereits in der Entstehungsphase wichtige Beweggründe zu diskutieren und gegebenenfalls im System zu berücksichtigen. Spätere Änderungen, zum Beispiel im Einigungsstellenverfahren, sind häufig nur mit großem zeitlichem Aufwand und entsprechenden zusätzlichen Kosten zu realisieren.

## Ausgestaltung der betrieblichen Regelungen

In vielen Unternehmen stehen bereits vielfältige Regelungen zur Nutzung von Personaladministrationssystemen zur Verfügung. Bei der Neugestaltung oder vollständigen neuen Implementierung eines Personalcontrollingsystems sind diese Vereinbarungen zunächst auf notwendige Regelungserfordernisse durch das BDSG und das BetrVG zu überprüfen. Auf Grundlage dieser Vereinbarung kommt folgenden Themen besondere Bedeutung zu:

(1) *Präambel*
    Im Rahmen der Präambel können beide Betriebsparteien die Motivation und Ausrichtung des Personalcontrollingsystems

darlegen und die zukunftsweisende Bedeutung allgemein formulieren.

(2) *Geltungsbereich*

Im Rahmen des Geltungsbereiches sollte definiert werden, für welche Mitarbeiter die Vereinbarung abgeschlossen werden soll. Hierdurch wird vor dem Hintergrund der Vorschriften des BDSG auch der Umfang der Zulässigkeit der Datenverarbeitung definiert.

(3) *Gegenstand der Vereinbarung*

Im Rahmen einer betrieblichen Regelung sollte definiert sein, dass sowohl die Planung, Einführung und die Anwendung als auch die Änderung des Personalcontrollingsystems vollständig durch die betriebliche Regelung erfasst werden. Bei der Formulierung empfiehlt sich, darauf zu achten, dass die Regelung zukunftsfähig ist und nicht bei Releasewechseln neu verhandelt werden muss. Eine allgemeine Systembeschreibung ist stets der exakten technischen Benennung der jeweiligen Software vorzuziehen.

(4) *Zweckbestimmung*

Da das BDSG bei der Verarbeitung von personenbezogenen Daten stets eine Zweckbestimmung erfordert, empfiehlt es sich, mit dem Sozialpartner diese im Rahmen der betrieblichen Regelung zu vereinbaren. Hierzu gehören:

- Durchführung von Entgeltabrechnungen
- Abrechnungen von Renten
- Erfüllung von Verpflichtungen aus Gesetzen, Verordnungen, Tarifverträgen, anderen Betriebsvereinbarungen und Arbeitsverträgen
- Erstellung von Auswertungen, die zur Erfüllung von betriebs- und personalwirtschaftlichen Aufgaben sowie zur Information des Betriebsrates notwendig sind
- (...)

(5) *Begriffsbestimmungen*

In vielen betrieblichen Regelungen werden zentrale Begriffsbestimmungen des BDSG aufgenommen und nochmals erläutert. Dies ist formalrechtlich nicht notwendig, erlaubt jedoch dem

Leser der Betriebsvereinbarung, diese zu verstehen, ohne zusätzlich das BDSG zur Hand zu nehmen.

(6) *Systemänderungen*
Nachdem die betriebliche Mitbestimmung auch die Änderung des EDV-Systems mitumfasst, sollte zwingend eine zukunftssichere Lösung vereinbart werden, wie schnell und unter welchen Voraussetzungen etwaige Systemänderungen umgesetzt werden können. Empfehlenswert ist auch eine Öffnung der Vereinbarung dahin gehend, dass kurzfristige Systemänderungen zunächst ohne Beteiligung des Sozialpartners durchgeführt werden können und entsprechende Anpassungen der Vereinbarung im Nachgang protokolliert bzw. vereinbart werden.

(7) *Zeitraum der Datenspeicherung*
Im Rahmen der Diskussion mit den Arbeitnehmervertretern wird erfahrungsgemäß die Frage der Löschungsfristen intensiv diskutiert. Aus Sicht des Unternehmens stellt sich jedoch vorrangig nicht die Frage, wann Daten gelöscht werden können, sondern vielmehr, welche Aufbewahrungspflichten durch Gesetze und Verordnungen bestehen. Empfehlenswert ist hier daher eine Vereinbarung dahin gehend, dass die gespeicherten personenbezogenen Daten für die Dauer der gesetzlich vorgeschriebenen Zeiträume gespeichert werden.

(8) *Auswertungen*
Sofern Auswertungen aus dem Personalcontrollingsystem folgen, wird der Sozialpartner regelmäßig sicherstellen wollen, dass keine Leistungs- und Verhaltenskontrolle erfolgt. Vor diesem Hintergrund sollten genau diese Tatbestände unterschieden werden. Auswertungen aus dem Personalcontrollingsystem ohne Leistungs- und Verhaltensbezug sollten jederzeit und ohne weiter gehende Vereinbarungen mit dem Betriebsrat möglich sein. Erforderliche Leistungs- und Verhaltenskontrollen bedürfen der Zustimmung des Betriebsrates und sollten in einer Anlage zur jeweiligen Vereinbarung dokumentiert werden.

(9) *Downloads*
Nicht immer ist das Personalcontrollingsystem technisch so gestaltbar, dass jedwede Auswertung im eigentlichen EDV-System

erfolgen kann. Zur Weiterbearbeitung und Interpretation von Daten ist es häufig notwendig, Systemdownloads vorzunehmen. Diese Funktionsweise stellt für die Arbeitnehmervertreter eine weitgehende Systemöffnung dar, denn wenn die Daten das Personalcontrollingsystem erst einmal verlassen haben, ist deren Nachverfolgung erschwert und eine Verknüpfung in anderen Systemen häufig nicht mehr nachvollziehbar. Der Sozialpartner wird daher in aller Regel darauf bestehen, dass die Download-Berechtigung stark limitiert ausgestaltet wird und ihm Kontrollmöglichkeiten eingeräumt werden.

(10) *Datenschutz*

Alle Regelungen zum Datenschutz sind im BDSG zusammengefasst und wurden bereits eingehend erläutert. Formal bedarf es daher keiner weiter gehenden Regelung in einer betrieblichen Vereinbarung zum Datenschutz. Es empfiehlt sich trotzdem, den Stellenwert des Datenschutzes und die Anforderungen des BDSG im angemessenen Umfang auch in die betriebliche Regelung mit aufzunehmen, um ähnlich der Begriffsbestimmung dem Leser zu ermöglichen, den Gesamtzusammenhang zu erkennen, ohne erneut das BDSG zur Hand zu nehmen.

(11) *Berechtigungskonzept*

Bereits das BDSG verlangt von der verantwortlichen Stelle die Erstellung eines Berechtigungskonzeptes. Die Ausarbeitung und Vereinbarung eines Berechtigungskonzeptes ist zentraler Gegenstand der betrieblichen Regelung. In der Regelung selbst sollten nur die Grundsätze niedergelegt werden, während das eigentliche detaillierte Berechtigungskonzept in einer Anlage vereinbart werden sollte. Dies erleichtert das spätere Nachvollziehen von Änderungen.

(12) *Schlussbestimmungen*

Im Rahmen der Schlussbestimmungen werden die Laufzeit der Regelung und die Kündigungsmodalitäten geregelt. Hier ist darauf zu achten, dass die Vereinbarung uneingeschränkt Nachwirkung entfaltet. Nur so kann im Fall einer Kündigung die uneingeschränkte weitere Nutzung des Systems (bis zur Vereinbarung einer Neuregelung) gewährleistet werden.

Neben diesen Kernpunkten einer möglichen betrieblichen Vereinbarung können weitere Themenkomplexe in die Vereinbarung mit den Arbeitnehmervertretern einfließen. Diese sind in aller Regel sehr betriebsspezifisch und letztlich das Ergebnis der Verhandlungen der jeweiligen Betriebsparteien.

## 6.2 Allgemeines Gleichbehandlungsgesetz (AGG)
*(Hede Gesine Elsing)*

Das Allgemeine Gleichbehandlungsgesetz (AGG) soll Benachteiligungen in der Arbeitswelt verhindern bzw. beseitigen. Speziell aufgrund von sieben Merkmalen darf keine Benachteiligung erfolgen:

- Rasse
- ethnische Herkunft
- Geschlecht
- Religion oder Weltanschauung
- Behinderung
- Alter
- sexuelle Identität

Das Personalcontrolling ist grundsätzlich in zweierlei Hinsicht vom AGG betroffen:

- Erstens leistet es einen Beitrag zur Einhaltung des AGG im Unternehmen, indem es sicherstellt, dass Informationen zu AGG-relevanten Sachverhalten regelmäßig erhoben, dokumentiert und den verantwortlichen Stellen mitgeteilt werden. In diesem Rahmen ist die AGG-Konformität aller Prozesse im Personalbereich zu betrachten. Wenn sie bei einer Analyse der Personalprozesse deutlich wird, ist eine AGG-Problematik transparent zu machen, und es sind Lösungsmöglichkeiten vorzuschlagen.
- Zweitens muss das Personalcontrolling selbst auf AGG-Konformität seiner eigenen Aktivitäten achten. Berichte und Auswertungen sollten AGG-konform sein und auch Ergebnisse nicht zu einer Benachteiligung führen können. Falls bei Auswertungen oder Analysen Benachteiligungen festgestellt werden, ist es die

Aufgabe des Personalcontrollers, dies zu kommunizieren und zu diskutieren, um so gegebenenfalls Anpassungen zu erreichen.

Grundsätzlich ergibt sich aus dem AGG ein Grund, den Zweck und die weitere Verwendung von Auswertungen immer zu hinterfragen und zu dokumentieren.

# II. Anwendungsbereiche

# 1 Personalplanung *(Michael Schmitz)*

## 1.1 Definition und Aufgaben

Personalplanung bezeichnet das Bestreben, Personalkapazitäten in der geforderten Qualität zur richtigen Zeit, auf bestimmte oder unbestimmte Dauer, am entsprechenden Einsatzort vorzusehen. Personalplanung ist unter anderem abhängig von: Arbeitsorganisation, Arbeitsrecht und Tarifpolitik, Markttendenzen und Unternehmensplanung.

*Abhängigkeiten der Personalplanung*

Die Personalplanung orientiert sich an den Belangen der Unternehmensplanung und sieht sich idealerweise als integralen Bestandteil.

Sie nimmt auf der Basis der aktuellen Erkenntnisse die Entwicklung des Faktors Personal als Ganzes vorweg und orientiert sich dabei wesentlich an den Personalprozessen.

In diesem Sinne – also orientiert an den relevanten Personalprozessen – können verschiedene Personalplanungsarten unterschieden werden:[32]

*Personalplanungsarten*

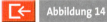

Abbildung 14

| Personalplanungsarten | |
|---|---|
| Personalbedarfsplanung | Wie viele Mitarbeiter mit welcher Qualifikation werden wann und wo benötigt? |
| Personalbeschaffungsplanung | Wie kann das erforderliche Mitarbeiterpotenzial beschafft und ausgewählt werden? |
| Personaleinsatzplanung | Wie kann das im Unternehmen vorhandene Mitarbeiterpotenzial optimal (die richtige Frau/der richtige Mann am richtigen Platz) eingesetzt werden? |
| Personalanpassungsplanung | Wie kann überzähliges Mitarbeiterpotenzial mit möglichst geringen sozialen Härten (sozial verträglich) abgebaut werden? |
| Personalentwicklungsplanung | Wie können vorhandene Mitarbeiter für veränderte oder neue Aufgaben durch Weiterbildungsmaßnahmen oder andere Maßnahmen systematisch qualifiziert werden? Wie sind solche Maßnahmen zu planen? |
| Personalkostenplanung | Welche Kosten ergeben sich aus den geplanten personellen Maßnahmen? |

---

32   Vgl. Mag (1998).

*Orientierung am Bedarf eines Unternehmens*

Die verschiedenen Arten der Personalplanung sind dabei nicht isoliert nebeneinander zu sehen, sondern können bzw. sollten – orientiert am Bedarf eines Unternehmens – integriert stattfinden.[33]

## 1.2 Faktororientierte Personalplanung

*Rolle des Personalcontrollers*

Die faktororientierte Personalplanung meint den Prozess der Planung aller Mitarbeiter eines Unternehmens. Dabei hat der Personalcontroller zumeist die Rolle als Koordinator des Prozesses inne: Er stellt geeignete Methoden und Instrumente zur Verfügung, und er unterstützt die Fach- und Führungsverantwortlichen des Unternehmens bei der Durchführung der Personalplanung.

Nach der zeitlichen Dimension des Planungszeitraums lässt sich unterscheiden zwischen

*Planungsmodelle*

- kurzfristiger operativer Planung: max. 6 Monate,
- mittelfristiger Personalplanung: ca. 1–5 Jahre (häufig orientiert an der Unternehmensplanung) und
- langfristiger strategischer Personalplanung: größer 5 Jahre (zum Beispiel 10 Jahre oder mehr); insbesondere zur langfristigen Analyse von Demografie Aspekten.[34]

Je nach Fristigkeit und gewünschtem Detaillierungsgrad ergeben sich verschiedene Methoden der Personalplanung, beispielsweise folgende:

- die individualisierte, das heißt personenbezogene Personalplanung,
- die Planung auf der Basis von Stellenplänen/Personalbemessungen oder
- verschiedene Formen von Prognoseverfahren.

Zur ausführlichen Befassung mit den verschiedensten Facetten sei auf die entsprechende Literatur verwiesen.[35]

33  Siehe dazu das Unternehmensbeispiel in Kapitel II.1.4.
34  Siehe hierzu auch Kapitel III.1.
35  Vgl. Liebel, Oechsler (1994) sowie Mag (1998) und Scholz (2000).

Im Folgenden werden die möglichen Kennzahlen beschrieben, die in der Personalplanung erhoben und im Sinne eines Personalcontrollings verfolgt werden können. Diese beziehen sich auf Menge, Zeit, Kosten und qualitative Aspekte des Personals.

Im Rahmen des Personalcontrollings wird regelmäßig – zum Beispiel monatlich oder quartalsweise – die Einhaltung bzw. Umsetzung der in der Personalplanung ermittelten Veränderungen gemessen. Abweichungen werden analysiert und den Planungsverantwortlichen mitgeteilt.

## Menge

Kernbestandteil der faktororientierten Personalplanung ist die Planung von Personalmengen. Das lässt sich mit Kopfzahlen, aber auch mit FTE *(Full-Time Equivalent)* durchführen. Für welche Größe man sich entscheidet, hängt von dem Kontext ab, in dem die Größe verwendet werden soll (Beispiele siehe Abbildungen 15 und 16).

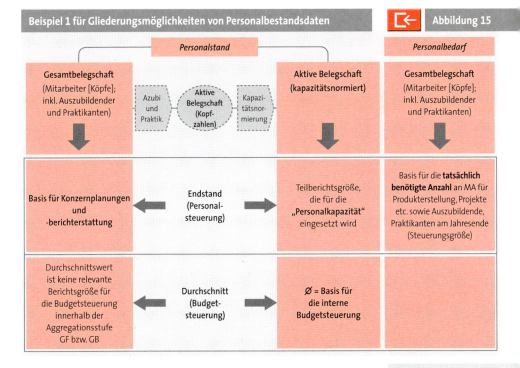

Abbildung 15

Abbildung 16  Beispiel 2 für Gliederungsmöglichkeiten von Personalbestandsdaten[36]

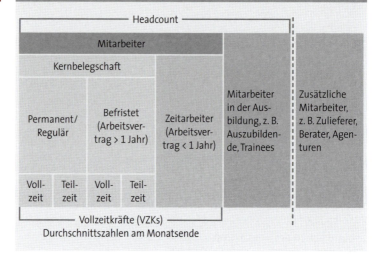

*FTE-Werte* Für unternehmensinterne Planungen bieten FTE-Werte die größte Genauigkeit. Definieren lässt sich ein FTE beispielsweise folgendermaßen (eine allgemein verbindliche Definition gibt es nicht):

> FTE =
> Anzahl Mitarbeiter,
> Teilzeitmitarbeiter anteilig,
> ohne Ruhende (Mitarbeiter in Elternzeit, Sabbatical, Altersteilzeit-Passivphase ...),
> ohne Auszubildende

*Personalbedarf* Zunächst wird der Personalbedarf (in FTE) im Planungszeitraum ermittelt. Pragmatisch kann man dabei vom aktuellen Personalbestand ausgehen und bereits bekannte oder abzusehende Anpassungsbedarfe berücksichtigen. Falls vorhanden stellen Solldimensionierungen und/oder Stellenpläne eine geeignete Personalbedarfsgröße dar. Anschließend werden auf der Basis des vorhandenen Personals und bereits bekannter Zu- und Abgänge die sich ergebenden Abweichungen ermittelt. Je nach zeitlichem Horizont ist dabei die zu

36   Quelle: EP First/PwC Saratoga.

erwartende „ungeplante Fluktuationsquote" zusätzlich zu berücksichtigen:

$$\text{Ungeplante Fluktuationsquote} = \frac{\text{Anzahl ungeplante Austritte in FTE}^{37}}{\text{FTE-Gesamt}}$$

Diese Abweichungen werden analysiert und führen zur Erhebung der folgenden beiden Kennzahlen:

Vakanzen = Anzahl der in FTE gemessenen Unterdeckungen
Überhang = Anzahl der in FTE gemessenen Überdeckungen

Dabei stellen die Vakanzen die Basis für eine Personalbeschaffungsplanung sowie der Personalüberhang die Basis für eine Personalanpassungsplanung dar. Aus diesem Grund ist die Personalplanung nicht nur rein quantitativ, sondern auch strukturiert nach qualitativen Aspekten vorzunehmen.

*Basis für Personalbeschaffungs- und Personalanpassungsplanung*

Wenn die Anforderungen der Stellen sowie die entsprechenden Qualifikationsdaten der Mitarbeiter vorliegen, stellt der Personalcontroller im Rahmen der Personalplanung auch die Über- und Unterdeckungen an Qualifikationen im Verhältnis von Stelle und Stelleninhaber als Basis für die Personalentwicklungsplanung zur Verfügung.

*Basis für Personalentwicklungsplanung*

Zur Vervollständigung der faktororientierten Personalplanung ist auch die Planung weiterer Personengruppen, die häufig nicht im Sinne der Definition von „FTE" Berücksichtigung finden, vorzusehen. Dies betrifft beispielsweise die Planung von Auszubildenden, Werkstudenten oder Praktikanten.

## Zeit

Über die Planung von FTE hinausgehend sind zeitwirtschaftliche Aspekte im Rahmen der faktororientierten Personalplanung zu berücksichtigen, da Mehrarbeitszeiten und Ausfallzeiten die zur Verfügung stehende Arbeitskapazität beeinflussen.

---

37   Zum Beispiel Elternzeit, Kündigung, Erwerbsunfähigkeitsrente, Tod.

> Verfügbare Arbeitskapazität gesamt =
> (Sollstunden pro FTE – Fehlzeiten pro FTE + Mehrarbeit pro FTE) × FTE

Insbesondere bei Produktionsunternehmen mit Fertigungsstellen, Schichtsystemen etc. bildet die Planung des Personalkapazitätsbedarfs in Stunden gegebenenfalls sogar die Grundlage, auf der die Zahl der benötigten FTE unter Berücksichtigung von Sollarbeitszeiten, Fehlzeiten und Mehrarbeitszeiten ermittelt wird.

Die Mehrarbeitszeiten stellen zusätzlich eine Basis für die Personalaufwandsplanung dar. Dabei ist je nach Zeitwirtschaftssystem zwischen den Positionen „Grundlohn" (fällt nur an, wenn Mehrarbeit nicht durch Freizeit ausgeglichen wird) und „Zuschläge" zu differenzieren.

## Kosten

Die Planung des Personalaufwands auf der Basis der Ergebnisse der Planung von Mengen und Zeiten orientiert sich im Kern an den Anforderungen der Unternehmensplanung. Die Berücksichtigung dieser Anforderungen (fachlich und IT-technisch) ist eine wesentliche Voraussetzung für einen integrierten Gesamtunternehmensplanungsprozess.

Üblicherweise ist es Ziel der Gesamtunternehmensplanung, Kennzahlen für die Gesamtkosten und den Gesamtertrag zu planen. Dies können planerische GuV-, EBIT-, Wertbeitrags- oder ähnliche Kennzahlen sein.

Aus Sicht des Personalcontrollers ist dabei eine Gliederung des Personalaufwands in die folgenden Kategorien sinnvoll:

*Kategorisierung des Personalaufwands*

1. *Personalkosten auf der Basis von Einzelmitarbeiterdaten*
Diese Position umfasst im Wesentlichen die aus der Gehaltsabrechnung ableitbaren und planerisch mithilfe der Mengen- und Zeitplanung kalkulierbaren Bestandteile. Hierzu zählen zum Beispiel Grundgehälter, Mehrarbeitszuschläge, Sonderzahlungen/Tantiemen, vermögenswirksame Leistungen, Schichtzuschläge, Sozialzulagen, Sozialversicherungsbeiträge des Arbeitgebers.

2. *Personalaufwand auf der Basis von kollektiven Rechnungen*
   Diese Position umfasst Bestandteile, die von Dritten gesondert in Rechnung gestellt werden und dem Personalaufwand zuzuordnen sind. Hierzu zählen zum Beispiel Beiträge zur Berufsgenossenschaft, Beiträge zum Pensionssicherungsverein.
3. *Personalaufwand in Form von Rückstellungen*
   Diese Position umfasst die Berücksichtigung von Verschiebungen zwischen den unter 1. genannten Zahlungen und den in die Unternehmensplanung eingehenden Aufwandspositionen. Beispiele hierfür sind Tantiemen, die jeweils auf der Basis von Leistungskennzahlen für das abgelaufene Vorjahr gezahlt werden. Der Aufwand entsteht hier also in dem Jahr, für das die Tantieme gezahlt wird (das heißt, es wird eine entsprechende Rückstellung gebildet bzw. sie kann gebildet werden), während die Zahlung im Folgejahr erfolgt (dann aber aus der gebildeten Rückstellung und damit keinen Personalaufwand mehr verursacht). Analog kann es weitere unternehmensspezifische Sachverhalte geben, die ähnlich zu behandeln sind (zum Beispiel Ansammeln von Mehrarbeitsstunden in einem Jahr und Auszahlung zu Beginn des Folgejahres). Schließlich kann es als weiteren Block die Position der Altersversorgung als Bestandteil des Personalaufwands geben. Hierhin fließen neben der Veränderung von Rückstellungen für die aktiven Beschäftigten auch Effekte aus der Differenz zwischen Rückstellung und Auszahlung für die bereits bestehenden Ruhegeldempfänger sowie – je nach Bilanzierungsmethode unterschiedlich (HGB, IAS/IFRS, US-GAAP …) – Effekte aus der Verzinsung der bereits zurückgestellten Beträge.
4. *Übergreifende Prämissen für die Personalaufwandsplanung*
   Bei den vorgenannten Planungen sind bestimmte Prämissen zu berücksichtigen. Dies sind Annahmen für zukünftige Lohnkostensteigerungen (zum Beispiel voraussichtliche Tarifentwicklung), Annahmen zur Entwicklung von Sozialversicherungsbeiträgen etc.

Je nach Integrationsgrad von Personalplanung und Unternehmensplanung und struktureller Aufgabenteilung finden die oben genannten Bestandteile der Personalaufwandsplanung im Personalcontrolling oder im Unternehmenscontrolling statt. Ein Vorteil der vorgenannten Strukturierung liegt darin, dass neben dem Personalaufwand bei Bedarf auch Planungen der Zahlungsflüsse *(Cashflow)* für die Finanzplanung zur Verfügung gestellt werden können. Findet die Personalaufwandsplanung vollständig integriert im HR-Controlling statt, so bedeutet die Integration in die Unternehmensplanung letztlich eine Überleitung des vollständig geplanten Personalaufwands.[38]

*Weitere Gliederungsmöglichkeiten*

Neben der obigen Gliederung auf der Basis der Anforderungen der Unternehmensplanung sind aus personalwirtschaftlicher sowie aus Personalcontrollingsicht unter Umständen weitere Gliederungen sinnvoll. Diese hängen jeweils vom Bedarf des Unternehmens ab.

Zur Schaffung von Transparenz in der Zuständigkeit für die Beeinflussbarkeit des Personalaufwands bietet sich beispielsweise eine Gliederung an in

- von den Führungskräften bzw. Kostenstellenverantwortlichen beeinflussbare Bestandteile (zum Beispiel Grundgehalt, Mehrarbeit, leistungsabhängige Vergütung),
- kollektivrechtlich beeinflussbare Bestandteile (zum Beispiel tarifierte Sonderzahlungen, vermögenswirksame Leistungen, Sozialzulagen, Altersversorgung) sowie
- gesetzlich veranlasste Bestandteile (zum Beispiel Beiträge zur Sozialversicherung, Berufsgenossenschaft).[39]

Bei solchen Gliederungen sollte man allerdings unbedingt darauf achten, nur tatsächlich für das Unternehmen relevante Strukturierungen vorzunehmen und eindeutig Verantwortliche für die einzelnen Kostenpositionen festzumachen. Weniger ist hier manchmal mehr.

38  Siehe auch Unternehmensbeispiel Kapitel II.1.4.
39  Siehe hierzu auch Kapitel II.8.

## Qualitative Aspekte

Als Ausgangsbasis für die Planung konkreter personalwirtschaftlicher Maßnahmen (Rekrutierung, Qualifizierung, Freisetzung) reicht eine rein quantitative faktororientierte Personalplanung nicht aus.

Erforderlich ist vielmehr, die geplante „Menge Personal" nach qualitativen Aspekten zu gliedern. Als Einstieg kann folgende, häufig über die Personalabrechnung verfügbare Mindestgliederung dienen: un-/angelernte Mitarbeiter, Mitarbeiter mit Ausbildung, Mitarbeiter mit Ausbildung und Zusatzausbildung, Mitarbeiter mit (Fach-)Hochschulabschluss bzw. Bachelor/Master.

*Gliederung nach Qualifikationen*

Besser geeignet ist eine Gliederung aller Mitarbeiter bzw. Stellen in Qualifikationscluster (häufig Jobfamilien genannt). Im Abgleich von Bedarf und vorhandenem Personal können dann je Jobfamilie Bedarfe, Qualifizierungen und Einsatzmöglichkeiten des bestehenden Personals geplant werden.[40]

Hier gilt: Je detaillierter die planerisch erhobenen Erwartungen, desto gezielter und strukturierter die Ausrichtung der entsprechenden Personalprozesse.

## 1.3 Prozessorientierte Personalplanung

Auch wenn der Personalplanungsprozess häufig – neben der Lieferung von Bestandteilen der Unternehmensplanung – in erster Linie als Basis für die verschiedensten personalwirtschaftlichen Prozesse (Personalbeschaffung, -entwicklung, -freisetzung) dient, so ist er dennoch ebenso als eigenständiger Prozess aus der Sicht des Personalcontrollings zu begleiten. Wie das konkret erfolgt, zeigt beispielhaft Kapitel II.1.4.

*Personalplanung als eigenständiger Prozess*

Dies gilt umso mehr, als der Personalplanungsprozess häufig eine Vielzahl von Beteiligten hat, Effektivität und Effizienz des Prozesses also auf viele Beteiligte wirken. Analog zur faktororientierten Personalplanung können Kennzahlen zu Menge, Zeit, Kosten und Qualität des Personalplanungsprozesses gebildet werden.

---

40   Siehe hierzu auch Kapitel III.1.

### Menge

Die wesentliche Kennzahl hier ist die Zahl der Planungsprozesse im Jahr. Die Häufigkeit ist insbesondere aus Sicht der verschiedenen Prozessbeteiligten relevant.

Ein einmal jährlich stattfindender mittelfristiger Personalplanungsprozess sollte ausreichen. Er wird gegebenenfalls ergänzt durch monatliche oder quartalsbezogene Analysen der Einhaltung der geplanten bzw. budgetierten Ziele. Diese Analysen können vom Personalcontrolling vorgenommen und konkrete Hinweise daraus den Führungskräften bzw. Kostenstellenverantwortlichen entweder direkt oder durch Personal-Business-Partner zur Diskussion und Wertung zur Verfügung gestellt werden.

Aus diesen unterjährigen Analysen resultieren unter Umständen weitere personalwirtschaftliche Maßnahmen, um die geplanten Ziele zu erreichen oder auf neu gestellte Herausforderungen zu reagieren.

### Zeit

Neben der Häufigkeit der durchgeführten Personalplanungsprozesse bzw. -teilprozesse stellt die Größe „Zeit" einen wichtigen Faktor zur Messung der Effizienz des Prozesses dar. Wesentliche Kennzahl ist die im Prozess gebundene Personalkapazität, gemessen in FTE oder Zeiteinheiten.

Ein weiterer Maßstab, der neben der Effizienz auch die Aktualität von Planungsergebnissen beschreibt, ist die Durchlaufzeit des Personalplanungsprozesses in Tagen (wie aktuell sind die personalwirtschaftlichen Daten, wenn die Gesamtunternehmensplanung schließlich dem Vorstand bzw. der Geschäftsleitung zur Entscheidung vorgelegt wird?).

### Kosten

Die Kosten des Personalplanungsprozesses setzen sich zumeist aus der in Euro bewerteten gebundenen Personalkapazität sowie den Kosten für die eingesetzten Tools (spezielle Software etc.) zusammen.

## Qualität

Wesentlicher Erfolgsmaßstab für die Personalplanung ist die Qualität der planerisch erhobenen Sachverhalte.

Eine Möglichkeit zur Messung besteht im Abgleich der geplanten Werte mit den tatsächlichen Werten bzw. aus der Abweichungsperspektive mit der Summe unbegründeter Abweichungen. Aus der Analyse der unbegründeten Abweichungen lassen sich gegebenenfalls Möglichkeiten zur Verbesserung des Personalplanungsprozesses ableiten.

## Wirkung der Personalplanung auf Personalprozesse

Die Personalplanung stellt zusätzlich einen Indikator für die Dimensionierung bzw. Ausrichtung von Kapazitäten im Personalbereich dar. Insbesondere bei sich abzeichnenden wesentlichen Veränderungen ist dies ein nicht zu vernachlässigender Bestandteil.

*Indikator für die Dimensionierung*

Ein Beispiel: In der Restrukturierungsphase eines Unternehmens mit entsprechenden Kapazitäten zur operativen Abwicklung von Personalabbaumaßnahmen wird bei der Personalplanung deutlich, dass die Restrukturierung endet und in einzelnen Wachstumsgeschäftsfeldern Rekrutierungsbedarf in erheblichem Umfang entstehen wird. Diese Erkenntnisse sollten dazu führen, die Dimensionierung der Personalkapazitäten für Personalabbaumaßnahmen (Reduktion?) sowie diejenige für Personalmarketing und Rekrutierung (Erhöhung?) zu überprüfen.

Eine frühzeitige Kenntnis ermöglicht es, den Personalbereich rechtzeitig entsprechend auszurichten und gegebenenfalls Mitarbeiter des Personalbereichs in geeigneter Weise auf die Veränderungen vorzubereiten (durch Schulungen etc.).

*Vorbereitung auf Veränderungen*

## 1.4 Unternehmensbeispiel RWE Power AG

### 1.4.1 Ziel der Personalplanung

Die Personalplanung der RWE Power AG integriert die Bedarfe der personalwirtschaftlichen Maßnahmenplanung in die Anforderungen der Gesamtunternehmensplanung.

*Ausgangsbasis ist die Personalbedarfssituation*

Ausgangsbasis ist neben der aktuellen Ist-Situation insbesondere die Personalbedarfssituation, die aus den Soll-Dimensionierungen entsteht:

> Soll-Dimensionierung =
> Anzahl FTE, die für den Betrieb als Eigenpersonal benötigt werden

Das Ziel ist, stellen- und personenbezogen den mittelfristigen Planungszeitraum (3–5 Jahre) abzubilden und die erforderlichen personalwirtschaftlichen Maßnahmen zu erheben.

Dabei werden sowohl Stellen als auch Personen nach den Qualifikationsanforderungen bzw. den Qualifikationen der Mitarbeiter zu sogenannten Jobfamilien gegliedert.[41]

*Jobfamilien*

Als Ergebnis ergibt sich die personalwirtschaftliche Planung für:
- Personalbeschaffung/Rekrutierung (Vakanzen),
- Personaleinsatz (interner Ausgleich von Personalüberhang und Vakanzen und personenbezogenen Vergütungsentwicklungen),
- Personalanpassung (Überhang)

sowie auf dieser Grundlage für:
- Personalkosten/-aufwand.

Der ermittelte Personalaufwand ist integraler Bestandteil der mittelfristigen Unternehmensplanung.

## 1.4.2 Prozess der Personalplanung

Der jährlich stattfindende Personalplanungsprozess gliedert sich in vier integriert ablaufende Teilprozesse:

---

41  Details siehe Kapitel III.1.1.

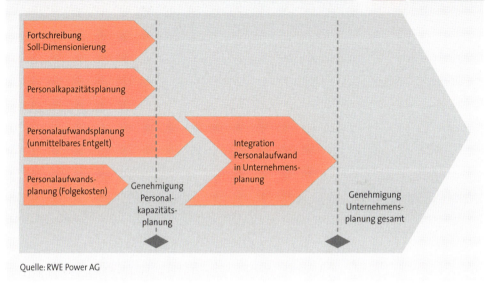

**Prozessablauf Personalplanung bei RWE Power AG** — Abbildung 17

Quelle: RWE Power AG

## Fortschreibung Soll-Dimensionierung

Grundsätzlich wird die Soll-Dimensionierung auf der Basis jeweils aktueller Veränderungen unterjährig angepasst.

*Anpassung der Soll-Dimensionierung*

Als Teilprozess der Personalplanung werden demgegenüber speziell die aufgrund der mittel- bis langfristigen strategischen Perspektiven nun absehbaren Auswirkungen auf die Entwicklung des Eigenpersonalbedarfs ermittelt und in FTE pro Betrieb/Organisationseinheit dokumentiert. Da jeweils der bisherige Planungszeitraum bereits vorliegt, handelt es sich hierbei in erster Linie um die Fortschreibung für das neue letzte Planungsjahr. Das heißt, es wird entweder das jeweils letzte Jahr 1:1 fortgeschrieben oder es werden Soll-Veränderungen durch planerisch bereits bekannte Veränderungen der Geschäftsaktivität berücksichtigt. Im einfachsten Fall wird das jeweils letzte Jahr fortgeschrieben. Nur bei wesentlichen Veränderungen der Geschäftsaktivität werden Veränderungen der Soll-Dimensionierung entsprechend begründet zurückgemeldet.

## Personalkapazitätsplanung

Bei der Personalkapazitätsplanung werden auf der Basis der im HR-Abrechnungssystem (hier: SAP HR) vorliegenden Ist-Daten sowie bereits hinterlegter zukünftiger Maßnahmen personen- bzw. stellenbezogene Veränderungen eingeplant.

Als Ausgangsbasis ermittelt das Personalplanungstool[42] die zukünftige Entwicklung unter der Annahme keiner weiteren als der bereits im Abrechnungssystem konkret hinterlegten personalwirtschaftlichen Maßnahmen.

Im Rahmen der Personalkapazitätsplanung findet das jährliche Planungsgespräch des zuständigen Personalberaters mit den Führungskräften statt.

*Vergleich zwischen Ist-Entwicklung und Soll-Dimensionierung*

Durch den Vergleich der voraussichtlichen Ist-Entwicklung mit der Soll-Dimensionierung ergeben sich Vakanzen (funktions- oder stellenscharf) und Überhänge (gegebenenfalls nur funktionsübergreifend), deren Besetzung bzw. Möglichkeit zum Abbau erörtert wird. Die Strukturierung der Daten nach Jobfamilien erlaubt eine Diskussion auf der Basis von Qualifikationsbedarfen bzw. -defiziten.

## Struktur des Personalaufwands

*Strukturierung des Personalaufwands*

Vor der Erläuterung der Teilprozesse zur Ermittlung des Personalaufwands erfolgt an dieser Stelle eine Beschreibung der Strukturierung des Personalaufwands.

Hintergrund für die Struktur sind im Wesentlichen zwei Aspekte:
- Jede Führungskraft sollte im Rahmen ihrer Kostenstellenverantwortung nur für den von ihr (zumindest teilweise) steuerbaren Kostenanteil verantwortlich sein.
- Zwischen den aus dem HR-Abrechnungssystem resultierenden Personalaufwandspositionen (im Wesentlichen Zahlung von Löhnen/Gehältern und Arbeitgeberbeiträgen zur Sozialversicherung) und dem insgesamt zu planenden/buchenden Personalaufwand (das heißt einschließlich Buchungen, die nicht aus dem Abrechnungssystem kommen, zum Beispiel Beiträgen zur Berufsgenossenschaft, Entwicklung von Rückstellungspositio-

42  Siehe hierzu auch Kapitel II.1.4.4.

nen) soll eine durchgängige und eindeutig überführbare Struktur existieren.

Beide Aspekte können durch die in Abbildung 18 dargestellte Struktur berücksichtigt werden.

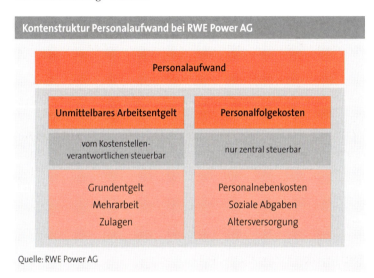

Abbildung 18

Quelle: RWE Power AG

Die vom Kostenstellenverantwortlichen beeinflussbaren Positionen sind das jeweilige monatliche Grundentgelt, die Auszahlung von Mehrarbeitszeiten (einschließlich Zuschlägen) sowie einzelne Zulagen (zum Beispiel Erschwernisse, Wechselschicht).

*Unmittelbares Entgelt*

Alle diese Positionen sind zugleich zahlungsrelevant, sodass in den hierfür angelegten Konten des Rechnungswesens/Controllings ausschließlich und eindeutig die tatsächlich abgerechneten Sachverhalte verbucht werden können.

Alle nicht zum unmittelbaren Entgelt zählenden Personalaufwandsbestandteile werden zu den sogenannten Personalfolgekosten gebündelt. Dies sind Personalnebenkosten (zum Beispiel Weihnachtsgeld/Urlaubsgeld, fixe Sozialzulagen), soziale Abgaben (zum Beispiel Arbeitgeberanteile zur Sozialversicherung, Beiträge zur Berufsgenossenschaft) und Altersversorgung (im Wesentlichen Zuführungen und Auflösungen von Rückstellungspositionen).

*Personalfolgekosten*

Anders als das unmittelbare Entgelt werden die Positionen der Folgekosten nicht direkt auf die jeweiligen Kostenstellen, sondern sämtlich auf eine zentrale Kostenstelle gebucht. Dies gilt sowohl für Buchungen aus der Personalabrechnung (zum Beispiel SV-Beiträge des Arbeitgebers) als auch für manuelle Buchungen, die aus der Rückstellungsrechnung resultieren. Sämtlichen Positionen der Folgekosten ist gemeinsam, dass sie nicht durch einzelne Kostenstellenverantwortliche/Führungskräfte beeinflusst werden können. Sie sind abhängig

- entweder vom Unternehmen bzw. der Tarifgemeinschaft
- oder vom Gesetzgeber (im weitesten Sinne).

Aus diesem Grund werden alle Kostenstellen des Unternehmens im selben prozentualen Verhältnis mit den Folgekosten belastet, dem sogenannten Zuschlagssatz (siehe auch Abbildung 19).

**Kostenstellensicht Personalaufwand bei RWE Power AG**

| K0100xxxxx | unmittelbares Arbeitsentgelt | Zuschlagssatz | Personal-folgekosten | Summe Personal-aufwand |
|---|---|---|---|---|
| Grundentgelt | 100.000 € | 60 % | 60.000 € | 160.000 € |
| Mehrarbeit | 10.000 € | 25 % | 2.500 € | 12.500 € |
| Zulagen | 2.000 € | 25 % | 500 € | 2.500 € |
| Summe | 112.000 € | | 63.000 € | 175.000 € |

Unmittelbares Arbeitsentgelt in SAP-CO entspricht SAP-HR

Zuschlagssatz wird im Rahmen der Personalplanung für das Budgetjahr final festgelegt und unterjährig nicht geändert

Analyse/Kommentierung des Personalaufwands auf Kostenstellenebene ausschließlich durch das unmittelbare Arbeitsentgelt beeinflusst

Quelle: RWE Power AG

## Ablauf

Um weitere Synergien im Rahmen der Personalplanung und darauf aufsetzender Abweichungsanalysen zu generieren, ist der Ablauf wie folgt strukturiert:

1. Planung
   a) Im Rahmen der Planung der Personalfolgekosten (siehe Abbildung 18) wird an zentraler Stelle eine Bewertung der insgesamt im Planungszeitraum entstehenden Personalfolgekosten vorgenommen.
   b) Auf der Basis der bei der Planung des unmittelbaren Entgelts insgesamt ermittelten Beträge wird das Verhältnis der Personalfolgekosten zum unmittelbaren Entgelt berechnet (zum Beispiel 50 %); dies ist der Zuschlagssatz.
   c) Dieser Zuschlagssatz wird planerisch auf alle Kostenstellen verteilt, indem zum geplanten unmittelbaren Entgelt der entsprechende Zuschlag addiert wird (zum Beispiel 1.000 € unmittelbares Entgelt + 500 € Folgekostenzuschlag).
   d) Planerisch sind somit die gesamten Folgekosten auf die Kostenstellen verteilt.

2. Ist-Buchung
   a) Positionen des unmittelbaren Entgelts werden auf die Einzelkostenstellen gebucht.
   b) Der in der Planung festgelegte Folgekostensatz wird den im Ist gebuchten Positionen des unmittelbaren Entgelts auf den Einzelkostenstellen zugeschlagen.
   c) Die tatsächlichen Folgekosten werden auf eine zentrale Kostenstelle gebucht.
   d) Die Summe der auf den Einzelkostenstellen per Zuschlag gebuchten Folgekosten wird auf eine zentrale Kostenstelle wieder gegengebucht, um sicherzustellen, dass die Gesamtsumme des gebuchten Personalaufwands auf Unternehmensebene korrekt ist.

3. Abweichungsanalyse
   a) Abweichungsanalysen auf der Ebene von Einzelkostenstellen beruhen (mit wenigen Ausnahmen) auf von der Führungskraft zu verantwortenden Sachverhalten, die sich im unmittelbaren Entgelt zeigen.

b) Abweichungsanalysen zu den Folgekosten werden im Vergleich der tatsächlich entstandenen Folgekosten mit den geplanten Folgekosten einmalig für das Gesamtunternehmen durchgeführt (auf der zentralen Kostenstelle).

c) Resultierende Abweichungen auf der Gesamtebene (das heißt, die Summe der Folgekosten der Einzelkostenstellen auf der Basis des planerischen Folgekostensatzes passt nicht zur tatsächlichen Entwicklung der Folgekosten) werden auf den zentralen Kostenstellen festgehalten und entsprechend kommentiert.

4. Ermittlung des Gesamtpersonalaufwands im Ist
Der Gesamtpersonalaufwand im Ist ergibt sich aus der Summe der unmittelbaren Entgelte aller Einzelkostenstellen zuzüglich der Folgekosten, die auf einer zentralen Kostenstelle gebucht sind.

## Planung Personalaufwand – unmittelbares Entgelt

Die Planung der Positionen des unmittelbaren Entgelts (siehe Abbildungen 18 und 19) erfolgt unterschiedlich.

Das Grundentgelt ergibt sich automatisch aus der personen-/stellenbezogenen Personalkapazitätsplanung und den dort hinterlegten Vergütungsdaten (zum Beispiel Tarifgruppe etc.).

*Planung der Mehrarbeit und der Zulagen nur kostenstellenbezogen*

Die Planung der Mehrarbeit und der Zulagen erfolgt nicht personen-, sondern nur kostenstellenbezogen. Dabei werden Entwicklungen der Vorjahre zugrunde gelegt und wesentliche planerische Veränderungen (zum Beispiel Instandhaltungsprogramme etc.) berücksichtigt.

## Planung Personalaufwand – Folgekosten

Die Planung der Positionen der Personalfolgekosten erfolgt an zentraler Stelle durch das Personalcontrolling.

Hier werden Entwicklungen von Sozialversicherungsbeiträgen ebenso abgeschätzt wie die Entwicklung von Personalrückstellungen im Rahmen der Altersversorgung auf der Basis von Gutachten entsprechender Wirtschaftsprüfungsunternehmen.

### 1.4.3 Unterjährige Prognosen/Abweichungsanalysen

Im Rahmen von quartalsweise durchgeführten Prognosen zur Realisierbarkeit der geplanten Entwicklungen im laufenden Kalenderjahr erfolgen Analysen, um frühzeitig Abweichungen zu erkennen und gegebenenfalls gegensteuernde Maßnahmen zu ergreifen.

*Quartalsweise durchgeführte Prognosen*

### IT-Umsetzung mit SAP Business Intelligence (SAP BI)

Der zuvor beschriebene Prozess der Personalplanung ist vollständig innerhalb von SAP BI abgebildet. Dies ermöglicht über ein entsprechendes Berechtigungskonzept den parallelen Zugriff sämtlicher Prozessbeteiligter und eine weitgehend automatisierte Unterstützung der zuvor genannten Teilprozesse.

*Paralleler Zugriff der Prozessbeteiligten*

Soll-Dimensionierungen werden ganzjährig im SAP BI über eine entsprechende Erfassungsmaske dokumentiert. Im Rahmen des Personalplanungsprozesses findet automatisiert die 1:1-Fortschreibung statt und wird bedarfsweise angepasst.

*Dokumentation der Soll-Dimensionierungen*

Zu Beginn der Personalplanung werden die relevanten personenbezogenen SAP-HR-Daten (zum Beispiel sämtliche bereits bekannten FTE-Veränderungen) ins SAP BI überspielt. Mehrarbeiten und Zulagen werden kostenstellenbezogen aus dem SAP HR übertragen und über FTE-Schlüssel planerisch für die Zukunft fortgeschrieben. Auf diese Weise entsteht sofort auswertbar die Startversion der 5-Jahres-Personalkapazitätsplanung einschließlich der Planung des unmittelbaren Entgeltes.

Zusätzlich werden zentrale Parameter, wie zum Beispiel die jährliche Lohnkostensteigerung und der zu verwendende Personalfolgekostensatz, hinterlegt, wodurch der Personalaufwand in Summe zur Verfügung steht.

Als Ergebnis der Gespräche des Personalberaters mit den Führungskräften werden die noch nicht im HR-System bekannten Sachverhalte ergänzt (zum Beispiel Neueinstellungen, Austritte, Versetzungen etc.) und die finale Version der Personalkapazitäts- und -aufwandsplanung mit den gesamtbudgetverantwortlichen Führungskräften abgestimmt.

Diese abgestimmten Daten werden anschließend in die Gesamtunternehmensplanung übergeleitet.

*Integration in die Gesamtunternehmensplanung*

Die IT-Umsetzung mittels SAP BI hat im Jahr 2008 die zuvor existierende Excel-Lösung abgelöst und dadurch insbesondere folgende Probleme bewältigen können:
- eine Vielzahl zu nutzender Excel-Dateien mit teilweise sehr hohem Komplexitätsgrad;
- die fehlende Mehruserfähigkeit, das heißt, die Gesamtdatei musste jeweils nach Zuständigkeitsbereich der Personalberater geschnitten und versandt werden; nach dem Rücklauf wurde aus den Einzeldateien wieder eine Gesamtdatei erstellt;
- Konsistenzprüfungen (beispielsweise bei Versetzungen zwischen zwei Zuständigkeitsbereichen) erfolgten weitgehend manuell;
- der Datenschutz sowie die Datensicherheit mittels Excel waren entsprechend eingeschränkt und aufwendig sicherzustellen.

### 1.4.4 Bewertung

Der in den vorangegangenen Abschnitten beschriebene Prozess der Personalplanung bietet zusammenfassend folgende Vorteile:

*Vorteile des Personalplanungsprozesses*

- vollständige Integration der für das Unternehmen relevanten Teilplanungen des Personalbereichs (Personalbedarfsplanung, -beschaffungsplanung, -einsatzplanung, -anpassungsplanung und -kostenplanung);
- Berücksichtigung aller bereits im SAP HR hinterlegten planerisch relevanten Daten;
- Konsistenz der Personalaufwandsbestandteile zwischen HR und FI/CO;
- Aufteilung der Verantwortung zwischen Kostenstellenverantwortlichen und Unternehmen schafft Nachvollziehbarkeit und Akzeptanz in der Steuerung und vermeidet Analyseredundanzen;
- dem Personalreferenten oder Personalberater steht ein umfassendes Instrument zur Verfügung, um die personalplanerischen Sachverhalte der Fachbereiche in seiner Zuständigkeit zu erheben;
- die IT-technische Abbildung sämtlicher Teilprozesse innerhalb SAP BI reduziert die manuellen Aktivitäten auf die Hinterlegung planerisch neuer Erkenntnisse und stellt eine konsistente Plandatenwelt aller Beteiligten sicher (dezentral und zentral zwischen Personalbereich, Controlling und Führungskräften).

# 2 Personalgewinnung

*(Silke Wickel-Kirsch, Alfred Lukasczyk)*

## 2.1 Definition und Aufgaben

Die Personalgewinnung beschäftigt sich mit allen Maßnahmen der Identifikation, Ansprache, Rekrutierung und Bindung relevanter Bewerber bzw. -gruppen. Sie gliedert sich in die Aufgaben der Bedarfs- und Anforderungsermittlung, der Personalsuche, der Personalauswahl, der Vertragsgestaltung und der Integration der neuen Mitarbeiter.

**Aufgaben bei der Personalgewinnung**

Abbildung 20

Die erfolgreiche Personalgewinnung setzt ein ganzheitliches Prozessverständnis voraus, das die Wechselwirkung der Personalgewinnung mit dem Personalmarketing und dem Employer Branding berücksichtigt. Um Personalgewinnung in diesem Sinn zu praktizieren, sind unter anderem folgende Voraussetzungen wichtig:

- Das Employer Branding beinhaltet die zielgerichtete Planung, Steuerung, Koordination und Kontrolle der Arbeitgebermarke, die die Einzigartigkeit des Unternehmens als Arbeitgeber in den Vordergrund stellt.
- Das Personalmarketing ist auf die Arbeitgebermarke abgestimmt und konzentriert sich auf die Förderung der Nachfrage (mehr passende Bewerbungen) auf die angebotenen Tätigkeiten.
- Der Recruitingprozess ist klar definiert, und der Erfolg wird gemessen.
- Die Motive der relevanten Zielgruppen (zum Beispiel Bewerber) sind erhoben und werden ganzheitlich bei der Personalgewinnung berücksichtigt.

Der Prozess der Personalgewinnung lässt sich vor diesem Hintergrund dann erfolgreich steuern, wenn klar ist, was das Unternehmen in besonderem Maße als Arbeitgeber kennzeichnet, und wenn eindeutig festgelegt ist, wie die zentralen Nutzenversprechen des Arbeitgebers den relevanten Zielgruppen vermittelt werden sollen. Ferner ist es erforderlich, entsprechende Erfolgsfaktoren zu identifizieren und den Personalgewinnungsprozess klar zu definieren sowie den Erfolg zu messen.

**Abbildung 21**  **Die einzelnen Schritte des Personalgewinnungsprozesses**

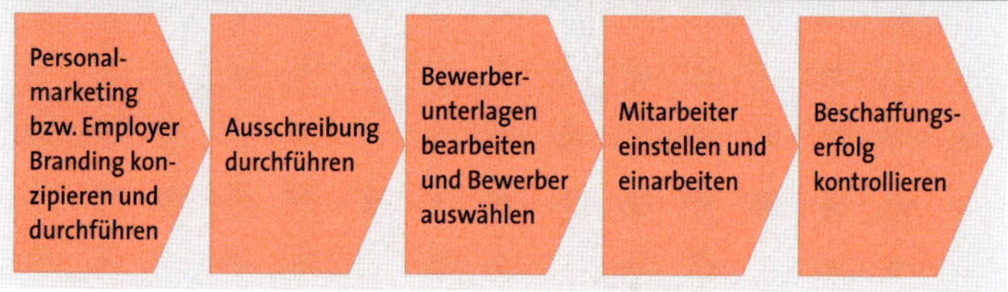

Personalmarketing bzw. Employer Branding konzipieren und durchführen → Ausschreibung durchführen → Bewerberunterlagen bearbeiten und Bewerber auswählen → Mitarbeiter einstellen und einarbeiten → Beschaffungserfolg kontrollieren

Im Sinne des hier zugrunde liegenden Verständnisses von Personalgewinnung beginnt der Prozess nicht erst mit der Stellenausschreibung, sondern mit der Klärung der Frage, welche „Botschaft" ein Unternehmen den Bewerbern vermitteln will. Das bedeutet konkret, dass dem potenziellen Bewerber deutlich gemacht wird, warum es für ihn wichtig sein könnte, in diesem bestimmten Unternehmen zu arbeiten (gemeinhin obliegt diese Aufgabe dem „Personalmarketing", indem es die Arbeitgebermarke zieladäquat kommuniziert).

*Controlling der Personalgewinnung*

Grundsätzlich beschäftigt sich das Controlling der Personalgewinnung mit der Messung der Ergebnisse und der Abläufe der einzelnen Teilprozesse. Einen Eindruck von den Controllingaktivitäten, die im Wesentlichen in der Messung durch Kennzahlen bestehen, gibt die folgende Abbildung 22. Sie enthält einen kurzen Überblick über den Ausschnitt im Prozess der Personalgewinnung, der sich mit der Auswahl und deren Erfolg beschäftigt. Hierbei wird nicht unterschieden, ob die Kennzahlen faktor- oder prozessorientiert sind, sondern lediglich, ob die Messung im Verlauf des Prozesses erfolgt oder am Ergebnis ansetzt und ob sich die Messung eher auf die Qualität des Prozesses oder auf quantitative Größen bezieht.

Im weiteren Verlauf der Darstellung wird wieder die Trennung in die faktor- und prozessorientierte Sichtweise vorgenommen. Das heißt, die prozessorientierte bezieht sich primär auf den Ablauf und die Messung innerhalb des Personalmanagements, die faktororientierte Sichtweise eher auf die Abteilungen, in denen der Bewerber später arbeiten wird, und auf den Bewerber selbst.

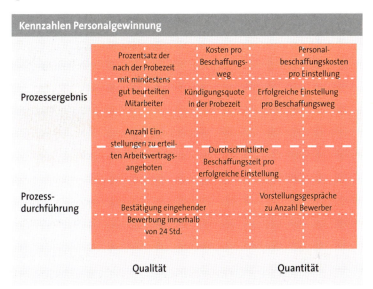

Abbildung 22

## 2.2 Faktororientiertes Controlling der Personalgewinnung

Beim faktororientierten Controlling wird die Personalgewinnung aus Sicht der Abteilung betrachtet, in der der Bewerber später arbeiten wird, bzw. aus Sicht des Bewerbers selbst. Im Mittelpunkt des Interesses stehen kopf- und kostenbezogene Outputgrößen des Personalgewinnungsprozesses. Es wird dabei vor allem überprüft, ob die richtigen Bewerber in der richtigen Anzahl zum richtigen Zeitpunkt ins Unternehmen kommen und welche Personalkosten dadurch entstehen.

Im Fokus der Fachabteilung, in der der Bewerber nach seiner Einstellung später eingesetzt werden wird, steht die Frage nach Kosten und nach Qualität der Beschaffung. Unter „Kosten" kann zum einen verstanden werden, wie teuer der Beschaffungsprozess ist, zum anderen auch die Kosten des Bewerbers, sprich sein Gehalt.

### Kosten des Beschaffungsprozesses
- Gesamtkosten
- Kosten pro Kopf bzw. pro eingestellten Mitarbeiter (bei Einstellung und nach Qualifizierungsmaßnahmen)
- Kosten, die in der Fachabteilung für die Auswahl entstanden sind
- anteilige Kosten für Employer Branding (Imagekampagnen) und Personalmarketing (Auftritte auf Messen)

### Kosten des Bewerbers
- Gehalt des neuen Mitarbeiters im Verhältnis zu Gehältern vorhandener Mitarbeiter
- Gehalt des neuen Mitarbeiters im Verhältnis zum marktüblichen Gehalt
- Gehalt des neuen Mitarbeiters im Verhältnis zu noch notwendigen Qualifizierungsmaßnahmen

Daneben lassen sich Kennzahlen zu Menge, Zeit und Qualität erheben:

### Menge
- Anzahl der aus Sicht der Fachabteilung geeigneten Bewerbungen aus den gesamt eingegangenen Bewerbungen
- Anzahl von eingestellten Personen

### Zeit
- Dauer von der Anforderung an die Personalabteilung bis zum Beginn der Tätigkeit
- Dauer bis zum Abschluss der Einarbeitungsphase
- Dauer der notwendigen Qualifizierungsmaßnahmen

### Qualität
- arbeitgeberbedingte Kündigungen in der Probezeit
- arbeitnehmerbedingte Kündigungen in der Probezeit

- Arbeitgeberbeurteilung in Noten nach der Probezeit
- Arbeitgeberbeurteilung nach zwei Jahren
- Commitmentindex der neu eingestellten Mitarbeiter, zum Beispiel nach einem Jahr, nach zwei Jahren etc.

Diese Kennzahlen sind alle wichtig, allerdings ist das Ergebnis des Prozesses das Wichtigste: Nicht nur die Anzahl der besetzten Stellen, sondern die Qualität der Stellenbesetzung mit den richtigen Personen muss im Vordergrund stehen.

Bei der Frage der Qualität kommt auch die Sichtweise des Bewerbers zum Tragen: Die folgenden Kennzahlen können aufzeigen, welche Qualitätsdefizite oder auch welche positive Qualität die Bewerber empfunden haben. Hieraus können Handlungsaufforderungen an das Personalmanagement abgeleitet werden, aber auch an die Fachbereiche:

*Sichtweise des Bewerbers als Qualitätskriterium*

- Dauer der Reaktionszeiten, wie Bestätigung des Eingangs der Bewerbungsunterlagen, Schnelligkeit der Vereinbarung eines Vorstellungsgesprächs, Schnelligkeit beim Zusenden des Vertrags etc.
- Qualität des Auswahlprozesses, zum Beispiel laufende Informationen, Übersichtlichkeit der Unterlagen, Auskunftsbereitschaft der Mitarbeiter etc.
- empfundene Professionalität, zum Beispiel Automatisierungsgrad des Prozesses
- Übereinstimmung der Botschaften mit der vorgefundenen Realität nach der Probezeit, nach einem Jahr, nach zwei Jahren

## 2.3 Prozessorientiertes Controlling der Personalgewinnung

Das prozessorientierte Controlling der Personalgewinnung beschäftigt sich mit der Effizienz der Durchführung der einzelnen Personalgewinnungsschritte. Dabei spielt die Betrachtung ganzer Prozessschritte wie auch der Anwendung einzelner Instrumente eine Rolle. Für das prozessorientierte Controlling der Personalgewinnung wird ebenfalls auf die Kosten, die Zeit und die Qualität des Prozesses, soweit ihn das Personalmanagement verantwortet, zurückgegriffen.

## Kosten

Kostenkennzahlen werden generell mithilfe der Prozesskostenrechnung erhoben. Für den Recruitingprozess ist es notwendig, die einzelnen Prozessschritte zu definieren und die beteiligten Personen zu identifizieren. Das bedeutet, den Zeitaufwand für die Personalabteilung und die Fachabteilung zu ermitteln und dann zu berechnen, wie hoch die Kosten sind. Grundlage dafür ist der jeweilige Personalaufwand.

Bei den einzelnen Teilprozessen der Personalgewinnung sind aus Kostensicht vor allem die folgenden Kennzahlen relevant:

**Abbildung 23**

### Kennzahlen zu Teilprozessen der Personalgewinnung

| Anforderungs-ermittlung | Personalsuche | Personal-auswahl | Vertrags-gestaltung | Integration |
|---|---|---|---|---|
| ■ Kosten für die internen Ressourcen der Personalabteilung, vor allem die Mitarbeiterkapazitäten | ■ Kosten für die internen Ressourcen der Personalabteilung, vor allem die Mitarbeiterkapazitäten<br>■ Kosten für eine Imagekampagne<br>■ Kosten für einzelne Stellenzeigen in unterschiedlichen Medien<br>■ Erfolg bzw. Rentabilität der einzelnen Maßnahmen, ermittelt durch z. B. niedrigere Einstiegsgehälter im Vergleich zum investierten Geld | ■ Kosten für die internen Ressourcen der Personalabteilung, vor allem die Mitarbeiterkapazitäten<br>■ Kosten für die Personalauswahl pro Bewerber bzw. pro Vakanz<br>■ Kosten für einzelne Instrumente der Personalauswahl pro Bewerber bzw. pro Vakanz | ■ Kosten für die internen Ressourcen der Personalabteilung, vor allem die Mitarbeiterkapazitäten<br>■ Kosten pro Vertrag | ■ Kosten für die internen Ressourcen der Personalabteilung, vor allem die Mitarbeiterkapazitäten<br>■ Kosten pro Baustein des Integrationsprogramms |

Für die eigentliche Mitarbeiterauswahl zeigt Abbildung 24 beispielhaft, welche Kostenkennzahlen entlang des Einstellprozesses gemessen werden können.

## Beispiel für Kennzahlen zu den Personalgewinnungskosten[43] — Abbildung 24

| Kennzahl | Beschreibung | Kommentar | Historischer Wert | Zielvorgabe | Zielerreichung (aktueller Wert) |
|---|---|---|---|---|---|
| Kosten-Nutzen-Analyse Medien (z. B. Internet, Events, Headhunter) | Kosten des Mediums in Relation zu über das Medium erzielten Bewerbungen und Einstellungen | Auskunft über kostengünstigstes und teuerstes Medium | | | |
| Kosten pro Bewerber | Kosten des Gesamtprozesses dividiert durch Anzahl der Bewerbungen | Differenzierung nach Teilkosten- und Vollkostenbasis sinnvoll | | | |
| Kosten pro Einstellung | Kosten des Gesamtprozesses dividiert durch Anzahl der Einstellungen | Differenzierung nach Teilkosten- und Vollkostenbasis sinnvoll | | | |
| Veränderung Jahreseinkommen (gesamt) | Relation Gehalt neuer Mitarbeiter zu ersetztem Mitarbeiter | Seniorität innerhalb des Unternehmens nicht berücksichtigt | | | |

Neben den in Abbildung 24 dargestellten Kennzahlen können auch die in Abbildung 25 zusammengestellten „Cost per Hire"-Kosten ermittelt werden.

## Beispiel für „Cost per Hire"-Kosten[44] — Abbildung 25

| Teilprozess | Kostenanteil (aus einem Beispielunternehmen) |
|---|---|
| Stellenanforderung prüfen/mitgestalten | 6 % |
| Medien auswählen | 8 % |
| Bewerber sichten | 3,5 % |
| Bewerbereingang/Vorselektion | 20,5 % |
| Feinselektion | 6,8 % |
| Interviews Shortlist | 20,5 % |
| Einstellungsadministration | 34,7 % |

---

43  In Anlehnung an ein Beratungsprojekt.
44  In Anlehnung an ein Beratungsprojekt.

**Menge**

Neben der Ermittlung der Kosten spielt auch die Erhebung von Mengenkennzahlen im Beschaffungsprozess eine entscheidende Rolle, wie zum Beispiel:

- Anzahl der Bewerbungen, die aufgrund von Messen, Imageanzeigen, Hochschulauftritten etc. eingehen
- Anzahl der bearbeiteten Bewerbungen
- Anzahl durchgeführter Bewerbungsgespräche
- Anzahl der Telefoninterviews mit Bewerbern
- Anzahl der Gespräche nach der Bewerbung zur Kontaktpflege bei Schlüsselkräften

**Zeit**

Kennzahlen, die den Zeitfaktor bei Bewerbungen berücksichtigen, zeigt beispielhaft die folgende Abbildung 26. Die Zeit spielt insofern eine nicht zu unterschätzende Rolle, als die besten Kandidaten schnell vom Markt aufgesogen werden und unbesetzte Stellen aus Sicht des Unternehmens einen Produktivitätsverlust darstellen. Daher muss das Personalmanagement den Prozess „Beschaffung" mit Kennzahlen hinterlegen und messen, ob er erfolgreich, also in akzeptablen Zeiträumen, durchgeführt wird.

**Abbildung 26** Beispiele für Zeitkennzahlen im Beschaffungsprozess[45]

| Kennzahl | Beschreibung | Kommentar | Historischer Wert (in Kalendertagen) | Zielvorgabe (in Kalendertagen) | Zielerreichung (aktueller Wert) |
|---|---|---|---|---|---|
| **Prozessdauer** | | | | | |
| ■ interne Reaktionszeit | Zeit von der Genehmigung der offenen Stelle bis zur externen Ausschreibung | Verantwortung für Kennzahl muss mit Prozessverantwortung/Eskalationsmechanismus gekoppelt sein | | | |
| ■ externe Reaktionszeit | Zeit von der Ausschreibung bis zum Eingang der Bewerbung | Kann nur bedingt durch Personalmanagement beeinflusst werden | | | |

[45] In Anlehnung an ein Beratungsprojekt.

| Kennzahl | Beschreibung | Kommentar | Historischer Wert (in Kalendertagen) | Zielvorgabe (in Kalendertagen) | Zielerreichung (aktueller Wert) |
|---|---|---|---|---|---|
| **Prozessdauer** | | | | | |
| ■ Auswahlzeit | Zeit vom Eingang der Bewerbung bis zur Entscheidung (für Vertragsangebot) | Trotz externer Abhängigkeit klare Performance-Zahl für Rekrutierung | | | |
| ■ Abschlusszeit | Zeit vom Versand des Vertragsangebotes bis zur Vertragsannahme | Durch Key-Account-Management bedingt steuerbar | | | |
| ■ Wartezeit | Zeit von der Vertragsannahme bis zum effektiven Arbeitsbeginn | Kann nur bedingt durch Personalmanagement beeinflusst werden | | | |
| Beschaffungsdauer (gesamt) | Summe ⌀ Prozessdauer 1–5 | | | | |

Nicht jedes Unternehmen hat diese ausführliche Datenbasis. Als Grundlage – zur Not auch mit einfachen Listen erfassbar – können folgende Kennzahlen dienen:

| Basiskennzahlen zur Messung der Zeit[46] | |
|---|---|
| **Kennzahlen Prozessdauer** | **Kurzbeschreibung** |
| ■ interne Reaktionszeit | Zeit von der Genehmigung der offenen Stelle bis zur externen Ausschreibung |
| ■ externe Reaktionszeit | Zeit von der Ausschreibung bis zum Eingang der Bewerbungen |
| ■ Auswahlzeit | Zeit vom Eingang der Bewerbungen bis zur Entscheidung (für Vertragsangebot) |
| ■ Prozessdauer insgesamt | Summe der durchschnittlichen Einzelprozessschritte |

 Abbildung 27

## Qualität

Bei der Frage der Qualität kommen zwei Sichtweisen zum Tragen: die der Personalabteilung, die hier behandelt wird, und die des Bewerbers, die am Ende von Kapitel II.2.2 unter „Faktororientiertes Controlling der Personalgewinnung" dargestellt ist.

---

46   In Anlehnung an ein Beratungsprojekt.

Die folgende Abbildung 28 zeigt auch hier wieder beispielhaft auf, welche Kennzahlen zur Messung der Qualität sinnvoll sein können. Zusätzlich ist es wichtig, dass die Bewerbungsqualität im Sinne der Prozessqualität nach der eigentlichen Einstellung gemessen wird. Auf jeden Fall muss eine Messung nach Ende der Probezeit erfolgen; je nach Branche und Position muss auch nach einem Jahr bzw. nach zwei Jahren gemessen werden, ob die Beschaffung erfolgreich war. Dem Einwand, dass die Personalabteilung hierauf doch keinen Einfluss habe, kann so nicht stattgegeben werden. Wenn das Personalmanagement den Anspruch erhebt, Businesspartner zu sein, dann muss es sich auch eine Mitverantwortung zurechnen lassen. Prozessorientierte Qualitätskennzahlen können sein:

- Anzahl der Mitarbeiter, die nach der Probezeit noch im Unternehmen sind
- Anzahl der Mitarbeiter, die nach der Probezeit mit mindestens „gut" beurteilt werden
- Anzahl der Mitarbeiter, die nach zwei Jahren noch im Unternehmen sind
- Anzahl der Mitarbeiter, die nach zwei Jahren mit mindestens „gut" beurteilt werden
- Wiederbewerbungsrate bei Personen, die schon einmal abgelehnt wurden

Ausschlaggebend für den Erfolg des gesamten Personalgewinnungsprozesses ist also nicht nur die Ermittlung der Prozesskennzahlen aus Unternehmenssicht. Wichtig ist auch die Sicht des Bewerbers.

## Beispiel für Qualitätskennzahlen im Beschaffungsprozess[47]  Abbildung 28

| Kennzahl | Beschreibung | Kommentar | Historischer Wert | Zielvorgabe | Zielerreichung (aktueller Wert) |
|---|---|---|---|---|---|
| **Prozessqualität** | | | | | |
| Qualität des Rekrutierungsprozesses aus Sicht der Bewerber | Befragungsergebnis: Durchschnitt nach Schulnotensystem (Informationsangebot, Ansprechbarkeit, Flexibilität, Wahrheitsgehalt, Professionalität) | Kennzahl aus Kundensicht, auch auf interne Kunden übertragbar | | | |
| **Bewerbungsqualität** | | | | | |
| Vorstellungsgespräche | Anzahl der Vorstellungsgespräche in % zu Gesamtbewerbungen | Kennzahl für Marketingaktivitäten | | | |
| Verträge | Anzahl der Vertragsangebote in % zu Gesamtbewerbungen | Kennzahl für Marketingaktivitäten | | | |
| Einstellungen | Anzahl der Einstellungen in % zu Gesamtbewerbungen | Kennzahl für Marketingaktivitäten | | | |
| Einstellungsprofil | Alter Akademikerquote Auslandserfahrung | Kennzahlen für Suchprofile | | | |
| Kündigungen Probezeit (aktiv, passiv) | Anzahl Kündigungen/Aufhebungen während der Probezeit in % zu Einstellungen | Kennzahl für die Qualität des Auswahlprozesses | | | |
| Einarbeitungszeit | Leistungs- und Produktivitätsbeurteilung nach 3 bzw. 6 Monaten (Mitarbeitergespräch) | Kennzahl für die Qualität des Auswahlprozesses | | | |
| Performancesteigerung | Veränderung der Leistungs- und Produktivitätskennzahl nach 1 Jahr (Mitarbeitergespräch) | Kennzahl für die Qualität des Auswahlprozesses | | | |

47  In Anlehnung an ein Beratungsprojekt.

## 2.4 Einfluss des demografischen Wandels und der Digitalisierung der Arbeit auf das Controlling der Personalgewinnung

Zu den wesentlichen Megatrends der Gesellschaft gehören unter anderem der demografische Wandel und die Digitalisierung der Arbeit. Für das Personalmanagement folgt daraus, dass die Erhaltung und Steigerung des Engagements der Mitarbeiter, die Bindung der strategisch wichtigen Mitarbeitergruppen sowie die Positionierung des Unternehmens als attraktiver Arbeitgeber die drei wichtigsten Aufgaben der kommenden Jahre darstellen.[48] Begriffe wie Personalgewinnung, Personalbeschaffung oder Recruiting werden in diesem Zusammenhang nicht explizit genannt, obgleich sie zweifelsfrei gegenwärtig zu den operativ größten Herausforderungen gehören.

*Neujustierung der Personalgewinnung im Personalmanagement*

Diese Diskrepanz zeigt einmal mehr die längst überfällige Auseinandersetzung in Wissenschaft und Praxis hinsichtlich der Neujustierung der Aufgabe der Personalgewinnung in dem Kanon der strategischen und operativen Aufgaben des Personalmanagements, was letztendlich auch fundamentalen Einfluss auf das Controlling dieser Aktivität haben wird. Denn mit Employer Branding und Personalgewinnung prallen eine langfristig ausgerichtete Markenstrategie und ein eher kurzfristig orientiertes operatives Geschäft aufeinander, die dann folgerichtig auch einen unterschiedlichen Controllingansatz erfordern. Die vorangegangenen Abschnitte 2.1 bis 2.3 konzentrierten sich sehr stark auf die Personalgewinnung im engeren Sinne. Nachfolgend soll das Augenmerk stärker auf das Controlling des Employer Branding gerichtet werden.

*Controlling des Employer Branding*

Versteht man die Arbeitgebermarke als eine Marke im klassischen Sinne, so ist es naheliegend, die Analogie zum klassischen Marketing auf die Entwicklung, die Steuerung, aber auch das Controlling der Arbeitgebermarke auszuweiten.[49] Jäger differenziert in einem Beitrag

---

48  Vgl. DGFP e. V. (Hg.) (2011a): DGFP Studie: Megatrends und HR-Trends, Praxis-Papier 7/2011. Verfügbar über www.dgfp.de/praxispapiere (Stand: 05.12.2012).

49  Vgl. DGFP e. V. (Hg.) (2012b): Employer Branding. Die Arbeitgebermarke gestalten und im Personalmarketing umsetzen. S. 40–44.

zu Kennziffern im Controlling der Personalbeschaffung[50] ebenfalls zwischen einem Controlling des Employer Branding und einem Controlling der Rekrutierung. Er ergänzt seine Darstellung um ein sog. *Channel Controlling,* das Kennziffern zu relevanten Recruiting- respektive Kommunikationskanälen liefert. Indem er auf die stellenweise enormen Mediabudgets im Employer Branding verweist (nicht selten handelt es sich um Beträge von mehr als einer Million Euro pro Jahr, jedoch abhängig von der Unternehmensgröße sowie dem Personalbedarf), unterstreicht er implizit die Notwendigkeit, auf das Controlling der Arbeitgebermarke die Instrumente und Methoden des Controllings von Unternehmens- und Produktmarken anzuwenden. Vornehmlich anwendbar sind Marktforschungsmethoden, die über die Messung von Image und Sympathie auch die Zielgrößen Kaufabsicht, Kauf und Produktbindung zu ermitteln imstande sind. Letztgenannte lassen sich relativ gut auf Arbeitsverträge und Mitarbeiterbindung übertragen. Derart verstandenes Employer Branding ließe sich beispielsweise durch folgende Kennziffern abbilden:

- Position in Arbeitgeberrankings (Image bzw. Sympathie)
- Mediale Reichweite von Kommunikationsmaßnahmen
- Kosten je Kommunikationskanal
- Kontaktintensitäten
- Mediakosten je Kontakt[51]

Die vorgenannten Kennziffern bilden Teilaspekte des Markenführungsprozesses ab, ohne jedoch den Markenwert ganzheitlich zu erfassen. Wohl wissend, dass im Markt zahlreiche Verfahren zur Markenbewertung vorhanden sind und dass seit vielen Jahren Bemühungen um eine stärkere Standardisierung dieser Verfahren unternommen werden, sollte dennoch das finale Ziel im Controlling des Employer Branding nicht aus dem Blick geraten: eine ganzheitliche Erfassung des Wertes der Arbeitgebermarke. Nur dann ist es in letzter Konsequenz legitim, von der Arbeitgebermarke als einer Marke im klassischen Sinne zu sprechen. Zumindest ist es jedoch erforderlich,

---

50  Vgl. Jäger (2013, in Arbeit), in: ÖCI und Wickel-Kirsch (Hg.): Prozessmodell Personalcontrolling.
51  In Anlehnung an: Jäger (2013, in Arbeit).

die Ziele des Employer Branding (Attraction, Recruiting und Retention) in einem ausgewogenen Verhältnis abzubilden. Dies könnte durch ein Cockpit oder aber auch einen gewichteten Index von Kennziffern – wie zum Beispiel: Image- bzw. Sympathiewerte (Attraction), Cost per Hire (Recruiting) oder Commitmentindex (Retention) – ausgedrückt werden. Wichtig wäre dabei die nach den individuellen Bedürfnissen des Unternehmens vorgenommene, jedoch ausgewogene Zusammenstellung von einzelnen Teilkennziffern.

# 3 Personaleinsatz *(Paul Kittel)*

## 3.1 Definition und Aufgaben

Die Kernaufgabe des Personaleinsatzes hat das Ziel, die richtigen Personen zum richtigen Augenblick am richtigen Ort, also anforderungsgerecht und eignungsgerecht, zum Einsatz zu bringen.

Dies bedeutet in der Regel, einen Organisationsplan, in dem die Rangordnung und die Kommunikationswege des Betriebes beschrieben sind, einen Stellenplan, in dem die einzelnen Arbeitsstellen dokumentiert sind, und einen Besetzungsplan, in dem die einzelnen Stellen mit den einzelnen Personen verknüpft bzw. als Vakanzen ausgewiesen sind, möglichst optimal zur Deckung zu bringen.

Da es sich dabei meist um dynamische Prozesse handelt, die sich auf unterschiedlichen Zeitachsen verändern, ist ein stetig durchlaufender Regelkreis absolut unerlässlich.

Unterschieden nach der zeitlichen Dynamik, lassen sich im Wesentlichen drei abgegrenzte Aufgabenschwerpunkte ermitteln:

- Kurzfristig geht es um die Sicherstellung aller notwendigen Ressourcen, die für den operativen Arbeitseinsatz notwendig sind. Hierbei geht es unter anderem um Beseitigung von Engpässen und unvorhergesehene Situationen wie den plötzlichen Ausfall eines Mitarbeiters.
- Mittelfristig beschäftigt sich der Personaleinsatz mit der Entwicklung und Besetzung von Funktionsgruppen im Unternehmen. Hier spielen die Arbeitsorganisation, das Aufstellen von Anforderungsprofilen, der Abgleich mit Eignungsprofilen und die Personalentwicklung eine Rolle.
- Langfristig ist die Organisation des Personaleinsatzes geprägt durch die Einbeziehung der Dynamik technischer und organisatorischer Entwicklungen in die Arbeitsgestaltung und den Personaleinsatz sowie durch die Anpassung von Karriere- und Nachfolgeplanungskonzepten.

Die Aufgabe des Personalcontrollings besteht darin, durch Beobachtung relevanter Steuerungsgrößen die Umsetzung von Maßnahmen zu begleiten und Entwicklungen frühzeitig in den Fokus zu nehmen, um eine stetige Verbesserung des Personaleinsatzes zu ermöglichen. Da das Feld des Personaleinsatzes in der Regel eng mit branchen- oder firmenspezifischen Prozessen verknüpft ist, können in diesem Kapitel nur einige Ausschnitte exemplarisch aufgegriffen werden. Allerdings sei an dieser Stelle auf die Bedeutung der Führungskräfte bzw. des Managements für den Personaleinsatz hingewiesen. Auch wenn man sich vor zu pauschalen Wirkungseinschätzungen wie „hohe interne Krankenquote = schlechte Führungskraft" hüten sollte – die Personalführung spielt eine wichtige Rolle bei der Abwicklung des operativen Personaleinsatzes und der mittel- bis langfristigen Entwicklung der Organisation. Ziel ist es, ein ausgewogenes Verhältnis zwischen Arbeitsanreizen (monetärer und nicht monetärer Art), Arbeitsmotivation und der individuellen Leistungsfähigkeit, aber auch in zunehmendem Maße der individuellen Leistungsdisposition zu erhalten.

**Abbildung 29**

| Vergleiche zwischen Tätigkeit und Person[52] | |
|---|---|
| **Tätigkeit** | **Person** |
| tätigkeitsspezifische Anforderungen | Fähigkeiten, Fertigkeiten, Kenntnisse |
| tätigkeitsübergreifende Anforderungen | generell erfolgsrelevante Eigenschaften, Entwicklungspotenzial |
| Befriedigungspotenzial | Interessen, Bedürfnisse, Werthaltungen |

*Betriebswirtschaftlicher Nutzen von Konzepten*

In den letzten Jahren haben die Felder Leistungsfähigkeit und Leistungsdisposition nicht zuletzt durch die wachsende Aufmerksamkeit für die Veränderung der Arbeitswelt in Verbindung mit dem demografischen Wandel zunehmend an Gewicht gewonnen. Das Personalcontrolling steht hierbei vor der Herausforderung, den betriebswirtschaftlichen Nutzen geeigneter Konzepte zu evaluieren und

---

52   Schuler (2004), Sp. 1367.

Messgrößen für den jeweiligen Betrieb zu definieren. Beispielsweise sind die Vereinbarkeit von Familie und Beruf oder altersgerechte Arbeitsbedingungen Themenfelder, deren positive Auswirkung auf die Leistungsbereitschaft der Belegschaft in der Regel nicht mehr infrage gestellt wird. Diesen Nutzen sichtbar zu machen und zu quantifizieren gestaltet sich als komplexe Aufgabe, deren Lösung das Personalcontrolling aus den Kennzahlen zum Personaleinsatz ableitet.

Die Führungskräfte stehen in wachsendem Maße vor der Herausforderung, den bestmöglichen Personaleinsatz mit immer komplexeren Zeit- und Arbeitsmodellen gemeinsam mit dem Personalressort zu gewährleisten. Hierbei gilt es, ein ausgewogenes Maß zwischen den Arbeitsanforderungen des Betriebes, einer eventuellen Über- oder Unterforderung der einzelnen Mitarbeiter sowie dem nachhaltigen Erhalt der Arbeitsfähigkeit zu finden. Einige Beispiele für solche Modelle sind:

*Bestmöglicher Personaleinsatz mit immer komplexeren Zeit- und Arbeitsmodellen*

- kapazitätsorientierte Arbeitszeit
- Gleitzeit
- Vertrauensarbeitszeit
- Sabbaticals
- Cafeteria-Modelle
- Jobsharing

In diesem Sinne sind die Führungskräfte wichtige Kunden für ein faktororientiertes Personalcontrolling. Das prozessorientierte Controlling konzentriert sich dagegen auf die Personaleinsatzprozesse, die entsprechenden Prozessvorgaben und die tatsächlichen Abläufe. Das Personalcontrolling kann dafür auf eine Reihe von Informationsquellen zugreifen. Sie lassen sich in vier Hauptgruppen unterteilen:

*Informationsquellen*

- Informationen über den Arbeitsplatz: Anforderungsprofile, Organisationspläne, Schichtpläne, Stellenbeschreibungen, Zeiterfassung …
- Informationen über die Arbeitskräfte: Personalakten, Entwicklungspläne, Mitarbeiterbeurteilungen, Nachfolgepläne, Vertretungspläne …

- Informationen über betriebliche Einflussfaktoren: Arbeitszeitregelungen, Urlaubspläne, Unfallzahlen, Ausfallzeiten, Fluktuationen, Altersstrukturen, Akkordregelungen, Kapazitätsplanung ...
- Informationen über Arbeitsregelungen (gesetzlich/tariflich): Arbeitszeitgesetze, Ladenschlussgesetze, AGG, tarifliche Regelungen, Arbeitsschutzgesetze ...

## 3.2 Faktororientiertes Controlling des Personaleinsatzes

*Optimierung des Personaleinsatzes*

Die faktororientierten Kennzahlen und Messgrößen dienen den Führungskräften auf operativer und taktischer Ebene zur stetigen Optimierung des Personaleinsatzes.

Der Arbeitsprozess als solcher wird in der faktororientierten Sicht abgebildet, wobei der Faktor Mensch, dessen Arbeitsumfeld und Arbeitsleistung im Vordergrund stehen und das Personalcontrolling steuernd und regelnd einzugreifen vermag.

*Fehlzeiten*

Ein wesentliches Feld für das Controlling des Personaleinsatzes ist der Anfall von Fehlzeiten und der Umgang damit. Bei dem Begriff „Fehlzeiten" handelt es sich nicht nur um die Fehlzeiten durch Krankheit, die durch die Krankenquote beschrieben werden, sondern um Abwesenheitszeiten im weiteren Sinne. Betrachten wir die Definition, nach der die Anforderung in „die richtige Person zur richtigen Zeit am richtigen Ort" besteht. Fehlzeiten entstehen in der Regel dann, wenn diese Anforderung kurz- oder mittel- bis langfristig nicht erfüllt werden kann.

*Kurzfristig anfallende Fehlzeiten*

Beispiele für kurzfristig anfallende Fehlzeiten sind:
- Krankheit
- Arbeits- und Wegeunfälle
- unentschuldigte Abwesenheit vom Arbeitsplatz

In der Regel entziehen sich die kurzfristigen Fehlzeiten einer unmittelbaren Plan- oder Steuerbarkeit, sind jedoch durch längerfristige Konzepte (Gesundheitsprogramme, Führungskräfteschulungen etc.) zumindest mittelbar beeinflussbar. Das Personalcontrolling hat dabei die Aufgabe, die anfallenden Kennzahlen zu den Vorfällen zu erheben, aufzubereiten und darüber zu berichten. Dazu gehören auch eventuelle Veränderungen und Trends in den gemessenen Vorfällen, die einen Rückschluss auf positive oder negative Einflüsse längerfristiger Konzepte erlauben.

Beispiele für mittel- oder langfristig anfallende Abwesenheiten sind:

*Mittel- oder langfristig anfallende Fehlzeiten*

- Mutterschutz und Erziehungsurlaub
- Fort- und Weiterbildung
- Urlaub (und je nach Branche: Feiertage)

Die mittel- und langfristig anfallenden Fehlzeiten zeichnen sich in der Regel durch Planbarkeit aus, die jedoch wesentlich weniger durch das Personalcontrolling direkt beeinflusst werden kann. Das Augenmerk liegt in diesem Falle nicht auf dem negativ behafteten Begriff der Fehlzeit im Sinne von Abwesenheit, sondern auf der neutralen Definition von einem Nichtpassen von Ort, Zeit und Person. Durch eine geeignete Einsatzplanung können diese Arten der Fehlzeiten vorhergesehen und auf operativer Ebene durch geeignete Konzepte ausgeglichen werden.

Folgende Kennzahlen sind in diesem Zusammenhang für das faktororientierte Controlling des Personaleinsatzes relevant:

*Kennzahlen für das faktororientierte Personaleinsatzcontrolling*

## Menge
- Fluktuationen
- Anfängerquote
- Fehlerquote
- Akkordregeln (z. B. Anzahl, Qualitätsindex)
- Personalbedarf

## Zeit
- Ausfallzeitenquote
- Mehrarbeitsquote
- Soll-Ist-Abgleich

## Kosten
- Kosten externer Mitarbeiter
- Zuschlägeanteil

- Kosten durch Maschinenstillstand
- Stücklohn/Akkordzuschläge
- Produktivitäten

**Qualität**
- Anzahl Arbeitsunfälle
- Motivationsindex
- Ergebnisse Ergonomieanalysen
- Anzahl fachlicher Weiterbildungen

## 3.3 Prozessorientiertes Controlling des Personaleinsatzes

Die prozessorientierte Komponente ermöglicht es dem Personalcontrolling, den Prozess der Personaleinsatzplanung und die Abläufe des Personaleinsatzes vor dem Hintergrund der aufgestellten Prozessvorgaben zu bewerten und entsprechende Empfehlungen für die Gestaltung und Durchführung des Personaleinsatzes zu erarbeiten.

*Prozessorientierte Perspektive*

Die prozessorientierte Perspektive ist geprägt durch eine Reihe von Regelungen und Richtlinien, die beim Personaleinsatz vorgegeben und dringend zu beachten sind. Der Begriff „prozessorientiert" bezieht sich hierbei auf die Prozesse der Einhaltung und Berücksichtigung dieser Regeln, nicht auf den Arbeitsprozess als solchen. Folgende Kennzahlen sind relevant:

**Menge**
- Anzahl Versetzungen
- Besetzung von Vakanzen
- Anzahl Beförderungen
- Anzahl Freisetzungen
- Anzahl Einarbeitungsmaßnahmen

**Zeit**
- Anzahl geregelter Vertretungen
- Soll-/Ist-Plan-Abweichungen

**Kosten**
- Bewertung alternativer Zeitmodelle
- Bewertung von Arbeitsplatzentwicklungen
- Nutzung ESS-/MSS-Systeme[53]
- Tarifpolitische Auswirkungen

**Qualität**
- Übernahmequote Azubis
- Anzahl Verrentungen
- Anzahl Rückkehrer (z. B. Mutterschaft, Krankheit)
- Quote berufsbedingter Krankheiten
- AGG-konforme Arbeitsverteilung (z. B. Frauenquote, Behinderteneinsatz)

## 3.4 Unternehmensbeispiel real,- SB-Warenhaus GmbH

Im folgenden Unternehmensbeispiel wird die Personaleinsatzplanung der real,- SB-Warenhaus GmbH skizziert. Der gewählte Bereich „Kasse" dient als Beispiel für eine Personaleinsatzplanung, die sich auf der einen Seite an stetig ändernden Umfeldbedingungen orientieren muss und auf der anderen Seite sowohl dem Unternehmen als auch dessen Mitarbeitenden eine hohe Planungssicherheit ermöglichen will.

Abbildung 30

[53] ESS: Employee Self Service; MSS: Manager Self Service.

Die Einsatzplanung für den Kassenbereich erfolgt in einem dreistufigen Prozess:

- Im ersten Schritt werden die Anteile des umsatzabhängigen Bedarfs in die Planung integriert. In erster Linie handelt es sich um Erfahrungswerte, die entsprechend der Umfeldanalyse angepasst werden. Sogar die allgemeine Wetterlage kann einen Einfluss auf die Kundenfrequenz haben.
- Im zweiten Schritt wird der sogenannte Fixbedarf in die Einsatzplanung integriert, der auch die spezifischen Gegebenheiten des einzelnen Marktes berücksichtigt.
- Im dritten Schritt wird die Einsatzplanung von den Mitarbeitenden vor Ort durchgeführt und in die einzelnen Einsatzpläne überführt.

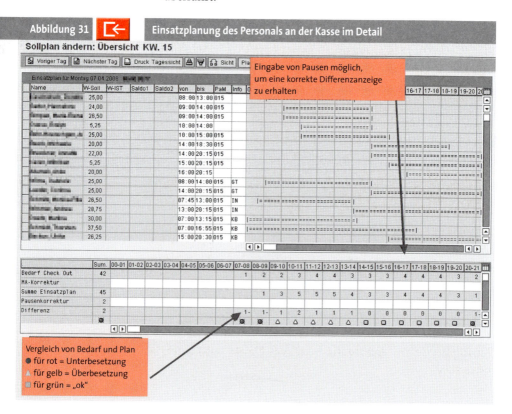

Abbildung 31: Einsatzplanung des Personals an der Kasse im Detail

IT-gestützte Werkzeuge erlauben es, mit hoher Flexibilität auf kurzfristig anfallende Einflüsse zu reagieren und den Personaleinsatz zu steuern.

## 3.5 Unternehmensbeispiel Kassenärztliche Vereinigung Bayerns *(Hede Gesine Elsing)*

In der Kassenärztlichen Vereinigung Bayerns (KVB) hatte der Vorstand beschlossen, dass er zur familienfreundlichsten Körperschaft werden möchte. Mithilfe zahlreicher Maßnahmen finanzieller, organisatorischer und informatorischer Art sollte die Vereinbarkeit von Familie und Beruf deutlich verbessert werden. Für das Audit „berufundfamilie" wurden konkrete Ziele in acht Handlungsfeldern zu einem Gesamtkonzept für Familienförderung festgelegt:

Abbildung 32

Verschiedene Gründe führten zu dem Entschluss, Telearbeit vermehrt einzusetzen, gleichzeitig wurde das Thema nutzenorientiert betrachtet.

**Abbildung 33**  **Telearbeit in der KVB, Gründe und Nutzen**

Quelle: Hede Gesine Elsing, Kassenärztliche Vereinigung Bayern (ZP Personal zertifiziert nach DIN EN ISO 9001: 2000), 09.04.2008

## Telearbeit in der KVB, Kosten normaler Arbeitsplatz/Telearbeitsplatz — Abbildung 34

| Normaler Arbeitsplatz | Kosten |
|---|---|
| IT | |
| Rechner + Tastatur + Maus | 700,00 € |
| Bildschirm (17 Zoll) | 400,00 € |
| Lizenzen für Standardbenutzer | 300,00 € |
| ZF Verwaltung | |
| Bürotisch | 800,00 € |
| Bürostuhl | 450,00 € |
| Rollcontainer | 300,00 € |
| **Gesamtkosten** | **2.950,00 €** |

| Arbeitsplatz mit Laptop | Kosten |
|---|---|
| IT | |
| Notebook + Docking-Station | 1.500,00 € |
| Lizenzen für Standardbenutzer | 300,00 € |
| ZF Verwaltung | |
| Bürotisch | 800,00 € |
| Bürostuhl | 450,00 € |
| Rollcontainer | 300,00 € |
| **Gesamtkosten** | **3.350,00 €** |

| Remote-/Telearbeitsplatz | Kosten |
|---|---|
| IT | |
| Notebook + Docking-Station | 1.500,00 € |
| Lizenzen für Standardbenutzer | 300,00 € |
| Lizenz Checkpoint | 100,00 € |
| DSL (inkl. Telefon) | 50,00 € pro Monat |
| Drucker-/Fax-Kombi | 300,00 € |
| ggf. Telefonanschluss (einmalig) | 50,00 € |
| (UMTS-Karte) | (50,00 €) (pro Monat) |
| ZF Verwaltung | 0,00 € |
| **Gesamtkosten (fix)** | **2.250,00 €** |
| **Gesamtkosten (monatlich)** | **50,00 €** |
| **Gesamtkosten + UMTS (monatlich)** | **50,00 €** |

**Normaler Arbeitsplatz: ca. 3.000 €**  **Remote-/Telearbeitsplatz: ca. 2.300 €**

Quelle: Hede Gesine Elsing, Kassenärztliche Vereinigung Bayern (ZP Personal zertifiziert nach DIN EN ISO 9001: 2000), 09.04.2008

## Telearbeit in der KVB (Stand 09.04.2008) — Abbildung 35

### Verteilung Telearbeit (inkl. Remoteanschluss)

| | gesamt | Mitarbeiter | | Führungskräfte | | | in Teilzeit | | | während Elternzeit | nach Elternzeit |
|---|---|---|---|---|---|---|---|---|---|---|---|
| | | m | w | gesamt | m | w | gesamt | m | w | | |
| insgesamt | 170 | 91 | 79 | 42 | 31 | 11 | 20 | 2 | 18 | 4 | 2 |

### Fehlzeiten und Fluktuation

| | Ø Anzahl Fehltage 2007 | | Anzahl Austritte/Gesamtzahl 2007 | |
|---|---|---|---|---|
| | KVB gesamt | T/R | KVB gesamt | T/R |
| Fehlzeiten | 11,90 | 4,11 | | |
| Fluktuation | | | 378/1.707 = 0,22 | 11/170 = 0,06 |

# 4 Personalentwicklung *(Bernd Kosub)*

## 4.1 Definition und Aufgaben

Unter Personalentwicklung sollen alle Maßnahmen verstanden werden, die darauf abzielen, Kompetenzen zur Bewältigung von gegenwärtigen und zukünftigen Anforderungen zu vermitteln. Dabei orientiert sich die Personalentwicklung grundsätzlich an den Zielen des Unternehmens.

Gegenstand der Controllingaktivitäten können alle Maßnahmen der Potenzialerkennung und der Auswahl von Potenzialträgern, der arbeitsplatzbezogenen Entwicklung der Mitarbeiter, der Entwicklungsförderung und der Bindung durch die Planung förderlicher Karrierestufen im Unternehmen sein.

*Gegenstand der Controllingaktivitäten*

- Im Rahmen der Fort- und Weiterbildung von Mitarbeitern stellt sich die Frage, wie Bildungskosten und Bildungsnutzen im Unternehmen transparent gemacht werden können und wie die Wirkung von Fort- und Weiterbildung nachweisbar und damit auch kontrollierbar gemacht werden kann.
- Zur Potenzialerkennung und zur Auswahl von Potenzialträgern verfügen die Unternehmen über eine Fülle von Assessment-Center-, Interview- und Testverfahren sowie die Teilnahme an Projekten und sonstige Arbeitsproben. Jedes dieser diagnostischen Verfahren hat das Ziel, eine Prognose über die künftig zu erwartende Arbeitsleistung in einem neuen Tätigkeitsfeld zu stellen. Hier hat das Personalentwicklungscontrolling einen Ansatzpunkt, indem es die Vorhersagegüte der Verfahren überprüft und untersucht, ob dem Unternehmen ausreichend geeignete Talente in der Zukunft zur Verfügung stehen werden.
- Die Maßnahmen der arbeitsplatzbezogenen Entwicklung umfassen Traineeprogramme, Förderprogramme, Jobrotation sowie -enrichment und -enlargement, aber auch Auslandsaufenthalte und Steuerung von Projekten. Ziel dieser Maßnahmen ist es, das Potenzial der Mitarbeiter im Sinne des größtmöglichen Unternehmensnutzens und der Zufriedenheit der Mitarbeiter zur Entfaltung zu bringen. Der Nutzen für das Unternehmen ist

dann gering, wenn der Mitarbeiter nach Fördermaßnahmen sein identifiziertes Potenzial nicht zur Geltung bringt. Hier eröffnet sich dem Personalentwicklungscontrolling ein breites Spektrum an Aufgaben. Es ist zu fragen, ob Traineeprogramme zur Identifizierung und Entwicklung des Potenzials beitragen und einen tatsächlichen Nutzen für das Unternehmen erbringen, beispielsweise indem man untersucht, ob ehemalige Trainees adäquate Positionen im Unternehmen innehaben oder gar im Unternehmen verbleiben.

## 4.2 Faktororientiertes Controlling der Personalentwicklung

Im Rahmen des faktororientierten Controllings der Personalentwicklung geht es um die Betrachtung und Analyse der Potenziale und Kompetenzen der Mitarbeiter im Unternehmen.

### 4.2.1 Talententwicklung

Das Personalentwicklungscontrolling hat im Zuge der Talententwicklung die Aufgabe zu analysieren, ob und inwieweit dem Unternehmen ausreichend geeignete Talente und Nachwuchskräfte zur Verfügung stehen und eine zielorientierte Entwicklung erfolgt.

**Personal-Portfolio**

Als ein Instrument des strategischen Personalcontrollings lässt sich in der Unternehmenspraxis häufig auf die Portfolio-Technik zurückgreifen. Aufgrund der im Rahmen der Leistungsbeurteilung ermittelten Leistung, verbunden mit der Einschätzung der künftigen Leistung (Potenzial), insbesondere im Hinblick auf die Übernahme von Führungspositionen, können Mitarbeiter und Mitarbeitergruppen in Personal-Portfolios abgebildet werden.

*Aufbau von Personal-Portfolios*

Mithilfe des Personal-Portfolios ist es möglich, gleichzeitig sowohl Leistung und Potenzial des einzelnen Mitarbeiters als auch die Leistungsstärke ganzer Organisationseinheiten zu beurteilen. In jedem Unternehmen zeigen die Mitarbeiter je nach den Anforderungen der Arbeitsstelle unterschiedliche Leistungen und haben unterschiedliches Potenzial für weiter gehende Aufgaben im Unternehmen. Das Personal-Portfolio besteht aus einer Vier-Felder-Matrix, in der die zu beurteilenden Mitarbeiter in den entsprechenden Feldern positioniert werden.

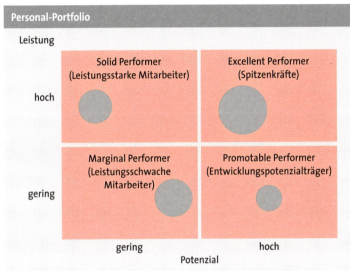

Abbildung 36

Die „*Solid Performers*" erbringen eine gute Leistung im Hinblick auf die Anforderungen der Funktion und verfügen über eine geringe Entwicklungsfähigkeit. Unter Umständen ließen sich hier Karrieren im internen (Fach-)Bereich aufzeigen. Eine geringe Entwicklungsmotivation des „Solid Performer" könnte durch einen niedrigen Bindungswillen begründet sein. Entsprechend ließen sich hier Entwicklungsmöglichkeiten aufzeigen, die den Bindungswillen erhöhen.

Die „*Marginal Performers*" erfüllen die Anforderungen ihres Arbeitsplatzes nur unzureichend. Sie sind in der Regel mit ihrer gegenwärtigen Tätigkeit überfordert und zeichnen sich häufig durch einen Mangel an Eigeninitiative aus.

„*Promotable Performers*" sind Mitarbeiter, die über ein hohes Entwicklungspotenzial verfügen. Durch das bisherige Aufgabengebiet wird ihr Potenzial noch nicht vollständig ausgeschöpft, und die gezeigte Leistung ist, häufig bedingt durch einen falschen Personaleinsatz, eher gering ausgeprägt. Sie sollten durch Entwicklungsmaßnahmen und Aufzeigen von Karrieremöglichkeiten weiterentwickelt werden.

*„Excellent Performers"* sind die Leistungsträger im Unternehmen. Ihre fachliche Kompetenz, ihr Leistungspotenzial und ihre Leistungsbereitschaft sind überdurchschnittlich. Diese Mitarbeiter sollten ihr Fähigkeitspotenzial langfristig dem Unternehmen zur Verfügung stellen. Entsprechend sollten auch die Anreizsysteme darauf ausgerichtet werden.

Das Personal-Portfolio ermöglicht also eine Analyse der Ist-Situation bezüglich der mitarbeiterbezogenen Leistungen und Potenziale im Unternehmen. Hiermit lassen sich vorhandene sowie zukünftig zu erwartende quantitative und qualitative Ungleichgewichte in der Mitarbeiterstruktur darstellen. Das Ziel besteht darin, eine abgestimmte Entwicklung in eine sinnvolle und realistische Richtung zu ermöglichen. Gleichzeitig kann damit eine strategische Basis für die Beschaffung, Entwicklung und Ausgestaltung von Anreizsystemen geschaffen werden, und es lassen sich Maßnahmen zur Nachfolgeplanung daraus ableiten.

### Kennzahlen zur Talententwicklung

Mit der *Potenzialquote* lässt sich darstellen, ob ausreichend Talente für Managementpositionen zur Verfügung stehen. Sie errechnet sich aus der Summe der diagnostizierten Potenzialträger, dividiert durch die Gesamtzahl der Mitarbeiter, multipliziert mit 100.

| Rechenbeispiel: | |
|---|---:|
| Summe der Potenzialträger: | 1.200 |
| Personalbestand: | 7.500 |
| 1.200 : 7.500 × 100 = **16 %** | |

Die *durchschnittliche Potenzialentwicklungsdauer* gibt Aufschluss darüber, wie viel Zeit in der Regel von der Diagnose als Potenzialkandidat bis zur Übernahme einer weiterführenden Managementfunktion vergeht. Zu lange Entwicklungszeiten können demotivierend wirken; sie können durch optimierte Entwicklungsprogramme und eine aktive Besetzungspolitik verkürzt werden.

Rechenbeispiel:
$P_1 = 3,5$ Jahre, $P_2 = 4,2$ Jahre, $P_3 = 2,1$ Jahre, $P_4 = 4,6$ Jahre

$(3,5 + 4,2 + 2,1 + 4,6) : 4 =$ **3,6 Jahre**

Die *Nachfolgequote* wird gebildet aus der Summe der Nachfolgekandidaten bzw. diagnostizierten Potenzialträger, dividiert durch die Summe der aktuellen Management- bzw. Schlüsselpositionen. Mit dieser Kennzahl wird verdeutlicht, ob im Falle einer Vakanz bei Management- bzw. Schlüsselpositionen schnell ausreichend Nachfolger gefunden werden können. Gliederungsmöglichkeiten bei dieser Kennzahl bieten die Organisationseinheiten und die Hierarchiestufen.

Rechenbeispiel:
Summe der Potenzialträger: 1.200
Summe Managementpositionen: 1.000

1.200 : 1.000 = **1,2 Potenzialträger pro Managementposition**

Mit der *internen Besetzungsquote* wird ausgedrückt, inwieweit Managementpositionen aus eigenen Reihen nachbesetzt werden. Sie ergibt sich aus der Summe der Neubesetzungen von Managementpositionen mit internen Mitarbeitern, dividiert durch die Anzahl der neu besetzten Managementpositionen, multipliziert mit 100. Eine interne Besetzungsquote von 70 bis 80 Prozent gilt in vielen Branchen als gut und verdeutlicht eine gute Arbeit im Bereich der Nachwuchsentwicklung und -sicherung. Eine Differenzierung dieser Kennzahl nach Mitarbeitergruppen und Organisationseinheiten ermöglicht weitere Erkenntnisse.

Rechenbeispiel:
Summe Neubesetzungen von Managementpositionen
mit internen Mitarbeitern: 190
Summe neu besetzter Managementpositionen: 230

190 : 230 × 100 = **82,61 %**

Die *Ausbildungsquote* wird gebildet aus der Anzahl der Auszubildenden, dividiert durch die Gesamtzahl der Mitarbeiter, multipliziert mit 100. Anhand der Ausbildungsquote kann ermittelt werden, inwieweit eine Nachwuchssicherung über das personalwirtschaftliche Instrument der Berufsausbildung betrieben wird. Gliederungsmöglichkeiten sind das Ausbildungsjahr, der Ausbildungsberuf sowie das Geschlecht. Diese Kennzahl wird häufig auch herangezogen, um die Wahrnehmung sozialpolitischer Verantwortung von Unternehmen zu dokumentieren.

> Rechenbeispiel:
> Summe der Auszubildenden: 230
> Personalbestand: 7.500
> 230 : 7.500 × 100 = **3,07 %**

Die *Traineequote* wird genauso gebildet wie die Ausbildungsquote, wobei allerdings statt der Anzahl der Auszubildenden die Anzahl der Trainees gewählt wird. Auch hier liegt das Augenmerk auf der Nachwuchssicherung, allerdings bezogen auf den Akademiker- bzw. Führungskräftenachwuchs in der Belegschaft.

> Rechenbeispiel:
> Summe der Trainees: 120
> Personalbestand: 7.500
> 120 : 7.500 × 100 = **1,6 %**

Entscheidend für ein Unternehmen ist allerdings nicht nur die Ausbildung, sondern auch die Sicherung von Nachwuchskräften. Die *Übernahmequote* gibt an, wie viel Prozent der Ausgebildeten nach Beendigung des Ausbildungsverhältnisses übernommen werden. Diese Kennzahl ergibt sich aus der Anzahl der übernommenen Ausgebildeten, dividiert durch die Summe der Mitarbeiter mit beendeter Ausbildung, multipliziert mit 100. Diese Kennzahl lässt sich selbstverständlich auch für die Zielgruppe der Trainees bilden. Eine zu geringe Übernahmequote kann unterschiedliche Gründe haben. So hat das Unternehmen vielleicht momentan keinen Bedarf oder keine geeigneten freien Stellen. Der Ausgebildete möchte lieber in einem anderen Unternehmen arbeiten oder eine weitere Ausbildung beginnen bzw. ein Studium aufnehmen. Da hier in Mitarbeiter investiert worden ist, sollten zumindest Maßnahmen zur Aufrechterhaltung des Kontaktes zu diesen Mitarbeitern ergriffen werden.

Rechenbeispiel:
Summe der übernommenen Azubis: 150
Summe der Azubis mit beendeter Ausbildung: 180
150 : 180 × 100 = **83,33 %**

## 4.2.2 Fort- und Weiterbildung
Bei der betrieblichen Fort- und Weiterbildung steht die Optimierung der Planung, Steuerung und Durchführung im Fokus des Personalcontrollings.

### Inputorientierte Kennzahlen zur Fort- und Weiterbildung
Inputorientierte Kennzahlen zur betrieblichen Fort- und Weiterbildung geben Auskunft über den Aufwand und die Weiterbildungsaktivität, sagen aber nichts über den Erfolg von Weiterbildungsmaßnahmen aus.

Mit den *Weiterbildungstagen pro Mitarbeiter* wird das Weiterbildungsengagement im Unternehmen gemessen. Es wird berechnet aus der Summe der Weiterbildungstage, dividiert durch die Gesamtzahl der Mitarbeiter. Auszubildende und Trainees werden von der Betrachtung ausgeschlossen. Durch weitere Analysen ist zu prüfen, wie sich die Weiterbildungszeit auf bestimmte Mitarbeitergruppen und Weiterbildungsinhalte verteilt. Diese Kennzahl hängt stark von der Halbwertszeit des Wissens und dem vorhandenen Wissen der Mitarbeiter ab.

Rechenbeispiel:
Summe der Weiterbildungstage: 13.728
Personalbestand (ohne Trainees und Azubis): 7.150
13.728 : 7.150 = **1,92 Weiterbildungstage pro Mitarbeiter**

Die Kennzahl *Aus- und Weiterbildungskostenquote* gibt an, ob die Aus- und Weiterbildungskosten in einem vernünftigen Verhältnis zu den Personalkosten stehen. Sie wird gebildet, indem die Aus- und Weiterbildungskosten einer Periode durch die Summe der Personalkosten dividiert werden und der Wert mit 100 multipliziert wird. Da Aus- und Weiterbildungsaktivitäten Investitionen in die Belegschaft bedeuten, verdeutlicht diese Kennzahl den Investitionsanteil an den Personalkosten. Bei Unternehmen mit einem hohen Anteil hoch qualifizierter Mitarbeiter ist eher mit einer geringen Quote zu rechnen, da gleichzeitig auch höhere Entgeltkosten existieren.

> Rechenbeispiel:
> Kosten für Aus- und Weiterbildung: 3,4 Mio. EUR
> Personalkosten: 450 Mio. EUR
> 3,4 Mio. EUR : 450 Mio. EUR x 100 = **0,76 %**

Die *Weiterbildungsinvestitionsquote* verschafft Transparenz in der Frage, wie viel im Durchschnitt in die Weiterbildung der Mitarbeiter investiert wird. Sie errechnet sich aus der Summe der Weiterbildungskosten, dividiert durch die Anzahl der Mitarbeiter. Diese Kennzahl eignet sich für Branchen- und Zeitvergleiche und kann als Grundlage für Budgetierungen verwendet werden. Eine Gliederung nach Mitarbeitergruppen und Weiterbildungsinhalten kann weitere Erkenntnisse liefern.

> Rechenbeispiel:
> Kosten für Aus- und Weiterbildung: 3,4 Mio. EUR
> Personalstand: 7.500
> 3,4 Mio. EUR : 7.500 = **453 EUR pro Trainingstag**

Die Kennzahl *Kosten pro Trainingstag* wird gebildet, indem die Summe der Weiterbildungskosten durch die Gesamtzahl der Weiterbildungstage dividiert wird. Je nach Datenverfügbarkeit kann auch noch zwischen internen und externen Weiterbildungstagen sowie nach Weiterbildungsinhalten unterschieden werden. Diese Kennzahl wird häufig bei „Make-or-buy-Entscheidungen" herangezogen.

Rechenbeispiel:
Kosten für Aus- und Weiterbildung: 3,4 Mio. EUR
Summe der Weiterbildungstage: 2.280

3,4 Mio. EUR : 2.280 = **1.491 EUR pro Trainingstag**

Die Kennzahl *interne Referentenquote* wird ermittelt, indem die Anzahl der internen Referenten durch die Gesamtzahl der eingesetzten Referenten dividiert und mit 100 multipliziert wird. Die Höhe dieser Kennzahl gibt Aufschluss darüber, ob und inwieweit ein interner Wissenstransfer durch eigene Mitarbeiter stattfindet oder ob Wissen weitgehend über externe Referenten hinzugekauft wird.

Rechenbeispiel:
Summe der internen Referenten: 123
Summe der Referenten: 518

123 : 518 x 100 = **23,75 %**

## Wirkungsorientierte Kennzahlen zur Fort- und Weiterbildung

Neben der Erfassung und Analyse unterschiedlicher Inputgrößen zu Kosten, Teilnehmern etc. geht es aber gerade auch um die Wirkung von Qualifizierungsmaßnahmen.

Dabei lassen sich vier Ebenen der Wirkung unterscheiden: Die erste Ebene gibt lediglich Auskunft über die direkte Reaktion der Mitarbeiter hinsichtlich ihrer subjektiv empfundenen Zufriedenheit, die in der Praxis mithilfe von Seminarfeedbackbögen gemessen wird. Zur Messung des Lernerfolgs werden zunehmend mündliche oder schriftliche Tests nach der Veranstaltung eingesetzt. Die konkrete Anwendung des Gelernten am Arbeitsplatz lässt sich durch den Einsatz von Transferbögen erfassen, während eine Einschätzung der konkreten Wirkung auf den Geschäftserfolg nur durch betriebswirtschaftliche Kennzahlen möglich ist. Bei der letzten Ebene stellt sich zudem das Problem, entsprechende Kausalitäten zwischen Qualifizierungsmaßnahmen und dem Geschäftserfolg zu kontrollieren und nachzuweisen.

*Die Wirkung von Qualifizierungsmaßnahmen messen*

**Abbildung 37**

Vier-Ebenen-Modell zur Auswertung von Qualifizierungsmaßnahmen in Anlehnung an Kirkpatrick (1987)

Bei der Beurteilung von Seminaren setzen Unternehmen häufig Seminarfeedbackbögen ein, die Skalen beinhalten. Dividiert man nun die Summe der Skalenwerte durch die Anzahl der Seminarteilnehmer, so erhält man eine *Seminarerfolgsquote*. Diese Kennzahl gibt an, wie die Teilnehmer ihre Zufriedenheit mit der jeweiligen Veranstaltung im Durchschnitt einschätzen. Bei der Bildung von seminarübergreifenden Erfolgsquoten wird oft nach unterschiedlichen Seminartypen bzw. -inhalten unterschieden.

Rechenbeispiel:
Summe der Seminarergebnisse (Fünfer-Skala) aller Teilnehmer: 10.530
Summe der Seminarteilnehmer: 2.800
10.530 : 2.800 = **3,76**

Werden nach Fort- und Weiterbildungsveranstaltungen zur Lernerfolgskontrolle Tests durchgeführt, so lässt sich der durchschnittliche Lernerfolg erfassen. Dividiert man nun die Summe der Testergebnisse durch die Anzahl der Seminarteilnehmer, so erhält man eine *Lernerfolgsquote*. Diese Kennzahl gibt an, wie erfolgreich in den Veranstaltungen Kompetenzen vermittelt worden sind.

Rechenbeispiel:
Summe der Testergebnisse (0–100 %) aller Teilnehmer: 15.200
Summe der Seminarteilnehmer: 200
15.200 : 200 = **76 %**

Der *Transfererfolg* lässt sich ermitteln, indem man die Summe der Skalenwerte der Transferbögen durch die Anzahl der Seminarteilnehmer dividiert. Diese Kennzahl gibt Auskunft darüber, ob und inwieweit das im Seminar Gelernte auch am Arbeitsplatz umgesetzt werden konnte.

Rechenbeispiel:
Summe der Transfererergebnisse (Fünfer-Skala) aller Teilnehmer: 11.760
Summe der Seminarteilnehmer: 2.800
11.760 : 2.800 = **4,2**

Der *Geschäftserfolg* lässt sich zum Beispiel an der Steigerung des Umsatzes eines Geschäftsbereichs ablesen, nachdem die Mitarbeiter eine Personalentwicklungsmaßnahme durchlaufen haben. In diesem Beispiel ergibt er sich als Differenz des Umsatzes vor und des Umsatzes nach der Maßnahme.

## 4.3 Prozessorientiertes Controlling der Personalentwicklung

Controlling der Personalentwicklung beinhaltet auch eine „Binnensicht". In diesem Fall gilt es, Empfehlungen zur Optimierung der internen Leistungen und Prozesse im Personalentwicklungsbereich abzuleiten.

### 4.3.1 Leistungsportfolios

In strategischer Hinsicht geht es beim prozessorientierten Personalentwicklungscontrolling um eine eher mittel- bis langfristige Ausrichtung im Personalentwicklungsmanagement. Die zentrale Frage lautet, welche Personalentwicklungsleistungen in Zukunft erbracht werden sollen. Die Leistungen sind dann jeweils auf ihre Wertsteigerungsbeiträge zu prüfen. Als ein übliches Instrument zur Definition von Kernprozessen bzw. Leistungen lässt sich der Portfolio-Ansatz nennen.

Aus der Kombination der beiden Dimensionen „Bedeutung der Dienstleistung" und „nachgefragte Leistungsmenge" resultieren vier Felder. Zur Erstellung eines Ist-Portfolios werden zunächst alle angebotenen Leistungen des Personalentwicklungsbereichs in den vier

*Ist-Portfolio erstellen*

Feldern platziert. Als wichtige Informationsquellen fungieren zum Beispiel Kundenbefragungen, Ergebnisse aus unternehmensweiten Szenario- und Strategieplanungen, Vergleiche mit externen Fortbildungsanbietern sowie Teilnehmerstrukturdaten aus vergangenen Perioden. Somit erhält man eine übersichtliche Darstellung des gesamten Leistungsspektrums.

*Soll-Portfolio entwickeln*

Ziel der Bemühungen ist es nun, ein für den Personalentwicklungsbereich ausgewogenes Soll-Portfolio aufzustellen. Auch Konsequenzen bzw. erste Maßnahmen zur Zielerreichung sollten in das Portfolio aufgenommen werden. Hinweise dazu lassen sich schon aus der Positionierung in einem der vier Quadranten ableiten. Beispielsweise sollten Leistungen, die im ersten Quadranten platziert sind, im Einzelfall eingestellt werden, während Leistungen aus dem zweiten Quadranten weiter ausgebaut werden können.

Abbildung 38  Leistungsportfolio

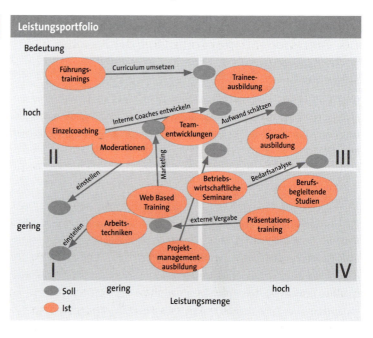

*Alternativportfolios mit unterschiedlichen Szenarien*

Bei der Portfolio-Analyse lassen sich auch unterschiedliche Umweltszenarien zugrunde legen und Alternativportfolios aufstellen. Dies erhöht im Fall sich verändernder Gegebenheiten die Reaktionsgeschwindigkeit auf Entwicklungen im Fortbildungsbereich. Die Bezeichnung der Dimensionen ist dabei, je nach strategischem Untersuchungszweck, variabel zu gestalten. So kann auch eine aufgabenorientierte Analyse (Leistungsnotwendigkeit, unterschieden nach Kann-, Soll-, Mussleistungen; Fortbildungskostenanteil) oder auch eine marktorientierte Analyse (Leistungsattraktivität, Leistungsmenge) durchgeführt werden.

Trotz aller bekannten Nachteile (in der Regel nur zwei Dimensionen, Stereotypisierung, Informationsmangel etc.) bietet die Portfolio-Technik gerade heterogen besetzten Teams durch ihre einfache Handhabbarkeit und Visualisierung letztendlich eine gute Grundlage für die Planung von betrieblichen Fortbildungsangeboten.

Darüber hinaus lässt sich dann auch noch im Rahmen eines strategischen Leistungsmanagements ermitteln, ob die Leistungen vom Markt bezogen werden sollen, ob die Effizienz der Leistungen zu erhöhen ist oder ob ganz auf die Leistungen zu verzichten ist. Eine „Make-or-buy-Entscheidung" sollte dabei nicht allein auf eine Betrachtung unter Kostengesichtspunkten reduziert werden. Es sind in der Regel detaillierte Kosten-Nutzen-Betrachtungen anzustellen. Eine eigene Leistungserstellung bietet sich auch dann immer an, wenn Marktmechanismen versagen, zum Beispiel in der Fortbildungsberatung von Mitarbeitern. Die selber zu erstellenden Leistungen sind außerdem auch hinsichtlich weiterer Effizienzpotenziale zu überprüfen und anzupassen. Hier sind ein funktionales Benchmarking sowie die Vorgabe von Leistungsstandards hilfreich. Nicht zuletzt sollte auf die Bereitstellung von Leistungen, die aufgrund der veränderten internen und externen Umweltbedingungen obsolet geworden sind, in der Zukunft verzichtet werden.

*Unterstützung eines strategischen Leistungsmanagements*

In der Folgeperiode wird das Soll-Portfolio dem aktuellen Ist-Portfolio gegenübergestellt und eine Abweichungsanalyse durchgeführt, was weitgehend der Kontrollphase im Controllingkreislauf entspricht. Bei diesem Ansatz lässt sich das Leistungsangebot im Personalentwicklungsbereich systematisch erweitern bzw. bereinigen. Letztlich werden dadurch auch wesentliche Grundlagen für eine Ressourcenplanung im Fortbildungsbereich geschaffen.

*Portfolio-Einsatz als regelmäßiger Prozess*

### 4.3.2 Balanced Scorecard in der Personalentwicklung

Nachdem das Instrument der Balanced Scorecard zunehmend Einzug in den Bereich des Personalmanagements genommen hat, eröffnet sich auch für den Personalentwicklungsbereich die Möglichkeit zur Anwendung dieses Instrumentes. Mit der Balanced Scorecard versucht man, die Probleme einer Ausrichtung an primär finanziellen und vergangenheitsorientierten Steuerungsgrößen zu überwinden. Die Balanced Scorecard hilft, Strategien zu operationalisieren, umzusetzen und zu kommunizieren. Sie ist kein Instrument zur Entwicklung von Strategien. Vielmehr ist die Ableitung einer Personalentwicklungsstrategie in Abstimmung mit den weiteren Unternehmensstrategien sowie der übergeordneten Personalstrategie Voraussetzung für die Erstellung einer Balanced Scorecard im Personalentwicklungsbereich.

*Balanced Scorecard als Strategieumsetzungsinstrument*

In einem ersten Schritt müssen zunächst relevante finanzielle und nicht finanzielle Perspektiven bestimmt werden. In Anlehnung an Kaplan/Norton[54] kommen hier zum Beispiel eine finanzielle Perspektive, eine Kunden-/Marktperspektive, eine Prozessperspektive sowie eine Lern- und Entwicklungsperspektive in Betracht. In der finanziellen Perspektive soll das finanzielle Ergebnis, das von einer Strategie erwartet wird, festgelegt werden. Bezogen auf den Personalentwicklungsbereich sind dies häufig Kostenziele, die dort abgebildet werden. Im Rahmen eines Profitcenters sind hier durchaus auch Ertragsziele denkbar. Die Kunden-/Marktperspektive spiegelt die strategischen Ziele in Bezug auf die identifizierten Kunden und Marktsegmente des Personalentwicklungsbereiches wider. Unter der Prozessperspektive sollen die wesentlichen Ziele zur Prozessgestaltung im Hinblick auf die Erreichung der Strategie abgebildet werden. Die Lern- und Entwicklungsperspektive konzentriert sich hingegen in erster Linie auf die Sicherung und den Aufbau relevanten Wissens und der Mitarbeitermotivation.

*Festlegung geeigneter Perspektiven*

> **! Tipp**
>
> Bei der Entwicklung der Balanced Scorecard sind alle Verantwortlichen zu beteiligen.

---

54  Vgl. Kaplan, Norton (1997).

Im Weiteren sind nun strategische Ziele für den Personalentwicklungsbereich abzuleiten und den festgelegten Perspektiven zuzuordnen. Strategische Ziele sollten vornehmlich auf die Erreichung nachhaltiger Wettbewerbsvorteile ausgerichtet sein und überdurchschnittliche Anstrengungen erfordern. Die strategischen Ziele sind dann über alle Perspektiven hinweg in einen Ursache-Wirkungs-Zusammenhang zu bringen.

*Ableitung strategischer Ziele*

Zum einen lassen sich über eine solche „strategische Landkarte" implizite Annahmen über Wirkungszusammenhänge verdeutlichen und gegebenenfalls später auch verifizieren. Zum anderen können über ein solches Ursache-Wirkungs-System Inkonsistenzen im Personalentwicklungsbereich aufgedeckt werden, sodass das Zielsystem bereinigt werden kann.

*Erstellung einer „strategischen Landkarte"*

Abbildung 39

Anschließend müssen Messkriterien und Messgrößen für die jeweiligen strategischen Ziele definiert und geeignete Maßnahmen zur Zielerreichung entwickelt werden. Eine „Ausgewogenheit" entsteht dadurch, dass die strategischen Zielsetzungen in den unterschied-

*Messgrößen und Maßnahmen zuordnen*

lichen Perspektiven entsprechend ihrer zeitlichen Dimension und ihren vorhandenen Ressourcen gewichtet und in einem übersichtlichen Tableau dargestellt werden. Die einzelnen strategischen Zielsetzungen sind dann noch mit Verantwortlichen zu verknüpfen, und es sind realistische Termine zu vereinbaren.

**Abbildung 40**

### Balanced Scorecard Personalentwicklung

| | Strategische Ziele | Messgrößen | Maßnahmen |
|---|---|---|---|
| **Finanzen** | ■ Kosten für Administration deutlich niedriger als der Wettbewerb<br>■ Kosten für externe Seminare reduzieren | ■ Administrationskosten < 30 % der Gesamt-PE-Kosten<br>■ > 5 % Einsparungen zum Vorjahr bei gleichen Leistungen | ■ Automatisches Einbuchungssystem<br>■ Kooperationen aufbauen und Mengenvorteile nutzen |
| **Kunden/ Märkte** | ■ Führungsverhalten im Haus verbessern<br>■ Kundenservice erhöhen | ■ > 50 % der Führungskräfte haben ein 180-Grad-Feedback durchgeführt<br>■ Kundenzufriedenheitsindex > 2,0 | ■ Implementation des Systems im ganzen Unternehmen<br>■ Kundenbefragung, Hotline einrichten |
| **Interne Geschäftsprozesse** | ■ Anteil interner Referenten erhöhen<br>■ PE-Prozesse effizienter gestalten | ■ > 40 %: interne Referenten/Gesamtzahl der Referenten<br>■ 10 % weniger PE-Ausgaben | ■ Anreizsystem entwickeln<br>■ Train the Trainer<br>■ Prozessanalyse und -optimierung |
| **Lernen und Entwicklung** | ■ Beratungs-/Verhandlungskompetenz der Mitarbeiter im Bereich PE erhöhen<br>■ Weiterqualifizierung der Mitarbeiter in PE fördern | ■ > 80 % der Mitarbeiter sind entsprechend geschult<br>■ > 30 % der Mitarbeiter in PE haben Coaching-Ausbildung | ■ Beratungs- und Verhandlungstraining durchführen<br>■ Bedarfsanalyse, Ausbildung durchführen |

*Wertschöpfungsbeitrag der Personalentwicklung*

Der Vorteil einer Balanced Scorecard im Personalentwicklungsbereich ergibt sich aus der konsequenten Übersetzung unternehmensrelevanter Strategien auf die strategische Ausrichtung im Fortbildungsbereich. Somit wird der Beitrag des Personalentwicklungsbereichs zur Wertsteigerung im Unternehmen transparenter und besser nachvollziehbar. Der controllingorientierte Nutzen dieses Instrumentes wird insbesondere durch die Quantifizierung von Zielsetzungen und die hohe Aktionsrelevanz erzielt. Die Strategieumsetzung kann im Rahmen des Fortbildungscontrollings anhand der Messgrößen kontrolliert werden.

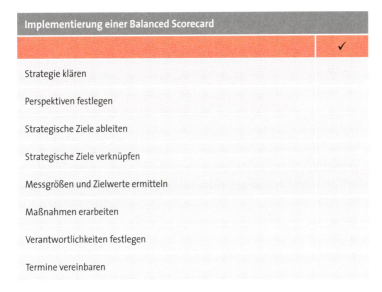

Checkliste 1

Ein weiterer Vorteil der Balanced Scorecard ergibt sich aus der gegebenen Transparenz strategischer Zielsetzungen für alle Mitarbeiter des Personalentwicklungsbereichs. Die strategische Ausrichtung und vereinbarte Prioritäten lassen sich so besser kommunizieren, und der strategische Bezug von Personalentwicklungsmaßnahmen bzw. -instrumenten wird konkretisiert und illustriert. Darüber hinaus können die Ziele der Balanced Scorecard dann auch mit den individuellen Zielvereinbarungen der Mitarbeiter verknüpft werden.

*Transparenz der Zielsetzungen*

Insgesamt gesehen bietet die Balanced Scorecard eine gute Möglichkeit zur Steuerung der Personalentwicklungsmaßnahmen in Unternehmen. Der Erfolg hängt jedoch im Wesentlichen von der individuellen Ausgestaltung des Instrumentes und der aktiven Unterstützung durch alle Betroffenen ab.

### 4.3.3 Prozesskostenrechnung in der Personalentwicklung[55]

*Mangelnde Kosten- und Leistungstransparenz*

Ein wesentlicher Kritikpunkt im Bereich der Personalentwicklung ist immer schon eine mangelnde Kosten- und Leistungstransparenz gewesen. Traditionelle Kostenrechnungssysteme weisen Mängel bei der Berücksichtigung von Gemeinkosten auf und berücksichtigen vor- und nachgelagerte Dienstleistungsbereiche zu wenig. Für ein Controlling der Leistungserstellung im Personalentwicklungsbereich sind diese Systeme somit wenig hilfreich. Unter diesen Gesichtspunkten versucht man nun zunehmend auf das Instrument der Prozesskostenrechnung zurückzugreifen, die auf der traditionellen Kostenrechnung aufbaut. Die Prozesskostenrechnung, als operatives Personalcontrollinginstrument, setzt den Fokus auf Wertschöpfungsketten mit vor allem repetitiven Tätigkeiten und gibt Aufschluss darüber, für welche Aktivitäten Kosten entstehen und wodurch die Kosten verursacht werden. Mit diesem System orientiert man sich also nicht mehr an Funktionsträgern, sondern Gegenstand der Betrachtung ist die eigentliche Aktivität zur Zielerreichung.

*Prozessanalyse*

Im Folgenden sollen die Prozesse im Rahmen der betrieblichen Fortbildung betrachtet werden. Im ersten Schritt sind alle fortbildungsrelevanten Geschäftsprozesse pro Kostenstelle – das heißt alle Vorgänge bzw. Aktivitäten, bei denen Produktionsfaktoren verbraucht werden – zu identifizieren und zu analysieren. Methodisch greift man dazu üblicherweise auf Aktivitätenerfassungsbögen oder auf Interviews (der Kostenstellenverantwortlichen) zurück. Gegenstand der Untersuchung sind immer

- *Inputgrößen* (wann bekomme ich was von wem in welcher Form auf welchem Weg und warum),
- *Prozessgrößen* (was wird wann in welcher Zeit auf welche Weise mit welchen Mitteln und warum bearbeitet) und
- *Outputgrößen* (was gebe ich wann in welcher Form auf welchem Wege an wen und warum weiter).

*Prozessoptimierung in der Fortbildung*

Das Resultat sind Teilprozesse, die dann kostenstellenübergreifend zu logisch zusammenhängenden Hauptprozessen zusammenge-

55   Siehe zur Prozesskostenrechnung auch Kapitel III.4.2.3.

fasst werden. Gerade solche Prozessanalysen liefern schon einen Mehrwert an sich und lassen sich selbstverständlich auch isoliert, ohne das weitere Prozedere der Prozesskostenrechnung, durchführen. Dabei werden unterschiedliche Mängel in der Tätigkeitsabfolge transparent: So lassen sich schnell Doppelarbeiten und Schnittstellenprobleme identifizieren. Auch werden Medienbrüche und unnötige Komplexität in den Arbeitsabläufen aufgezeigt. Man kann somit optimierte Soll-Prozesse für den Fortbildungsbereich definieren.

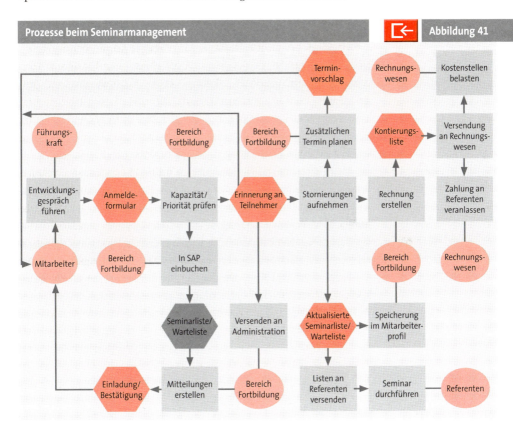

Abbildung 41: Prozesse beim Seminarmanagement

Die so definierten Hauptprozesse im Fortbildungsbereich sind Basis der weiteren prozessorientierten Kalkulation.

In der nächsten Phase sind dann für die einzelnen Aktivitäten des Hauptprozesses die sogenannten *Cost Drivers* zu ermitteln.

*Ermittlung von „Cost Drivers"*

Dabei sind die Teilprozesse daraufhin zu untersuchen, ob sie sich bei Erbringung der Leistung mengenvariabel verhalten oder generell mengenunabhängig anfallen. Im Rahmen des Hauptprozesses „Seminarmanagement" ist ein Beispiel für einen leistungsmengenneutralen Prozess die Aktivität „Versendung der Kontierungsliste an Rechnungswesen". Leistungsmengeninduzierte Kosten entstehen zum Beispiel für die Aktivitäten „Entwicklungsgespräch führen" und „in SAP einbuchen".

*Bestimmung von Planprozessmengen und Prozesskostensätzen*

Anschließend sind die jeweiligen Planprozessmengen zu bestimmen. Dies sind die erwarteten Häufigkeiten eines Vorgangs innerhalb eines definierten Zeitraums, zum Beispiel Anzahl der zukünftig in SAP einzubuchenden Anmeldungen. Hierin liegt für den Bereich Fortbildung ein erhöhter Planungs- bzw. Prognoseaufwand. Aufgrund des pro Tätigkeit ermittelten Zeitbedarfs lassen sich nun jedem Prozess die zukünftig anfallenden Kosten zuordnen – in der Regel Personalkosten, Sachkosten, Gemeinkosten – und kostenintensive Prozesse identifizieren. Nicht selten kann dies in der Praxis zu erheblichen Kostenschlüsselungen führen. Der Prozesskostensatz ergibt sich durch Division der jeweiligen Plankosten durch die entsprechenden Planprozessmengen. Bei leistungsmengenneutralen Tätigkeiten wird dies als Umlagesatz bezeichnet. Der Gesamtprozesskostensatz ist dann die Summe von Prozesskostensatz und Umlagesatz und definiert sich als durchschnittliche Kosten einer einmaligen Durchführung des (Teil-)Prozesses. Die Gesamtprozesskostensätze können schließlich in der Kalkulation bzw. in der internen Leistungsverrechnung Berücksichtigung finden.

**Checkliste 2**

| Stufen der Prozesskostenrechnung | |
|---|:---:|
|  | ✓ |
| Prozessanalyse durchführen |  |
| „Cost Drivers" ableiten |  |
| Planprozessmengen festlegen |  |
| Prozesskosten planen |  |
| Prozesskostensätze ermitteln |  |
| Gesamtprozesskostensatz (mit Umlagesatz) berechnen |  |

Hier zeigt sich dann auch die Schnittstelle zum *Target Costing,* das ohne Prozesskostenrechnung nicht denkbar ist. Die wesentliche Frage im Target Costing ist: Was darf eine Fortbildungsmaßnahme bzw. was dürfen einzelne Teilprozesse zur Bereitstellung einer Fortbildungsmaßnahme kosten? Aus dem Vergleich der Zielkosten mit den (Teil-)Prozesskosten ergibt sich der Reduktionsbedarf. Bei allen Zurechnungs- und Bewertungsproblemen haben Prozessanalyse und Target Costing zumindest den Vorteil, dass der Leistungserstellung im Fortbildungsbereich ein Wert zugeordnet wird und somit auch eine verursachungsgerechte Zurechnung gemäß der Inanspruchnahme durch die internen Kunden ermöglicht wird. Der „Added Value" solcher Instrumente liegt dann auch darin, dass der Versuch unternommen wird, Abläufe im Bereich Fortbildung zu optimieren und zu überprüfen, welche Prozesse eine Wertsteigerung beinhalten („Value Activities") und welche nicht.

*Target Costing bei Fortbildungsmaßnahmen*

# 5 Personalführung *(Volker Nürnberg)*

## 5.1 Definition und Aufgaben

Um die Personalführungsaktivitäten sinnvoll steuern zu können, muss klar sein, welche Aktivitäten sich dahinter verbergen. In der Teilfunktion „Personalführung" werden in der Regel alle Aufgaben zusammengefasst, die sich mit der zielorientierten Beeinflussung des Verhaltens von Mitarbeitern im Unternehmenskontext ergeben. Der Personalführungsbedarf entsteht durch die bei Mitarbeitern festzustellenden Optimierungsmöglichkeiten beim Kennen, Können und/oder Wollen. Zu den grundlegenden Personalführungsaktivitäten gehören *informieren, instruieren* und *motivieren*, denn

- ausreichende Informationen dienen dem Kennen,
- Instruktionen unterstützen das Können und
- Motivierung fördert das Wollen.[56]

Beim Controlling der Personalführung geht es folglich darum, konkret das Informieren, Instruieren und Motivieren einer informationsbasierten Analyse zu unterziehen, um Steuerungsmöglichkeiten im Sinne einer zielorientierten, kontinuierlichen Weiterentwicklung aufzeigen zu können.

In der faktororientierten Betrachtung geht es vor allem darum, festzustellen, ob und wie gut die individuell zu definierenden Ziele bezüglich des Informierens, Instruierens und Motivierens bei den Mitarbeitern und Führungskräften erreicht werden.

Nach den Gesichtspunkten der Prozessorientierung geht es um die Analyse und Steuerung der hierbei eingesetzten Personalinstrumente und -prozesse.

## 5.2 Faktororientiertes Controlling der Personalführung

Zur Verbesserung des Faktors „Personal" durch Instrumente der Personalführung – wie Information in verschiedenster Form und Mit-

*Zielformulierung in der Personalführung zur Kennzahlenbildung*

---

[56] Vgl. Schanz (2000).

arbeitergespräche – könnten zum Beispiel die folgenden Ziele grob formuliert werden, welche dann in einem zweiten Schritt mit „controllbaren" Kennzahlen unterlegt werden müssen:
- Die Mitarbeiter mögen ihre Arbeit.
- Die Mitarbeiter kennen die Ziele des Unternehmens und können hieraus eigene Ziele ableiten.
- Die Mitarbeiter haben regelmäßig Gespräche mit ihrem Vorgesetzten.
- Die Mitarbeiter fühlen sich gut informiert.
- Die Mitarbeiter übernehmen Verantwortung.
- Die Mitarbeiter kennen die Werte des Unternehmens (soweit vorhanden) und handeln danach.

*Überprüfung der Zielerreichung*

Zur Überprüfung der Zielerreichung bieten sich als Datenquelle *Mitarbeitergespräche* sowie *Mitarbeiterbefragungen* an, welche periodisch (regelmäßig) durchgeführt werden müssen. Kennzahlen dafür können wie folgt definiert werden:
- auf der Grundlage von Mitarbeitergesprächen (im Rahmen eines Performance-Appraisal-Prozesses):
  - Wie ist der Faktor „Führung durch den Vorgesetzten", dort wo relevant, pro Bereich im Durchschnitt bewertet worden? (Qualität)
  - Wie werden einzelne Unternehmenswerte (soweit definiert) vom Mitarbeiter gelebt (bewertet durch den Vorgesetzten)? (Qualität)
- aus Mitarbeiterbefragung (hier ist wichtig, dass die Ergebnisse unter Beachtung des Datenschutzes gemäß der Organisationsstruktur des Unternehmens differenziert und besonders gute und eher schlechte Ergebnisse gesondert betrachtet werden können, um gegebenenfalls Handlungsempfehlungen aus den Ergebnissen abzuleiten): Anteil der befragten Mitarbeiter, die
  - ihre Arbeit mögen (Menge)
  - die Ziele des Unternehmens kennen (Menge)
  - die Ziele ihres Bereiches kennen (Menge)
  - eigene Ziele schriftlich definiert haben (Menge)
  - sich gut informiert fühlen (Menge)

- Weitere Kennzahlen können sein:
  - ein „Motivations-/Commitment-Index" als zusammengefasstes Ergebnis der Mitarbeiterbefragung (Qualität)
  - der Prozentsatz von durch Krankheit ausgefallener Arbeitszeit im Verhältnis zur theoretischen Arbeitszeit (pro Bereich) (Zeit)
  - der Anteil von Arbeitnehmerkündigungen, bezogen auf die Beschäftigtenzahl (pro Bereich) (Menge)

## 5.3 Prozessorientiertes Controlling der Personalführung

Bei der prozessorientierten Betrachtung der Personalführung geht es, allgemein ausgedrückt, um die Beurteilung von Personalprozessen, die der Mitarbeiterführung dienen.

Ziele solcher Personalprozesse könnten sein:
- Informationen werden in geeigneten Kanälen und auf Plattformen zielorientiert weitergegeben.
- Es gibt auf möglichst vielen Ebenen Mitarbeitergespräche (und deren Ergebnisse werden kontinuierlich nachgehalten).
- Die Führungsqualität wird fortlaufend gemessen und verbessert.
- Es gibt auf möglichst vielen Ebenen ein Zielvereinbarungssystem, möglichst mit direktem Bezug zu einem variablen Vergütungsbestandteil.

Kennzahlen hierfür wären zum Beispiel:

*Prozessorientierte Kennzahlen*

### Menge
- Anzahl der eingesetzten Informationsplattformen (zum Beispiel persönliche Begegnung der Geschäftsführung mit allen Mitarbeitern, Treffen der mittleren Führungsebene, Treffen von fachlichen „Peer-Gruppen", Ad-hoc-Nachrichten der Geschäftsführung, Mitarbeiterzeitung usw.)
- Anzahl der Mitarbeiter, bei denen es kontinuierlich und strukturiert geführte Mitarbeitergespräche gibt
- Anteil derjenigen Mitarbeiter, für die eine schriftlich fixierte Zielvereinbarung vorliegt

- Zufriedenheit dieser Mitarbeiter mit dem Zielvereinbarungssystem

**Qualität**
- (Qualitative) Rückmeldung über die Mitarbeitergespräche aus einer Mitarbeiterbefragung
- Rückmeldung über Führungsqualität aus einer Mitarbeiterbefragung und aus den Mitarbeitergesprächen (als Durchschnitt)

Denkbar ist auch eine Bewertung der Führungsleistung durch externe Auditoren. Eine solche externe Bewertung wird beispielsweise durch das „Great Place to Work® Institute" in Zusammenarbeit mit dem Handelsblatt durchgeführt.[57]

## 5.4 Unternehmensbeispiel einer Baustofffirma

Bei der Niederlassung einer Baustofffirma wurden wichtige Kennzahlen (Key Performance Indicators – KPIs) zur Mitarbeiterführung im Rahmen der Einführung einer unternehmensweiten Balanced Scorecard im Jahr 2008 umgesetzt.

### 5.4.1 Der Personalbereich als Treiber der Strategieentwicklung

Falls das Unternehmen und die Personalarbeit sehr zukunftsorientiert sind, wird vor allem der Personalbereich damit beauftragt sein, einen Wandel im Unternehmen zu begleiten und als strategischer Partner die Organisation weiterzuentwickeln.[58] In einer solchen Situation liegen viele Chancen für den Personalbereich, den Wandel der Organisation so zu prägen, dass der (wertorientierte) Beitrag der Personalarbeit sichtbar und nachweisbar wird. Bei dem Unternehmen, über das hier berichtet wird, nutzte der Personalbereich eine schwierige Geschäftssituation mit umfangreichen Restrukturierungsmaßnahmen als Ausgangspunkt dafür, nach Abschluss dieser Maßnahmen das Feld für eine erfolgreiche Zukunft des Unterneh-

57 Siehe www.greatplacetowork.de (Stand: 21.01.2013).
58 Vgl. Ulrich (1997).

mens zu bestellen und die Organisation nutzbringend weiterzuentwickeln. Am Ende dieses Weges stand auch die Einführung einer unternehmensweiten Balanced Scorecard.

## 5.4.2 Ableitung von Zielen
Grundlage für die Ableitung von Zielen war zunächst eine Bestandsaufnahme der „Probleme" des Unternehmens, die im Jahr 2005 zu einem Verlust in zweistelliger Millionenhöhe führten. Diese Bestandsaufnahme wurde durch eine Befragung der Führungskräfte und die Zusammenführung und Gruppierung der Problemfelder in einem Klausurmeeting des Managementteams im Sommer 2005 durchgeführt.

Letztlich identifizierten die Führungskräfte und das Managementteam über hundert einzelne „Probleme", mehr als die Hälfte davon lag im Bereich der Kommunikation und Mitarbeiterführung.

Ausgehend von der langfristigen Gewinnerwartung des Eigentümers (20 % EBITDA) ließen sich aus der Projektion der Probleme in ihr Gegenteil Zielstellungen für die folgenden Ergebnisbereiche definieren: Fähigkeiten (der Organisation und der Mitarbeiter), finanzielle Ergebnisse, Prozessleistung, Marktbearbeitung und Kundenwahrnehmung.

Den „Rahmen" bildeten die folgenden sieben Unternehmenswerte, die vom Topmanagement der Muttergesellschaft 2004 festgelegt worden waren:
- Unternehmergeist
- Offenheit für Veränderungen
- Transparenz
- leistungsorientierte Denkweise
- Respekt und kontinuierliche Weiterentwicklung aller Mitarbeiter
- soziale Verantwortung
- Streben nach erstklassigen Resultaten

Dem Managementteam wurde sehr bald bewusst, dass zwar die Ziele von „oben" vorgegeben werden müssen, aber keine „Lösungen" vorgegeben werden können und sollen.

Ganz im Sinne der Unternehmenswerte sollten die Mitarbeiter beteiligt und jedem einzelnen Mitarbeiter Möglichkeiten bereitgestellt werden, damit die passenden Lösungen von „unten" transportiert werden konnten.

Hierzu wurden zunächst verschiedene Kommunikationsplattformen eingerichtet, und das in einem „Erweiterten Führungskreis" (EFK) organisierte mittlere Management arbeitete zahlreiche Probleme in Hinblick auf die Erreichung der Unternehmensziele ab.

| Kommunikationsplattformen im Unternehmen seit 2005: | |
| --- | --- |
| Info über neue Mitarbeiter/Mitarbeiterabgänge: | Personaljournal seit September 2005 |
| Treffen aller mittleren Führungskräfte: | Erweiterter Führungskreis (EFK) seit Herbst 2005 |
| Ad-hoc-Mitteilungen der Geschäftsführung: | „XY Direkt" seit Herbst 2005 |
| Mitarbeiterzeitschrift: | „XY Update" seit Frühjahr 2006 |
| Direktes Zusammentreffen der Geschäftsführung mit allen Mitarbeitern in allen Schichten: | „XY live" seit Frühjahr 2006 |

Im Frühjahr 2007 stellte sich bei einem weiteren Strategiemeeting des Managementteams heraus, dass von den vormals über hundert Problemen nur noch zehn bis zwanzig übrig geblieben waren. Das Unternehmen befand sich auf einem guten, vielleicht genau dem richtigen Weg. Die positive Unternehmensentwicklung spiegelte sich auch in den finanziellen Ergebnissen des Jahres 2006 wider, in dem erstmals wieder ein erklecklicher Gewinn an die Muttergesellschaft überwiesen werden konnte.

Dem Managementteam und den zwischenzeitlich eingebundenen Beratern von „Mercuri Urval"[59] wurde im Rahmen des vorgenannten Zusammentreffens aber auch sehr deutlich, dass neben der Fortführung der Kommunikationsplattformen die Feinjustierung der Verfolgung der Unternehmensziele erforderlich war, um die weiteren Aktionen im Unternehmen aufeinander abzustimmen.

Diese Erkenntnis führte zu der Entscheidung, eine unternehmensweite Balanced Scorecard (BSC) einzuführen. Die Einführung wurde durch den Personalbereich und die externen Berater von Mer-

59   www.mercuriurval.com (Stand: 21.01.2013).

curi Urval initiiert und vom kaufmännischen Bereich des Unternehmens in die Tat umgesetzt.

### 5.4.3 Einführung der Balanced Scorecard

Zunächst legte sich das Managementteam auf die folgenden fünf bereits genannten Ergebnisbereiche fest:
- Fähigkeiten (der Organisation und der Mitarbeiter)
- Finanzielle Ergebnisse
- Prozessleistung
- Marktbearbeitung
- Kundenwahrnehmung

Dann wurde in verschiedenen Kleingruppen eine Mindmap[60] der Einflussfaktoren auf die Ergebnisbereiche erstellt.[61] Abbildung 42 zeigt die nähere Aufgliederung des Ergebnisbereichs „Aufbau von Fähigkeiten".

Die Aufgliederungen wurden gruppiert (hier: „Werte", „Eigenschaften" und „Einstellungen") und für jede Gruppe anschließend *Key Success Factors (KSFs)* definiert.

Unter Key Success Factors (KSFs) werden im strategischen Management die Faktoren oder Aktivitäten verstanden, die den größten Einfluss auf den Erfolg einer Unternehmung haben. Was nun die kritischen Erfolgsfaktoren sind, wird vom Markt und von den Kunden bestimmt und nicht von der Unternehmung.

---

60  Vgl. Buzan, Buzan (2005).
61  Dazu wurde die kostenfreie Software „FreeMind" verwendet, die heruntergeladen werden kann unter: http://freemind.sourceforge.net/wiki/index.php/Main_Page (Stand: 15.01.2013).

**Abbildung 42** Mindmapping zu den Einflussfaktoren auf „Aufbau von Fähigkeiten"

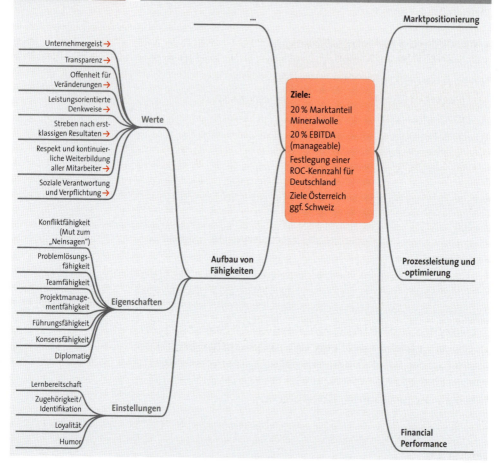

Das folgende Beispiel zeigt die für den Bereich der Werte identifizierten KSFs:

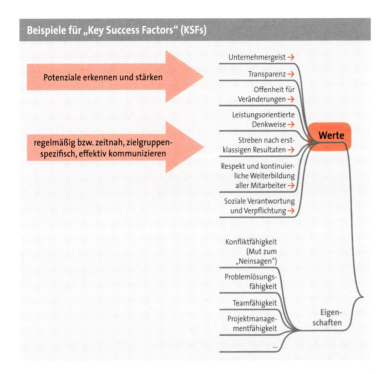

Abbildung 43

Um den Fortschritt der Unternehmensentwicklung in Hinblick auf die KSFs nun sichtbar zu machen, war es in einem weiteren Schritt notwendig, für jeden KSF einen *Key Performance Indicator (KPI)* zu bestimmen.

Mit *Key Performance Indicators (KPIs)* bezeichnet man in der Betriebswirtschaftslehre Kennzahlen, anhand deren man den Fortschritt oder den Erfüllungsgrad hinsichtlich wichtiger Zielsetzungen oder kritischer Erfolgsfaktoren innerhalb einer Organisation messen und/oder ermitteln kann.

In der nächsten Abbildung finden sich wiederum für die Gruppe der Werte die bestimmten KPIs:

**Beispiele für „Key Performance Indicators" (KPIs) zu den KSFs**

| KSF | KPI (Werte) |
|---|---|
| Anzahl besetzter Funktionen durch Führungskräfte | Unternehmergeist → Transparenz → Offenheit für Veränderungen → |
| Potenziale erkennen und stärken | |
| „Empfinden" der MA, wie Werte gelebt werden, gemessen durch MA-Befragung | Leistungsorientierte Denkweise → Streben nach erstklassigen Resultaten → |
| regelmäßig bzw. zeitnah, zielgruppenspezifisch, effektiv kommunizieren | Respekt und kontinuierliche Weiterbildung aller Mitarbeiter → |
| Zufriedenheit der MA mit Kommunikation, gemessen durch MA-Befragung | Soziale Verantwortung und Verpflichtung → |

Zusammenfassend ergeben sich die Definitionen von KSFs und KPIs für die Gruppen „Werte" und „Eigenschaften" innerhalb des Ergebnisbereiches „Aufbau von Fähigkeiten" wie folgt:

**Zusammenstellung der KSFs und KPIs für den Ergebnisbereich „Aufbau von Fähigkeiten"**

| Ziele | KSF | KPI |
|---|---|---|
| Die richtigen **Werte** werden gelebt | Potenziale erkennen und stärken | Anzahl intern besetzter Führungsfunktionen |
| | Messen, wie die Werte gelebt werden | „Empfinden" der MA, wie Werte gelebt werden, gemessen durch MA-Befragung |
| | Werte regelmäßig, zeitnah und zielgruppenspezifisch kommunizieren | Zufriedenheit der MA mit Kommunikation, gemessen durch MA-Befragung |
| Mitarbeiter bringen die notwendigen **Eigenschaften** mit | | Anteil der Stellen mit Stellenbeschreibung |
| | Die richtigen Eigenschaften für jede Aufgabe/Funktion festlegen | Durchschnittliche Anzahl von Tagen bis zur Besetzung einer offenen Stelle |
| | Bei Bedarf gute Mitarbeiter schnell beschaffen und einstellen | Durchschnittsbewertungen nach der Probezeit |
| | Ergebnisse des Performance-Assessments nutzen | Anzahl von PE-Maßnahmen aus den PA-Gesprächen |
| | Mitarbeiter zielorientiert schulen | Bewertung der durchgeführten Schulungen |

Bei den so gefundenen KPIs wurde im letzten Schritt eine Priorisierung vorgenommen, um diejenigen Kennzahlen zu identifizieren, welche gemäß der subjektiven Einschätzung des Managementteams den größten Einfluss auf den Erfolg des Unternehmens haben und am meisten durch das Management beeinflussbar sind, wie die nächste Abbildung zeigt:

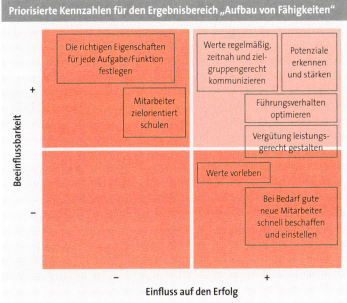

Abbildung 46

Die so ausgewählten priorisierten Kennzahlen für den Ergebnisbereich „Aufbau von Fähigkeiten" wurden dann in ein „Ursache-Wirkungs-Verhältnis" zu den anderen KPIs gesetzt, wie die nächste Abbildung veranschaulicht.

In der Folge war das Unternehmen damit beschäftigt, dieses Kennzahlensystem EDV-technisch im Unternehmen abzubilden. In einem weiteren Meeting wurde über die Prozesse der Einbettung der BSC in das Unternehmensumfeld und das Managementsystem im Detail entschieden.

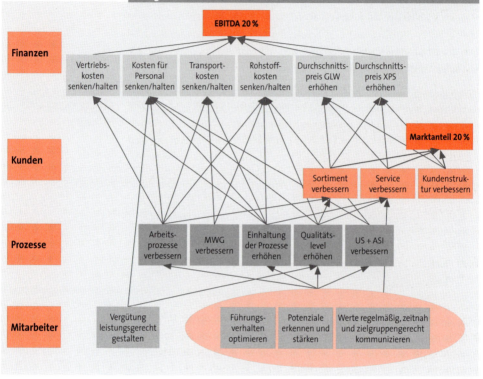

**Abbildung 47** Ursache-Wirkungs-Verhältnis der KPIs des Ergebnisbereichs „Aufbau von Fähigkeiten" zu den anderen KPIs des Unternehmens

# 6 Personalbetreuung *(Susanna Steinle)*

## 6.1 Definition und Aufgaben

Die Personalbetreuung ist die Summe aller Maßnahmen, die der administrativen Begleitung von Mitarbeitern während der unterschiedlichen Phasen ihrer Erwerbstätigkeit im Unternehmen dienen.

In der Regel werden beim Personalcontrolling im Rahmen der Personalbetreuung alle administrativen Tätigkeiten des Personalwesens vom Zeitpunkt des Eintritts eines Mitarbeiters bis zu dessen Austritt betrachtet. In den meisten Unternehmen lässt sich die Personalbetreuung in folgende Hauptaktivitätsgruppen gliedern:

*Gegenstand Personalbetreuung*

- Verwaltungsdienstleistungen
- Service- und Beratungsdienstleistungen
- Entgeltabrechnung und Zeitwirtschaft

## 6.2 Faktororientiertes Controlling der Personalbetreuung

Faktororientierung im Rahmen der Personalbetreuung setzt den Schwerpunkt auf die Kostensenkung bzw. Vermeidung von Kostensteigerungen und die Pflege und Administration des Humanvermögens zur Optimierung des Faktors Personal. Die Aufgabe des Personalcontrollings ist es, die Personalbetreuung bei der Messung und Auswertung im Hinblick auf Menge, Zeit, Kosten und Qualität zu beraten, aktiv zu unterstützen und Maßnahmen zu empfehlen.

**Menge**

*Faktororientierte Kennzahlen*

- Anzahl Mitarbeiter/FTE
- Planstellenbesetzungsquote (Ist zu Soll)
- Belegschaftsstruktur

**Zeit**

- Anzahl der Arbeitszeitmodelle
- Betriebszugehörigkeit

- Verweildauer in Lohn- und Gehaltsgruppen/Beförderungspolitik/Verweildauer auf einer Stelle/Fluktuation

**Kosten**
- Lohn- und Gehaltsstruktur (unter anderem Anteil variabler Vergütung)
- Sozialleistungen (gesetzlich und betrieblich)

**Qualität**
- Index Mitarbeiterzufriedenheit
- Index Vorgesetztenzufriedenheit
- Quote durchgeführte Mitarbeitergespräche

## 6.3 Prozessorientiertes Controlling der Personalbetreuung

Prozessorientiertes Controlling der Personalbetreuung hat die effiziente Umsetzung der Kundenanforderungen an die Personalbetreuung zur Optimierung der Personalarbeit im Blick. Dies fängt mit der Schaffung von Kosten- und Leistungstransparenz an. Durch die Definition von Prozessen in der Personalbetreuung (Einstellung, Versetzung, Beratung von Mitarbeitern und Vorgesetzten, Entgeltabrechnung, Zeiterfassung, Austritte, Verwaltung, Sozialleistungen und anderen) und der Berechnung der entsprechenden Prozesskosten wird die Verhandlungsbasis mit dem internen Kunden des Personalmanagements geschaffen. Eingehende Analysen dieser Prozesse (Häufigkeit, Kapazitätsbindung, Kundenfokus) können Ansätze zur Prozessoptimierung und dadurch zur Steigerung von Effektivität und Effizienz liefern.

*Prozessorientierte Kennzahlen*

**Menge**

Die Mengengerüste hängen von den definierten Prozessen im Bereich der Personalbetreuung ab. Beispiele hierfür sind:
- Anzahl Eintritte
- Anzahl Versetzungen
- Anzahl Beförderungen

- Anzahl Sonderzahlungen
- Anzahl Mitarbeiterbeurteilungen
- Anzahl Entgeltabrechnungen
- Anzahl Karriereberatungen
- Anzahl Zeugnisse, Bescheinigungen für Sozialversicherungsträger usw.
- Betreuungsgröße (Anzahl betreuter Mitarbeiter je Personal-FTE)

## Zeit

Je genauer die Zuordnung des Zeitaufwandes zu den jeweiligen Prozessen ist, desto genauer werden die zu ermittelnden Prozesskosten. Wer keine Zeitmessung durchführen möchte, muss sich unter Umständen auf ungenaue Schätzungen verlassen und läuft Gefahr, die insgesamt verfügbare Arbeitskapazität (Sollstunden plus Mehrarbeit abzüglich Fehlstunden) in der Addition aller Prozesskapazitäten weit zu verfehlen. Parallel zum Mengengerüst ergeben sich die Zeitaufwände in Form von Kapazitäten der Mitarbeiter mit Personalbetreuungsaufgaben:

- Anzahl FTE für Eintrittsprozess
- Anzahl FTE für Beförderungen
- Anzahl FTE für Zeugniserstellung, Bescheinigungen für Sozialversicherungsträger und anderes
- Anzahl FTE für Vorgesetztenberatung
- durchschnittliche Vakanzzeit
- durchschnittliche Verteilzeit

## Kosten

- Die Preisbildung erfolgt über die Zuordnung der Kosten zu den Prozesskapazitäten.

## Qualität

- Index „Erfüllung Kundenerwartungen"

## 6.4 Unternehmensbeispiele

### 6.4.1 Transparente Kosten der Personalbetreuung

Um dem Wunsch der Divisionen nach Transparenz in den Personalbetreuungskosten nachzukommen, hatte sich die Personalleitung entschlossen, diese in den Kostenstellen auszuweisen. Im Rahmen einer Prozesskostenrechnung wurden Hauptprozesse definiert und bepreist. Diese Leistungen wurden in einem Dienstleistungskatalog beschrieben und mit den entsprechenden Preisen je Mitarbeiter ausgewiesen. Da es bei einzelnen Prozessen erhebliche Unterschiede im Betreuungsaufwand für Tarif- und außertarifliche Mitarbeiter gab, wurden in diesen Fällen auch die jeweils unterschiedlichen Kosten verrechnet. In Zusammenarbeit mit Finance-Controlling wurden die Hauptprozesse und deren Verrechnung in die personalführenden Kostenstellen in SAP FI/CO abgebildet. Jeder Kostenstellenverantwortliche bekam von diesem Zeitpunkt an die in der Personalabteilung angefallenen und weiterbelasteten Kosten in Hauptkategorien aufgeschlüsselt dargestellt. Zu den Prozessen der Personalbetreuung gehörten:

- Entgeltabrechnung inklusive Zeitwirtschaft
- Grundsatzfragen Personalpolitik und -strategie
- Mitarbeiterbetreuung und -beratung
- Vorgesetztenbetreuung und -beratung

Daneben wurden die Kosten für Restrukturierungen, Ausbildung, soziale Dienste, Fortbildung, Betriebsrat und anderes in den Kostenstellen abgebildet.

Im Rahmen der Kurzfristplanung wurden die Preise in Abhängigkeit von den erwarteten Schwerpunkten für die Folgeperiode kalkuliert. Wenn es in der laufenden Verrechnung zu einer Über- oder Unterdeckung in den einzelnen Prozessen kam, wurden mögliche Ursachen geprüft, und gegebenenfalls wurde die Verrechnung angepasst.

### 6.4.2 Personalbetreuung mit Benchmarking optimal gestalten
*(Jörg Sasse)*

Aus der Beratungstätigkeit der DGFP mbH stammt folgendes Beispiel. Beratungsanlass waren anstehende Veränderungen in den

HR-Funktionen: Das Unternehmen ist ein mittelständisches Familienunternehmen mit einer Holdingstruktur (im Folgenden Tradition AG genannt) mit drei Tochterunternehmen und insgesamt 1.500 Mitarbeitern. In Kürze würden einige ältere Mitarbeiter des Personalbereichs in den Ruhestand gehen. Da dem Inhaber immer eine gute Betreuung der Mitarbeiter durch die Personalabteilung wichtig war, doch an Einsparungen gedacht wurde, sollte erhoben werden, wie die Betreuungsqualität gegebenenfalls auch mit weniger Mitarbeitern beibehalten werden konnte. Das bedeutete, dass sowohl Kennzahlen aus dem Bereich des faktororientierten Personalcontrollings als auch aus dem prozessorientierten Personalcontrolling erhoben und gegenübergestellt werden sollten.

Bei der Erhebung der Kennzahlen hatte die Tradition AG Wert darauf gelegt, branchenspezifische Vergleichszahlen heranzuziehen. Dies ergab sich aus der unterschiedlichen Ausrichtung der Tochtergesellschaften. Hier als Beispiel die Personalbetreuung:

| Betreuungsquote nach Branche | Luft- und Raumfahrtindustrie | Produzierendes Gewerbe | Maschinen- und Anlagenbau | Logistik |
|---|---|---|---|---|
| Tradition AG | 1/60 | 1/150 | 1/160 | 1/300 |
| DGFP-Benchmark | 1/185 | 1/228 | 1/160 | 1/682 |

Neben dem Prozess der Personalbetreuung wurden noch weitere Prozesse analysiert: Personalentwicklung, Personalabrechnung und Personalbeschaffung. In allen Prozessen ergab der Branchenvergleich, dass die Tradition AG in der Regel eine höhere Ausstattung als die anderen Unternehmen aufwies. Zur weiteren Analyse wollte man aber nicht nur die Prozessqualität weiter detaillieren, sondern auch die Anzahl der Standorte betrachten.

| Anzahl der betreuten Geschäftseinheiten | 1 | 2-5 | 6-10 | mehr als 10 |
|---|---|---|---|---|
| Tradition AG | | 80 | | |
| DGFP-Benchmark | 2.191 | 393 | 217 | 462 |

Auch diese Vergleichszahl ergab, dass die Tradition AG stark von den Vergleichsunternehmen abwich.

Eine weiter gehende Analyse, die die Kostenseite berücksichtigte, zeigte deutliche Unterschiede zwischen Industrie- und Dienstleistungsbereich: Während in der Industrie durchschnittlich 0,64 Prozent des Umsatzes als Gesamtaufwand für die HR-Abteilung anfallen, liegt der Wert in Dienstleistungsunternehmen bei durchschnittlich 0,73 Prozent.

So galt es nun zu überlegen, inwiefern die Prozesse neu definiert werden konnten, ohne die Betreuung der Mitarbeiter zu vernachlässigen. Alle prozessorientierten Kennzahlen wurden dem DGFP-Benchmarking „Personalmanagement-Quoten 2008" entnommen und waren eine wichtige Diskussionsgrundlage.[62]

Eine genaue Prozessanalyse führte zur Klärung der Schnittstellen und zeigte, dass in den Personalabteilungen teilweise Doppelleistungen erbracht wurden. Darüber hinaus wurden durch eine interne Kundenzufriedenheitsumfrage die Prozesse identifiziert, die die Mitarbeiter besonders als „Betreuung" empfanden. Dabei ergaben sich auch Prozesse, die nicht stark wahrgenommen wurden, wie die Personalabrechnung. Auf der Basis dieser Ergebnisse wurden die neuen Prozesse aufgesetzt.

Die Qualität der Prozesse wurde nach Projektende jährlich neu mithilfe des DGFP-Benchmarkings „Personalmanagement-Quoten 2008" erhoben.[63] So waren Kurskorrekturen schnell identifiziert und umgesetzt. Der Vorteil der Personalmanagement-Quoten liegt darin, dass sie auf anonymisierten Daten Hunderter Unternehmen basieren, praxiserprobt sind und Tendenzen und quantitative Orientierungshilfen liefern. Darüber hinaus werden alle erhobenen Informationen kommentiert, sodass Verwechslungen bzw. Fehlinterpretationen ausgeschlossen sind.

---

62 Vgl. DGFP mbH (2008b). Der Benchmark trägt heute den Titel „HR-Kapazitäten & Vergütung" und wurde inhaltlich umfassend überarbeitet.

63 Der Benchmark trägt heute den Titel „HR-Kapazitäten & Vergütung" und wurde inhaltlich umfassend überarbeitet.

Als Ergänzung hat die Tradition AG den DGFP-Benchmark „Personalwirtschaftliche Kennziffern"[64] herangezogen. Dies ist ein aktuelles, praxisorientiertes und wissenschaftlich fundiertes Kennzahlensystem, das branchen- und größenübergreifend die wichtigsten Personalmanagementfunktionen abbildet und insgesamt 261 Kennziffern aus den wichtigsten personalwirtschaftlichen Arbeitsfeldern zusammenfasst. Alle dargestellten Kennziffern werden entweder als Kopfzahl oder als Kapazitäten, in Prozent aller Arbeitnehmer, in Prozent der Jahressollarbeitszeit, in Tsd. EUR, in Prozent vom Umsatz bzw. je Teilnehmertag, abgebildet.[65]

---

64  Vgl. DGFP mbH (2008a). Der Benchmark trägt heute den Titel „HR-Kennzahlen & Steuerungsgrößen" und wurde inhaltlich umfassend überarbeitet.
65  Siehe Inhaltsverzeichnis mit der Übersicht über die Kennzahlen des DGFP-Reports „HR-Kennzahlen & Steuerungsgrößen", verfügbar über: www.dgfp.de/hr-kennzahlen2012 (Stand 13.02.2013).

# 7 Personalabbau *(Sascha Armutat)*

## 7.1 Definition und Aufgaben

Der Personalabbau umfasst alle Maßnahmen der strategischen aktiven Mitarbeiterreduzierung. So gesehen kommen vor allem die Personalabbauprozesse in den Blick, die sich aus unternehmensstrategischen Gesichtspunkten ergeben. Kündigungen aus individuellen Gründen sowie mitarbeiterinitiierte Kündigungen werden hier nicht weiter betrachtet.

Vorrangig geht es beim strategischen Personalabbau um die Optimierung des Personalkostenanteils an den Gesamtkosten des Unternehmens. Das kann veranlasst sein durch

*Anlässe für Personalabbau*

- interne Prozessoptimierung/Restrukturierungen oder durch Unternehmenszusammenschlüsse (strukturbedingter Personalabbau),
- externe Orientierungsgrößen wie zum Beispiel Benchmarks, die Produktivitätsdefizite offenlegen (effizienzorientierter Personalabbau),
- Wettbewerbsdruck und die Notwendigkeit, durch Reduzierung der Fixkosten wettbewerbsfähiger zu werden (konjunkturell bedingter Personalabbau).

Strategische Personalabbaumaßnahmen eröffnen allerdings nicht nur Kostenvorteile, sondern besitzen auch für den Personalbereich schwer zu kalkulierende Risiken, vor allem bezogen auf die Motivation der Mitarbeiterschaft. Darum muss es bei allen strategischen Personalabbaumaßnahmen auch um eine Minimierung der internen und externen Risiken gehen:

- Intern muss für den Abbau von Unsicherheit und die Reduzierung des Motivations- und Bindungsrisikos bei den Mitarbeitern gesorgt werden, weil sich daraus tendenziell negative Wirkungen auf Qualität und Effektivität ergeben können.
- Extern muss auf die Pflege der Arbeitgeberattraktivität insbesondere bei strategisch wichtigen Bewerberzielgruppen geachtet werden, um den notwendigen Zufluss an Humanressourcen dauerhaft sichern zu können.

*Aufgaben des Personalcontrollings beim Personalabbau*

Das Personalcontrolling trägt mit folgenden Aufgaben zur Unterstützung dieser Ziele bei:

- In der *Vorbereitungsphase* liefert es Informationen für die Unternehmensentscheidung, wie der Personalabbau realisiert werden soll. Verschiedene Möglichkeiten bieten sich dem Unternehmen:
  - Aufhebungsverträge
  - Sozialplan
  - Altersteilzeit
  - Frühpensionierung
  - Ausscheidensvereinbarungen
  - Outplacement (Umorientierung und Selbstständigkeit)
- In der *Planungsphase* unterstützt es die Konkretisierung des Abbauszenarios.
- In der *Durchführungsphase* flankiert es die Implementierung und Umsetzung des gewählten Abbauszenarios.
- In der *Evaluationsphase* trägt es mit Informationen zur Zielerreichung und zum Prozess des Abbaus zu einer abschließenden Beurteilung des Personalabbaus bei.

In diesen Phasen ergeben sich unterschiedliche faktor- und prozessorientierte Betrachtungen für das Personalcontrolling.

## 7.2 Faktororientiertes Controlling des Personalabbaus

Bei der *Vorbereitung* der strategischen Abbauentscheidung liefert das Personalcontrolling faktororientiert Informationen zu den einzelnen möglichen Abbauszenarien, unter anderem:

*Faktororientierte Kennzahlen*

- zur Anzahl der abzubauenden Mitarbeiter
- zur Personalkostenentwicklung angesichts prognostizierbarer Abfindungen etc.
- zu prognostizierbaren quantitativen und qualitativen Konsequenzen für den Personaleinsatz in den Kernprozessen

Ist das geeignete Abbauszenario definiert, geht es um die weitere *Konkretisierung*. Dazu werden faktororientiert die Mengen, Kosten und Qualitätsgrößen prognostiziert.

Beim *Vollzug* des Programms erhebt das Personalcontrolling faktororientiert fortlaufend die Anzahl der abgebauten Mitarbeiter sowie die dadurch verursachten zusätzlichen Personalkosten im Vergleich zu den vereinbarten Zielen.

Bei der *Evaluation* des Gesamtprogramms erarbeitet das Personalcontrolling für den abschließenden Projektbericht:
- die Anzahl der abgebauten Mitarbeiter im Verhältnis zum Abbauziel
- die Beschäftigungsstrukturdaten nach Abschluss des Abbauprozesses
- veränderte Produktivitätskennziffern nach Abschluss des Abbauprozesses
- die Personalkosten, die durch den Abbau verursacht worden sind
- ungewollte Fluktuation im Restrukturierungsprozess

## 7.3 Prozessorientiertes Controlling des Personalabbaus

Prozessorientiert begleitet das Personalcontrolling die Planung und Umsetzung der Personalabbaumaßnahmen mit Blick auf Prozesskennzahlen. Stehen beim faktororientierten Personalabbaucontrolling die Frage nach der Anzahl der abgebauten Mitarbeiter und die verursachten Personalkosten im Vordergrund, geht es nun um Fragen der Maßnahmeneffizienz sowie um die verursachten Personalprozesskosten.

Bei der *Planung* der grundsätzlichen Abbauszenarien ist in der prozessorientierten Sichtweise zu erörtern, welche Kosten für die Konzeption und die operative Umsetzung der Abbaumaßnahmen und des ganzen Abbauprojektes entstehen.

Diese Prozessbetrachtung ist bei der Konkretisierung des Abbauszenarios weiter zu vertiefen: In der *Implementierungsphase* muss das Personalcontrolling die erforderlichen Reportingprozesse aufstellen, um ein begleitendes Projektcontrolling realisieren zu können. Dazu sind unter anderem Berichtsprozesse aufzubauen, die Reporting-Inhalte zu definieren sowie die Sammlung, Aufbereitung und Präsentation der erforderlichen Informationen zu organisieren.

*Prozessorientierte Kennzahlen*

Beim *Vollzug* des Programms werden prozessorientiert Überlegungen zur Effizienz der einzelnen Abbaumaßnahmen angestellt. Kennzahlen, die in diesem Zusammenhang erhoben werden müssen, sind:

- Anzahl der abgebauten Mitarbeiter je Abbaumaßnahme
- Kosten pro abgebauten Mitarbeiter je Abbaumaßnahme
- Durchschnittszeiten für den Vollzug des individuellen Personalabbaus je Maßnahme
- Planerreichungsgrade

Diese Informationen werden im Rahmen der *Evaluation* des Gesamtprogramms verdichtet. Es kommt hier zu einer abschließenden Feststellung der Planerreichungsgrade in Bezug auf die Maßnahmeneffizienz nach den Gesichtspunkten Kosten, Zeit und Anzahl.

## 7.4 Unternehmensbeispiel zur Schließung eines Produktionswerks

Vorab einige Rahmendaten zum folgenden Unternehmensbeispiel: Die Schließung eines Produktionswerks in Nordrhein-Westfalen mit 90 Mitarbeitern erfolgte im Jahr 2005 innerhalb von 13 Tagen (zwischen Bekanntgabe der Schließung und Vereinbarung von Interessenausgleich und Sozialplan). Das Werk wurde innerhalb von drei Monaten nach der abschließenden Regelung durch die Vertragspartner dann auch „physisch" geschlossen.

### 7.4.1 Kommunikation

Wesentlich für den „Erfolg" der sozialverträglichen Schließung war ein unfangreiches Kommunikationskonzept, welches in einem sehr kleinen Kreis vor der Bekanntgabe der Schließung entwickelt und verabschiedet wurde. Die Vorgehensweise war hierbei wie folgt:

Es wurde ein kurzes Q&A (Questions & Answers)-Dokument erstellt, das allen Mitarbeitern überblicksartig Antworten auf die brennenden Fragen lieferte. In diesem Dokument wurden unter anderem folgende Themen angesprochen:

- Gründe für die Schließung
  - Marktentwicklung
  - Unternehmensoptimierung
- Darstellung von Alternativen zur Schließung und Gründe für die Entscheidung
- Kommunikationskonzept, in dem geregelt wurde, wer wann, unterstützt durch welche Medien, bestimmte Informationen an die jeweiligen Adressaten weitergeben sollte
- vorgesehener Zeitplan für die einzelnen Schritte der Schließung
- Hinweise zur (logistischen) Abwicklung der Schließung

Ein wesentlicher Erfolgsfaktor für die reibungsfreie Durchführung des Schließungsprozesses war die Präsenz der zuständigen Geschäftsführung vor Ort. Dadurch wurde den Mitarbeitern signalisiert, dass die Geschäftsführung die volle Verantwortung für den Prozess übernimmt und sich nicht scheut, auf Fragen und Befürchtungen der Mitarbeiter einzugehen.

Gute Erfahrungen wurden auch mit der Einbindung aller relevanten Partner durch Einladung zu Diskussionsrunden und durch Berücksichtigung im Kommunikationsprozess gesammelt. Zu den Betroffenen, die zu Beteiligten gemacht wurden, gehörten:

- Mitarbeiter des betroffenen Standorts (aktive und inaktive)
- alle anderen Mitarbeiter
- Geschäftsführung und alle Führungskräfte
- ggf. Zentrale/Muttergesellschaft
- Betriebsrat vor Ort (§§ 102, 111 ff. BetrVG)
- ggf. Gesamt-/Konzernbetriebsrat
- Wirtschaftsausschuss (§ 106 BetrVG)
- Gewerkschaft
- Agentur für Arbeit (§§ 17, 18 KSchG)
- Kunden des Unternehmens, insbesondere dieses Standortes
- Lieferanten des Unternehmens, insbesondere dieses Standortes
- Bürgermeister/-in
- Betriebsstättenfinanzamt (ggf. Gewerbeabmeldung)
- Pressevertreter

Wichtig war, in dem Kommunikationsprozess eine offene Kommunikation über verschiedene Gestaltungsmöglichkeiten des Personalabbaus zu führen. Die Optionen, die dabei erwogen wurden, waren:

- Flexibilisierung des Zeitpunkts der Schließung bzw. längere Kündigungsfristen
- Komponenten des Sozialplanes
- Versetzungsmöglichkeiten
- Gründung einer Transfergesellschaft (§§ 110 und 111 SGB III)

Wie auch in anderen umfassenden Restrukturierungsprojekten hat sich die frühzeitige Information und Einbindung von Leistungsträgern bzw. Mitarbeitern, welche im Unternehmen verbleiben sollten, positiv auf das Gelingen ausgewirkt. Diese Mitarbeiter konnten gemäß § 1 Abs. 3 KSchG aus der Sozialauswahl herausgenommen werden.

### 7.4.2 Elemente des Interessenausgleichs

§ 111 BetrVG definiert, was eine Betriebsänderung ist, die die Unternehmensleitung dazu zwingt, den Betriebsrat umfassend darüber zu informieren und die Betriebsänderung mit dem Betriebsrat zu beraten. Im Ergebnis kommt es zu einem Interessenausgleich und Sozialplan.

Der Interessenausgleich des oben beschriebenen Praxisbeispiels wurde vertraglich folgendermaßen aufgebaut:

- Vertragspartner (üblicherweise Geschäftsführung und zuständiger Betriebsrat)
- Präambel
    - Gründe für die Betriebs-(Abteilungs-)Schließung
    - Prinzipien der sozialen Kompensation für die betroffenen Mitarbeiter
- Geltungsbereich
    - räumlich
    - persönlich
- Zielsetzung der unternehmerischen Maßnahme
- Umfang der unternehmerischen Maßnahme

- Zeitplan der Schließung
- betroffene Mitarbeiter (ggf. Namenliste)
■ Personelle Konsequenzen
    - Prinzipien (z. B. Vorrang der Versetzung)
    - Einigung über die Vorgehensweise bei einzelnen Mitarbeitern, z. B. solchen, die unter allen Umständen im Unternehmen verbleiben sollen
    - Bezugnahme auf den Sozialplan bezüglich der Kompensation für den Verlust des sozialen Besitzstandes bei unausweichlicher Kündigung
■ Bezugnahme auf besondere Kündigungsschutzrechte
    - §§ 85–92 SGB IX (schwerbehinderte Arbeitnehmer)
    - § 15 KSchG (u. a. von Mitgliedern des Betriebs- und Personalrats)
    - § 9 MuSchG (werdende Mütter)
    - § 18 BErzGG (Mitarbeiter während der Inanspruchnahme des Erziehungsurlaubs)
■ Mitbestimmungsrechte des Betriebsrates (§§ 99, 102, 111–112 BetrVG; § 17 KSchG)
■ Bezugnahme auf den Sozialplan
■ Sonstiges (salvatorische Klausel, sonstige Bestimmungen)

### 7.4.3 Elemente des Sozialplans

Der Sozialplan enthielt Aussagen zu den folgenden notwendigen Bestandteilen:
■ Bezug auf § 112 BetrVG
■ Geltungsbereich
    - räumlich
    - persönlich
    - § Klärung, welche Mitarbeiter ggf. keinen Anspruch auf Leistungen aus diesem Sozialplan haben
■ Prinzipien
■ Versetzungsleistungen
■ Abfindungsleistungen (für den Verlust des sozialen Besitzstandes)
    - Bezug auf Betriebszugehörigkeit und Monatsgehalt
    - ggf. Klärung, wie ein „Monatsgehalt" definiert ist

- ggf. Sonderbehandlung von einzelnen Mitarbeitergruppen (z. B. Mitarbeiter mit vielen Kindern, Mitarbeiter über einem bestimmten Alter, behinderte Mitarbeiter, Auszubildende …)
- Erklärung, dass die Mitwirkungsrechte des Betriebsrats hinreichend und abschließend gewürdigt wurden
- Regelung bei „Streitigkeiten"
- ggf. Einrichtung eines „Härtefonds" für besondere Benachteiligungen; dieser „Härtefonds" sollte paritätisch von den Vertragsparteien besetzt sein
- Inkrafttreten und Gültigkeit
- sonstige Klauseln

# 8 Kosten des Personals und der Personalarbeit *(Dieter Gerlach)*

## 8.1 Definitionen und Grundlagen

Nach Henselek gilt: Ziel des Personalcontrollings im Rahmen der Betrachtung der Kosten des Personals und der Kosten der Personalarbeit ist die unternehmensspezifische Kostenoptimierung.

„Der Einsatz dispositiver und objektgebundener menschlicher Arbeitsleistung in Unternehmen (…) verursacht aus Sicht des internen Rechnungswesens Personalkosten und aus Sicht des externen Rechnungswesens Personalaufwand"[66] – als negative Erfolgsbeiträge des Personals. Der Personalaufwand gliedert sich in:

- Löhne und Gehälter
- soziale Abgaben
- Aufwendungen für Altersversorgung (Zuführungen zu den Rückstellungen, Zinsanteil für bereits gebildete Pensionsrückstellungen, Zahlungen an andere Versorgungsträger, Aufwendungen für Unterstützung)

Die Personalkosten gliedern sich in:

- Entgelt (Lohn, Gehalt – TA [Tarifangestellte], Gehalt – AT [außertarifliche Angestellte], sonstiges Gehalt)
- Personalnebenkosten
  - aufgrund von Tarif und Gesetz (Arbeitgeberbeiträge zur Sozialversicherung, Tarifurlaub, bezahlte Ausfallzeiten, Schwerbehinderung, werksärztlicher Dienst etc.)
  - aufgrund freiwilliger Leistungen (Kantinen, Wohnungsbeihilfen, Fahrtkosten, Betriebskrankenkasse, betriebliche Altersversorgung, Versicherungen etc.)[67]

*Bestandteile der Personalkosten*

Im betrieblichen Alltag werden durchaus andere Begrifflichkeiten genutzt, darüber hinaus aber auch indirekte Personalkosten (personalinduzierte Sachkosten) berücksichtigt.

---

66  Henselek (2004), Sp. 1554.
67  Vgl. Henselek (2004).

*Controlling der Personalkosten*

In der *faktororientierten* Sichtweise versteht man unter Controlling der Personalkosten die Entwicklung von Maßnahmen, mit deren Hilfe Transparenz über Kostenstrukturen und -entwicklungen des Faktors Personal geschaffen wird, sodass hierdurch Steuerungsempfehlungen für das Management aufgezeigt werden können. Zu den faktororientierten Personalkosten zählen unter anderem:

- das Grundgehalt
- variable Zahlungen (Bonus, Tantieme, Leistungslohn, Prämien, Provisionen)
- Beteiligungsmodelle
- Sonderzahlungen/Leistungsbonus
- Alterversorgungsbezüge/*Deferred Compensation*
- Nebenleistungen (Kfz-Regelung, Darlehen, Essenmarken)
- Zulagen/Zuschläge (Leistungs-, Markt-, Sonderzulagen)
- Nachwuchskosten
- Abfindungen
- individuelle Gehaltsmaßnahmen
- Mehrarbeit
- personalinduzierte Sachkosten (Personalanzeigen, Headhuntingkosten, Qualifizierungskosten, Leasingkräfte etc.)

*Controlling der Personalarbeit*

In einer *prozessorientierten* Betrachtungsweise versteht man darunter das Controlling der Kosten der Personalarbeit und die Entwicklung von Maßnahmen, mit deren Hilfe Transparenz in den Kostenstrukturen und -entwicklungen des Personalmanagements geschaffen wird, sodass auf dieser Basis Steuerungsempfehlungen für das Management aufgezeigt werden können.

*Primär- und Sekundärkosten*

Die Kosten der Personalarbeit lassen sich in Primär- und Sekundärkosten einteilen. Primärkosten sind einerseits die Personalkosten des Personalbereichs. Sie entsprechen einer mitarbeitergruppenspezifischen Teilmenge der faktororientierten Personalkosten. Andererseits umfassen die Primärkosten auch die Personalprozesskosten für alle Personalprozesse des Unternehmens. Die Sekundärkosten setzen sich aus Miete, IT-Kosten und sonstigen prozessungebundenen Sachkosten zusammen.

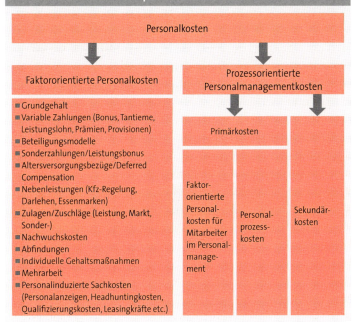

 **Abbildung 48** Personalkosten in faktor- und prozessorientierter Sicht

## 8.2 Faktororientiertes Controlling der Personalkosten

Im Rahmen des faktororientierten Personalkostencontrollings spielen eine Reihe von Kennzahlen eine wichtige Rolle. Zum einen werden Kennzahlen genutzt, die die Personalkosten eines Unternehmens abbilden. Die Personalkosten beinhalten neben dem Gehalt auch sonstige Zulagen, variable Zahlungen, Lohnnebenkosten und die Sozialabgaben des Arbeitgebers.

Die Personalkosten lassen sich als absolute Zahl ausdrücken, die alle Mitarbeiterkosten für ein bestimmtes Objekt zusammenfasst. Aussagekräftig sind häufig auch Beziehungskennzahlen wie die *durchschnittlichen Personalkosten pro FTE*.

Rechenbeispiel:
Summe Personalkosten: 200.000.000 €
Summe FTE: 4.000
Berechnung: 200.000.000 € : 4.000 = 50.000 €

Diese Kennzahl lässt sich gut mit Unternehmen der eigenen Branche vergleichen.

Weiterhin ist es sinnvoll, die *Personalintensität* zu berechnen. Sie gibt Aufschluss über die Wirtschaftlichkeit des Faktors Personal, indem sie die Personalkosten mit dem Umsatz des Unternehmens in Beziehung setzt. Es gilt bei der Interpretation der Grundsatz: Je niedriger die Kennzahl ist, umso rentabler wirtschaftet das Unternehmen mit den Personalkosten.

Rechenbeispiel:
Umsatz: 100.000.000 €
Personalkosten: 15.000.000 €
Berechnung: 15.000.000 : 100.000.000 x 100 = 15 %

Bei dieser Kennzahl ist es insbesondere aufschlussreich, die Entwicklung im Zeitablauf genauer zu analysieren.

Neben den Größen für den Personalaufwand und die Personalintensität werden drittens *Gliederungskennzahlen* gebildet, die den Anteil der Personalkosten einer definierten Mitarbeitergruppe (F+E, Produktion, Führungskräfte etc.) an den gesamten Personalkosten verdeutlichen. Auch hier sind Vergleiche innerhalb der Branche sehr sinnvoll.

Rechenbeispiel:
Gesamtpersonalkosten: 15.000.000 €
Personalkosten Führungskräfte: 3.000.000 €
Berechnung: 3.000.000 : 15.000.000 x 100 = 20 %

*Analyse der Kostenstrukturen* Um eine tiefer gehende Analyse der Kostenstrukturen vorzunehmen, sollte zunächst die Bedeutung der Personalkosten an den Gesamtkosten eines Unternehmens herausgestellt werden. Je nach Branche bzw. Wirtschaftszweig ist von einem Anteil von 30 Prozent bis zu 70 Prozent der Gesamtkosten auszugehen. Allein diese Tatsache macht es erforderlich, eine solche Analyse vorzunehmen.

Im ersten Schritt müssen die Personalkosten dafür strukturiert werden. Bewährt hat sich die folgende Einteilung nach Hauptkostengruppen:

- *Entgelt:* Grundgehalt (Tarif), Grundgehalt (AT), Lohn, variable Vergütung (Tarif), variable Vergütung (AT)

- *Personalnebenkosten* (Personalzusatzkosten): Arbeitgeberbeiträge zur Sozialversicherung, Mehrarbeit, Tarifurlaub, bezahlte Ausfallzeiten, Arbeitssicherheit, sonstige Kosten (Abfindungen, Einmalzahlungen)
- *personalinduzierte Sachkosten* (indirekte Personalkosten): Headhuntingkosten, Personalmarketing, Essengeld, Betriebssport, Qualifizierungskosten, Leasingkräfte

Die prozentuale Verteilung dieser drei Hauptgruppen ist unternehmensspezifisch geprägt. Laut den „Personalwirtschaftlichen Kennziffern 2008" der DGFP mbH sieht die Verteilung folgendermaßen aus:

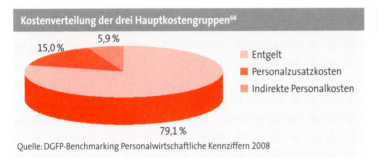

Abbildung 49

Wenn die Personalkosten diesen Hauptkostengruppen zugeordnet und in Form von übergeordneten Kennzahlen abgebildet sind, stellt sich im Weiteren die Frage, wie sich die faktororientierten Personalkosten beeinflussen lassen. Um einer zu großen Gestaltungseuphorie vorzubeugen: Der Anteil der unmittelbar beeinflussbaren Personalkosten ist eher gering!

Nach Erfahrungswerten aus der Wirtschaft (Dienstleistungsbereich) kann davon ausgegangen werden, dass lediglich ein Wert im einstelligen Prozentbereich ohne weiter gehende Eingriffe in betriebliche oder gar betriebsübergreifende Vereinbarungen variabel ist.[69]

---

68  Quelle: DGFP mbH (2008a).
69  Dem Autor sind Zahlen zwischen fünf und sieben Prozent bekannt. Quelle: Sonderauflage für TMP Communication & Services GmbH von cometis AG, Unter den Eichen 7, 65195 Wiesbaden.

Über 90 Prozent der faktororientierten Personalkosten sind also als relativ fixe Größe zu betrachten, die nur durch massive strukturelle Veränderungen beeinflusst werden kann. Die Frage für den an der Optimierung der faktororientierten Personalkosten arbeitenden Praktiker lautet also, unter welchen Bedingungen und mit welchen Risiken ein größerer Eingriff vorgenommen werden kann.

Zu den wesentlichen Aufgaben des Personalkostencontrollings gehört es, den rechtlichen Regelungsrahmen im Blick zu behalten und Chancen und Risiken der Eingriffe in das Personalkostensystem mit Informationen bewertbar zu machen.

Grundsätzlich gilt:

- Führungskräfte können variable Kosten ihrer unterstellten Mitarbeiter im Rahmen der tariflichen und betrieblichen Regelungen beeinflussen. Personalmanager können hier durch die Gestaltung des Vergütungssystems Einfluss nehmen.
- Das Unternehmen als Arbeitgeber bzw. die Tarifgemeinschaft kann über die Änderung von Betriebsvereinbarungen und tarifliche Regelungen Einfluss auf die Personalkostenstrukturen nehmen. Personalmanager können durch Aktivitäten in der Tarifgemeinschaft Impulse im Sinne ihres Unternehmens geben.
- Der Gesetzgeber kann durch Veränderung der arbeits- und sozialversicherungsrechtlichen Rahmenbedingungen (Sozialversicherungssätze, Beitragsbemessungsgrenzen, steuerrechtliche Veränderungen) Einfluss auf die Personalkostenstrukturen nehmen. Personalmanager können hier im Wesentlichen nur entsprechende Signale zum Vorteil ihres Unternehmens über die Verbände weiterleiten.

*Einflussmöglichkeiten bei variablen Personalkosten*

Trotz der Einschränkungen auf allen Ebenen ergeben sich Möglichkeiten der Einflussnahme eines Personalkostencontrollings, insbesondere bei den variablen Personalkostenbestandteilen. Zu den variablen Kosten zählen:

- individuelle Gehaltserhöhungen
- Mehrarbeitsaufwand
- Kapazitätsveränderungen (zusätzliches Personal)
- Abfindungen

- Altersteilzeitregelungen
- indirekte Personalkosten (Qualifizierungsaufwand, Headhuntingkosten, Marketingbudget, Leasingkräfte)

Die Beeinflussung dieser variablen Kosten lässt sich mithilfe entsprechender Kennzahlen durch das Personalcontrolling gut überwachen.

Ein Beispiel ist die *Überstundenquote:* Überstunden pro Vollzeitäquivalent. Hier wird die effektiv erfasste Arbeitszeit in Beziehung zur Sollarbeitszeit gesetzt. Bei einem positiven Saldo werden die Überstunden sichtbar.

Diese Kennzahl ist sinnvoll, weil sie zusätzliche Kostenbelastungen verdeutlicht und möglicherweise auf fehlende Kapazitäten hinweist.

```
Rechenbeispiel:
effektive Arbeitszeit:            100.000.000 Stunden
Sollarbeitszeit:                   90.000.000 Stunden
FTE:                                      50.000
Berechnung:           100 Mio. Std. – 90 Mio. Std. = 10 Mio. Std.
                      10.000.000 Std. : 50.000 FTE = 200 Std./FTE
```

Zu den bedingt steuerbaren Personalkosten zählen diejenigen Größen, die sich aus Betriebsvereinbarungen und Tarifverträgen ableiten lassen. Im Einzelnen sind das:

*Bedingt steuerbare Personalkosten*

- Grundgehälter (Tarifvertrag oder außertarifliche betriebsinterne Vereinbarung)
- variable Vergütungen (Tarifvertrag oder betriebsinterne Vereinbarung)
- Nachwuchskosten (Veränderung der Auszubildendenquote oder Übernahmequote, Veränderung der innerbetrieblichen Weiterentwicklung, Reduzierung der Mitarbeiter in Entwicklungsprogrammen)
- Altersversorgung (Kündigung oder Veränderung der bestehenden Systeme)

Weiterhin zählt zu den bedingt steuerbaren Größen die Veränderung der Anzahl der Mitarbeiter (Kapazitäten).

Eine exemplarische Kennzahl, mit der dieser Personalkostenbereich gesteuert werden kann, ist der *variable Vergütungsanteil in Prozent*.

Bei der Festlegung des variablen Vergütungsanteils sind sowohl die Interessen der Mitarbeiter als auch die der Aktionäre zu berücksichtigen.

| Rechenbeispiel: | |
|---|---:|
| Gesamtvergütung: | 100.000.000 € |
| Variable Vergütung: | 25.000.000 € |
| Berechnung: | 25.000.000 : 100.000.000 x 100 = 25 % |

*Kaum beeinflussbare Personalkostenbestandteile*

Zu den fixen Kosten, die sich wegen ihrer rechtlichen Fundierung einer Steuerung weitestgehend entziehen, gehören:
- Sozialversicherungssätze bzw. Beitragsbemessungsgrenzen (Krankenversicherung, Rentenversicherung, Arbeitslosenversicherung, Pflegeversicherung)
- Pensionsrückstellungen (zum Beispiel nach IAS/IFRS)
- steuerrechtliche Veränderungen (Lohnsteuer, Kirchensteuer, Solidaritätszuschlag, Berufsgenossenschaft)

Die nachfolgende Matrix stellt diese Überlegungen noch einmal zusammen und verdeutlicht, welche Einflusspotenziale bei den faktororientierten Personalkosten bestehen.

**Abbildung 50**

| Matrix Einflusspotenzial bei den Personalkosten | | | | | | |
|---|---|---|---|---|---|---|
| Kostenstruktur | Wer kann beeinflussen? | | | Maßnahme | Chance | Risiko |
| | Vorgesetzter | Betrieb | Gesetzgeber | | | |
| **betriebliche Vereinbarungen** | | | | | | |
| individuelle Gehaltserhöhungen | X | (X) | | Streichung | sofortige Wirkung | Demotivation, Engpassrisiko |
| Mehrarbeitsaufwand | X | (X) | | Reduzierung | sofortige Wirkung | Kapazitätsproblem, ggf. Kapazitätsaufstockung |
| Kapazitätsaufstockung | X | (X) | | Verzicht | sofortige Wirkung, Arbeitsverdichtung | Engpassrisiko, demografische Probleme |
| Abfindungen | X | (X) | | Reduzierung | sofortige Wirkung, wirtschaftliches Denken | Motivationsrisiko |

| Kostenstruktur | Wer kann beeinflussen? | | | Maßnahme | Chance | Risiko |
|---|---|---|---|---|---|---|
| | Vorgesetzter | Betrieb | Gesetzgeber | | | |
| Altersteilzeit | X | X | X | Streichung | demografische Chance | Motivationsrisiko |
| personalinduzierte Sachkosten (Qualifikation, Headhunting, Marketing, Learning) | X | (X) | | Reduzierung | sofortige Wirkung | Arbeitsmarkt, Engpassrisiko, Kapazitätsprobleme |
| freiwillige soziale Leistungen (Essensgeld, Betriebssport) | | X | | Streichung | sofortige Wirkung | Demotivation |
| **tarifliche Vereinbarung** | | | | | | |
| Grundgehälter – Tarif | | X | | Absenkung Arbeitszeitverlängerung | mittelfristige Auswirkung durch kostengünstige Gehälter | Austritt aus Tarifgemeinschaft, ggf. höherer Haustarif |
| Grundgehälter – AT | | X | | Absenkung Arbeitszeitverlängerung, Streichung der Erhöhungen | mittelfristige Auswirkung durch kostengünstige Gehälter | Kündigung AT-Vereinbarung, Demotivation, Engpassrisiko Leistungsträger |
| variable Vergütung – Tarif | | X | | Reduzierung | mittel- bis langfristige Wirkung durch niedrigere Gesamtvergütung | Austritt Tarifgemeinschaft, Demotivation |
| variable Vergütung – AT | | X | | Reduzierung | mittel- bis langfristige Wirkung durch niedrigere Gesamtvergütung | Kündigung AT-Vereinbarung, Demotivation, Engpassrisiko |
| Nachwuchskosten | | X | | Reduzierung | mittel- bis langfristige Wirkung | Kapazitätsprobleme, demografische Risiken |
| Altersversorgung | | X | | Umstrukturierung, Reduzierung | kostenvariablere Systeme | Kündigung bestehender Systeme, Betriebsfrieden Arbeitsmarkt, Demotivation |
| Kapazitätsabbau | (X) | X | | Erhöhung des Abbaus | Arbeitsverdichtung mittelfristige Wirkung | Kapazitätsengpässe, Mehrkosten durch Mehrarbeit, Zeitarbeitskräfte, Engpassrisiko |
| fixe Jahreseinmalzahlung | | X | | Umwandlung | variable Leistungsbezahlung | Demotivation |
| **gesetzliche Regelungen** | | | | | | |
| Sozialversicherungssätze sowie Beitragsbemessungsgrenze | | | X | Erhöhung | Mitwirkung und Beeinflussung durch Verbände | gesellschaftspolitische Auswirkungen |
| steuerliche Festlegungen | | | X | Erhöhung | Mitwirkung und Beeinflussung durch Verbände | gesellschaftspolitische Auswirkungen |
| Pensionsrückstellungen | | | X | steuerliche Gestaltung | | |

*Zentral: Rolle der Unternehmensleitung*

Zentral für die Beeinflussung der Personalkosten bleibt allerdings die Rolle der Unternehmensleitung. Sie kann bei folgenden Gelegenheiten Rahmenbedingungen setzen, die die Möglichkeit zur Flexibilisierung der Personalkosten bieten:
1. Planungsprozesse (Jahresplanung, Mittelfristplanung)
2. Tarifrunden/AT-Runden
3. Strukturveränderungen/Ad-hoc-Planungen

Das geschieht in den *Planungsprozessen* durch:
- Festlegung der Kapazitäten (über die Menge werden Löhne und Gehälter beeinflusst)
- Berechnung der Bonusrückstellungen (Beurteilung erfolgt auf der Basis der entsprechenden Modelle und der Geschäfts- und Marktdaten; Eingriffsmöglichkeiten sind nur durch Anpassung der Modelle möglich)
- Berechnung der Altersversorgungsrückstellungen (abhängig von der Art der Versorgung; Entscheidungsmöglichkeit über externe oder interne Verwendung)
- Planung der Nachwuchskosten (systematische Investitionen in junge Mitarbeiter als Alternative zum Einkauf teurer neuer Kräfte am Markt; strategische Entscheidung)
- Gehaltsmaßnahmen (Tarif- bzw. AT-Erhöhungen in regelmäßigen zeitlichen Abständen; individuelle Gehaltsmaßnahmen als leistungsorientierter Ansatz für motivierte Mitarbeiter)
- Abfindungen (auf der Basis von Sozialplänen bzw. als Budget für eventuelle Ad-hoc-Maßnahmen)
- Mehrarbeit (potenzieller zeitlich befristeter Aufwand als Alternative für den dauerhaften Aufbau weiterer neuer Planstellen)
- Berücksichtigung gesetzlicher Beschlüsse (neuer Aufwand durch Veränderung der Sozialversicherungssätze bzw. der Beitragsbemessungsgrenze)
- personalinduzierte Sachkosten (Aufwand für zum Beispiel Qualifizierungsmaßnahmen, Headhunting, Leasingkräfte, Marketingaktionen wie zum Beispiel Personalanzeigen)

In den *Tarifrunden* kann die Unternehmensleitung – „gebrieft" durch das Personalcontrolling – Einfluss auf die Tarifverhandlungen nehmen. Das Personalcontrolling muss dazu Kostenkalkulationen für Entwicklungen in den jeweiligen Verhandlungsstadien bereitstellen (zum Beispiel, wie viel Aufwand Tarifsteigerungen von 0,5 Prozent für das jeweilige Unternehmen bedeuten). Die von der Unternehmensführung initiierten AT-Runden können durch das Personalcontrolling ähnlich vorbereitet werden und haben einen ähnlichen Effekt auf die Personalkosten des Unternehmens.

Das letzte Mittel der Personalkostenreduzierung sind *Veränderungen der Organisation* und Restrukturierungsmaßnahmen. Diese Maßnahmen gehen oft einher mit Abbaubeschlüssen, die das Personalcontrolling durch Berechnung der unterschiedlichen Maßnahmen aufgrund von Beschlüssen zu Sozialplänen, Altersteilzeit, Vorruhestand, Abfindungen etc. unterstützt. Bei der Umsetzung derartiger Restrukturierungen werden auch weitere Fragen behandelt:[70]

- Outsourcingmaßnahmen (Berechnungen bezüglich der Besitzstandswahrung nach § 613a BGB; Kalkulation hinsichtlich der Bezahlung, unabhängig von bisherigen Tarifen)
- Verlagerungen ins Ausland (Analyse der Personalbeschaffungskosten für die gesuchten Qualifikationen und der entsprechenden Personalkosten vor Ort; Berechnung eines möglicherweise anfallenden Sozialplanes)
- Strukturveränderungen (Kalkulation der Kosten hinsichtlich der Wertigkeit der neuen Stellen, gegebenenfalls zusätzlicher Qualifizierungskosten, Sozialplanmaßnahmen und Weiterentwicklungsmaßnahmen)

## 8.3 Prozessorientiertes Controlling der Kosten der Personalarbeit

Auch beim prozessorientierten Controlling der Personalarbeitskosten spielen Kennzahlen eine wichtige Rolle. Standardmäßig werden

70  Siehe auch Kapitel II.7 Personalabbau.

hier die *Personalarbeitskosten im Verhältnis zu den faktororientierten Personalkosten* ermittelt.

Diese Kennzahl ist insbesondere bei Branchenvergleichen, aber auch darüber hinaus wichtig. Sie stellt die Kosten der Personalarbeit in Relation zur Gesamtkostensicht.

| Rechenbeispiel: | |
|---|---:|
| Personalkosten: | 15.000.000 € |
| Kosten der Personalarbeit: | 225.000 € |
| Berechnung: | 225.000 : 15.000.000 x 100 = 1,5 % |

Zweitens wird häufig die Kennzahl *Personalarbeitskosten pro Mitarbeiter (Vollzeitäquivalent) im Personalbereich* ermittelt. Diese Quote ist sowohl im Branchenvergleich aussagekräftig als auch für den internen Vergleich zu anderen Stabsfunktionen geeignet. So verwendet zeigt sie den Stellenwert der Personalfunktion an.

| Rechenbeispiel: | |
|---|---:|
| Kosten der Personalarbeit: | 225.000 € |
| FTE im Personalbereich: | 4,0 |
| Berechnung: | 225.000 € : 4 = 56.250 € |

Auch die *Personalarbeitskosten im Verhältnis zur Anzahl der Mitarbeiter* bieten viele Interpretationsmöglichkeiten. Diese Kennzahl zeigt den finanziellen Aufwand pro Vollzeitäquivalent (FTE), der im Unternehmen für die Personalfunktionen aufgewandt wird. Insbesondere im Branchenvergleich gibt dies Aufschluss über die Effizienz der Personalfunktionen.

| Rechenbeispiel: | |
|---|---:|
| Kosten der Personalarbeit: | 2.250.000 € |
| FTE gesamt im Unternehmen: | 1.500 |
| Berechnung: | 2.250.000 € : 1.500 = 1.500 € |

*Analyse der Personalarbeitskosten*

Diese Kennzahlen sind die Voraussetzung für die detaillierte Analyse der Personalarbeitskosten. Die Wichtigkeit dieser Analysen ergibt sich nicht unbedingt aus der Größenordnung des Budgets für die Personalarbeit – Benchmarks zeigen, dass das Verhältnis von Personalaufwand für die Personalabteilung zu Personalaufwand des Unternehmens bei ca. 1–2 Prozent liegt –, sondern aus der Sensibilität des Unternehmens gegenüber den Kosten der Stabsbereiche.

Die Struktur der Personalarbeitskosten ist die gleiche wie die der Personalkosten: Auch hier gibt es Entgelt (Löhne und Gehälter nach Tarif, außertariflich, fix, variabel), Personalzusatzkosten (gesetzlich, tariflich, betrieblich), indirekte Personalkosten oder personalinduzierte Sachkosten, und auch die prozentuale Verteilung dieser Kostengruppen ist identisch:

- Entgelt: 85 %
- Zusatzkosten: 10 %
- indirekte Personalkosten: 5 %

Hinsichtlich der Beeinflussung der Kosten stellt sich ebenfalls die Frage, wer wie unter welchen Rahmenbedingungen zu einer Veränderung beitragen kann. Auch hier kann das Personalcontrolling Chancen-Risiko-Betrachtungen durch entscheidungsrelevante Informationen unterstützen.

*Beeinflussungsmöglichkeit der Personalarbeitskosten*

Die steuerbaren, variablen Kosten der Personalarbeit gleichen den zuvor diskutierten. Auch hier sind – dieses Mal bezogen auf die Mitarbeiter im Personalbereich – individuelle Gehaltserhöhungen, Mehrarbeitsaufwand, Kapazitätsveränderungen, Abfindungen, Altersteilzeitregelungen sowie personalinduzierte Sachkosten (Qualifizierungsaufwand, Headhuntingkosten, Marketingbudget, Leasingkräfte) zu berücksichtigen.

Die bedingt steuerbaren Kosten sind tarifvertraglich oder betriebsintern vereinbarte Grundgehälter der Mitarbeiter im Personalmanagement, variable Vergütungskomponenten (die ebenfalls tarifvertraglich oder betriebsintern vereinbart sein können), Nachwuchskosten (Veränderung der Auszubildenden- oder Übernahmequote, Veränderung der innerbetrieblichen Weiterentwicklung, Reduzierung der Mitarbeiter in Entwicklungsprogrammen) und Kapazitäten im Personalbereich (Veränderung der Anzahl der Mitarbeiter).

Zu den fixen, nicht steuerbaren Kosten für den Personalbereich zählen Sozialversicherungssätze bzw. Beitragsbemessungsgrenzen (Krankenversicherung, Rentenversicherung, Arbeitslosenversicherung, Pflegeversicherung), Pensionsrückstellungen (zum Beispiel nach IAS) und steuerrechtliche Veränderungen (Lohnsteuer, Kirchensteuer, Solidaritätszuschlag, Berufsgenossenschaft).

In der nachfolgenden Matrix wird verdeutlicht, wie die Rahmenbedingungen verändert werden können.

**Abbildung 51**

| Kostenstruktur | Wer kann beeinflussen? | | | Maßnahme | Chance | Risiko |
|---|---|---|---|---|---|---|
| | Vorgesetzter | Betrieb | Gesetzgeber | | | |
| **Primärkosten** | | | | | | |
| (siehe Matrix Personalkosten in Abbildung 50) | | | | | | |
| **Personalprozesskosten** | | | | | | |
| Entgelt, Entwicklung, Eintritt, Austritt usw. | X | | | Reduzierung der Komplexität | kurz- und mittelfristige Wirkung | kein Risiko |
| **Sekundärkosten** | | | | | | |
| IT | X | | | Reduzierung | kurzfristige Wirkung | Verlust an Wettbewerbsfähigkeit |
| Miete und andere Sachkosten | X | | | Reduzierung | kurzfristige Wirkung | Image und Außenauftritt |

*Beeinflussung der Personalarbeitskosten*

Die Personalarbeitskosten werden in denselben Prozessen analysiert und beeinflusst wie die Personalkosten:
1. Im Rahmen der Planungsprozesse (Jahresplanung, Mittelfristplanung) können Kapazitäten und damit die Summe der Gehälter der Mitarbeiter im Personalbereich beeinflusst werden. Darüber hinaus können sich Planungsentscheidungen auf die Nachwuchskosten auswirken, indem zum Beispiel über systematische

Investitionen in junge Mitarbeiter im Personalmanagement Alternativen zum Einkauf teurer neuer Kräfte am Markt geschaffen werden. Auch Gehaltsmaßnahmen (Tarif- bzw. AT-Erhöhungen in regelmäßigen zeitlichen Abständen, individuelle Gehaltsmaßnahmen als leistungsorientierter Ansatz für motivierte Mitarbeiter) können das Resultat von Planungsprozessen sein.
2. Bei Tarifrunden bzw. AT-Runden können ebenfalls gezielt Maßnahmen initiiert werden, durch die Kosteneinsparungen bei diesen Mitarbeitergruppen realisiert werden können. Die hier anfallenden Analysen betreffen die Personalarbeitskosten lediglich als Teilmenge der Personalkosten.
3. Strukturveränderungen bzw. Ad-hoc-Planungen münden häufig in Abbaubeschlüssen, Outsourcingmaßnahmen, Verlagerungen ins Ausland oder Strukturveränderungen. Diese Kosten müssen bei den Personalarbeitskosten ebenfalls als Teilmenge berücksichtigt werden. Sollte es sich um eine Maßnahme des Personalbereiches an sich handeln, gelten die gleichen Analysen, wie oben in Kapitel II.8.2 zum faktororientierten Personalkostencontrolling beschrieben.

Die Personalprozesskosten, die eine wichtige Säule beim prozessorientierten Controlling der Personalarbeit bilden, sind in den entsprechenden prozessbezogenen Kapiteln jedes Anwendungsbereichs in Teil II dieses Buches beschrieben worden.

Über die Rolle der Personalkosten im Rahmen der Personalplanung informiert das Unternehmensbeispiel der RWE Power AG in Kapitel II.1.4. Dort basiert die Struktur der Ist-Berichterstattung über Personalkosten konsequent auf der geplanten Struktur (möglichst keine KPI ohne Planung), und die inhaltliche Gliederung wird nach Verantwortlichkeit bzw. Beeinflussbarkeit (Führungskraft oder Kostenstellenverantwortlicher, Unternehmen, Tarifgemeinschaft, Gesetzgeber) vorgenommen.

Abschließend ist darauf hinzuweisen, dass das Personalkosten- und Personalarbeitskostencontrolling eine Fülle von Schnittstellen zum Finanzcontrolling besitzt. Hier kommt es darauf an, die Durchgängigkeit und die Konsistenz zwischen den Größen in beiden Bereichen sicherzustellen. Ein Beispiel für eine Struktur von Personalkostenverrechnungssätzen zeigt der nächste Abschnitt.

## 8.4 Unternehmensbeispiel RWE Generation SE
*(Michael Schmitz)*

Wie in den in den vorhergehenden Abschnitten zum Thema „Kosten des Personals und der Personalarbeit" beschrieben, gibt es verschiedene Anforderungen und Anwendungsbereiche, in denen eine strukturierte Definition bzw. Gliederung von Personalkosten im weitesten Sinne erforderlich ist.

Ein Ansatz, wie eine zwischen kaufmännischem Controlling und Personalcontrolling durchgängige Struktur zur Steuerung des Personalaufwands sichergestellt werden kann, findet sich im Unternehmensbeispiel zu RWE Power AG im Kapitel II.1.4 zur Personalplanung.

Ein anderer Anwendungsbereich findet sich beispielsweise in der Festlegung von Kostensätzen zur Verrechnung von internen Dienstleistungen.

Neben den reinen, direkt anfallenden Personalkosten der Mitarbeiter, die die Dienstleistung erbringen, sind hier indirekte Personalkosten, Arbeitsplatzkosten und Kosten für Overhead/Querschnittsfunktionen zu berücksichtigen. Abbildung 52 zeigt beispielhaft eine mögliche Struktur.

**Beispiel für Struktur von Personalkostenverrechnungssätzen** — **Abbildung 52**

**Direkte Personalkosten**
- Tariflohn/AT-Monatsgehalt
- Urlaubsgeld, Weihnachtsgeld

**Sozialabgaben**
- Kranken-, Pflege-, Arbeitslosen- und Rentenversicherung

**Altersvorsorge**
- Pensionsaufwendungen
- Pensionssicherungsverein

**Indirekte Personalkosten (Personalabhängige Hilfs- und Verwaltungskosten)**
- Arbeitsmedizin
- Berufsgenossenschaft
- Betriebsrat
- Jubiläen
- Reisespesen/Fahrgelder (Weiterberechnung)
- Sonstiger externer Aufwand (Spenden, Gebühren, Beratung)
- Unternehmenskommunikation (anteilig)
- Weiterbildung
- Versicherungen

**Arbeitsplatzkosten**
- Bürokommunikation/TK
- Büromaterial/Gastro/Büroservice
- IT
- Raumkosten/Miete

**Overhead/Querschnittsfunktionen**
- Vorstand/Bereichsleitung
- Controlling
- Rechnungswesen
- Personalmanagement
- Recht

# III. Aktuelle Entwicklungen

## 1 Demografieorientierte strategische Personallangfristplanung *(Michael Schmitz)*

### 1.1 Modelllogik

Die vorne in Kapitel II.1 beschriebene kurz- bis mittelfristig ausgerichtete Personalplanung ist das geeignete Instrument zur Vorbereitung bzw. Prognose der dafür benötigten personalwirtschaftlichen Maßnahmen. Davon nicht erfasst werden allerdings Maßnahmen, die bereits heute relevant sind und sich personalwirtschaftlich auf strategische Aspekte der langfristigen Unternehmensentwicklung und/oder auf Aspekte der demografischen Entwicklung in unternehmensinterner und -externer Perspektive beziehen.

Auf beiden Aspekten setzt die demografieorientierte strategische Personallangfristplanung (kurz: „strategische Personalplanung") auf, die nachfolgend zunächst konzeptionell und anschließend an einem konkreten Unternehmensbeispiel erläutert wird.

Die allgemeine demografische Entwicklung und die in Deutschland verbreitet durchgeführte Frühverrentung (zum Beispiel durch Anwendung des Blockmodells der Altersteilzeit) führt zu zwei wesentlichen Herausforderungen für das Personalmanagement in Unternehmen: Durch die weitgehende Beendigung flächendeckender Frühverrentungsmodelle kommt es zu einem mehrjährigen Zeitraum, in dem eine durchschnittliche Fluktuation durch Eintritt in die Rente ausbleibt. Die Gesamtfluktuation verringert sich dadurch ebenfalls. Je nach sonstiger Fluktuation kann also eine Phase geringer Fluktuation bei gleichzeitiger Alterung der vorhandenen Belegschaft entstehen. Ein Verschieben der Alterspyramide und Themen wie Karrierestau oder Altersmotivation stehen dann gegebenenfalls auf der Agenda (Management des *Alterungsrisikos*). Sobald jedoch die nicht mehr an einer Frühverrentung beteiligten Jahrgänge das gesetzliche Renteneintrittsalter erreicht haben werden, wird es zu einer regelrechten „Rentenwelle" kommen – die, je nach Umfang der

*Frühverrentung führt zu zwei Herausforderungen für das Personalmanagement*

durchgeführten Frühverrentung, unterschiedlich stark ausgeprägt sein wird. Spätestens dann werden Themen wie Know-how-Management, Rekrutierungsanstieg und ein zielgerichtetes Personalmarketing in den allgemeinen Fokus rücken (Management des *Kapazitätsrisikos*). Beide Phasen haben also ihre eigenen, nicht zwingend verzahnten personalwirtschaftlichen Herausforderungen, sodass es sich lohnt bzw. es sogar erforderlich ist, eine frühzeitige Analyse und Ausrichtung vorzunehmen.

*Kern der strategischen Personalplanung*

Kern der strategischen Personalplanung ist es, auf der Basis von Simulationsparametern Prognosen zu erarbeiten für:

- einerseits die langfristige Entwicklung des vorhandenen Personals[71] und
- andererseits die langfristige Entwicklung des voraussichtlichen Personalbedarfs.[72]

Anders als bei der kurz- bis mittelfristigen Personalplanung, die auf den einzelnen Mitarbeitern aufsetzen kann und sich an bereits heute existierenden oder konkret absehbaren Entwicklungen im Detail orientiert, sind bei der langfristigen Planungsperspektive Unsicherheiten durch Simulationsparameter abzubilden.

*Jobfamilien – Strukturierung des Personals nach Qualifikationen*

Wesentliche Basis für eine langfristige Personalplanung ist eine einheitliche Strukturierung des Personals nach Qualifikationen, die sowohl auf der Bestands- als auch auf der Bedarfsseite angewandt werden kann. Diese Strukturierungselemente werden häufig Jobfamilie oder Jobfunktion genannt.[73]

Das Gegenüberstellen der simulierten bzw. prognostizierten Bestands- und Bedarfsentwicklungen nach Jobfamilien ermöglicht eine differenzierte Analyse von potenziellen Über- und Unterdeckungen.[74] Anhand dieser Analysen können Risiken bewertet und konkrete Maßnahmen erarbeitet werden.[75]

71 Zur Simulation der Bestandsentwicklung siehe den nächsten Abschnitt in Kapitel III.1.2.
72 Zur Simulation der Bedarfsentwicklung siehe Kapitel III.1.3.
73 Siehe hierzu auch das anschließende Unternehmensbeispiel Abbildung 55, Kapitel III.1.4.
74 Zur Gap-Analyse siehe Kapitel III.1.4.
75 Siehe dazu Kapitel III.1.5.

## 1.2 Simulation der Bestandsentwicklung

Die Prognose der Bestandsentwicklung setzt auf der aktuellen Mitarbeiterstruktur auf. Wesentliche Kriterien für eine Simulation in die langfristige Zukunft unter Fortschreibung des Lebensalters sind:

*Kriterien für eine Simulation*

- Annahmen zu Austritten von Mitarbeitern, wie
  - durchschnittlicher Beginn der Regelaltersrente
  - evtl. Frühverrentungsprogramme/Regelungen zur Altersteilzeit (Lebensalter und Inanspruchnahmequote)
  - sonstige Fluktuationen (Kündigungen etc.)
- Annahmen zu Neueinstellungen von Mitarbeitern, wie
  - Neueinstellungen vom Arbeitsmarkt
  - Übernahmen von Auszubildenden
  - Annahmen zum Lebensalter von Neueinstellungen

Aus der Simulation der Bestandsentwicklung lassen sich bereits sämtliche Erkenntnisse zur Altersstrukturentwicklung ableiten, wie zum Beispiel:

- Altersstruktur heute und in x Jahren sowie daraus abgeleitete Kennzahlen (zum Beispiel Anteil Mitarbeiter > 50 Jahre oder Anteil Mitarbeiter > 40 zu Anteil Mitarbeiter ≤ 40 oder ...)
- Prognose der voraussichtlichen Austritte (und damit des entsprechenden Know-how-Verlusts sowie potenzieller Rekrutierungen)

Die Analyse der langfristigen Entwicklung des Personalbestands ist somit unproblematisch und mit Standardsoftwareprodukten möglich und sollte zum Standardinstrumentarium eines Personalcontrollers zählen. Trotz des vergleichsweise geringen Analyseaufwands ist das Ergebnis für die meisten Unternehmen hochrelevant. Gut ableitbar ist zudem die langfristige Ausrichtung der personalwirtschaftlichen Instrumente, wie:

- Know-how-Management
- Personalbeschaffung
- Bedarf an eigener Ausbildung

## 1.3 Simulation der Bedarfsentwicklung

*Berücksichtigung von unternehmensstrategischen Informationen*

Zur Simulation der langfristigen Entwicklung des Personalbedarfs ist die Berücksichtigung von unternehmensstrategischen Informationen erforderlich. Ein möglicher strukturierter Ansatz ist nachfolgend beschrieben:

*Relevante „Treiber"*

Zunächst sind die personalwirtschaftlich relevanten strategischen „Treiber" des Unternehmens zu bestimmen. In einem Produktionsunternehmen sind dies beispielsweise die Produktionsstandorte oder -einheiten; allgemein sind es die Standorte, an denen Personal in wesentlichem Umfang eingesetzt wird.

Alle Bereiche des Unternehmens, die nicht direkt als „Treiber" gelten, sind von diesen abhängig. Damit bestimmt sich in der Regel auch die personalwirtschaftliche Dimensionierung dieser Einheiten aus der Entwicklung der „Treiber". Beispielsweise kann sich die personalwirtschaftliche Größe der Personalabteilung aus einer fixen Mindestbesetzung plus einem variablen Anteil, der sich an der Zahl der FTE in den „Treibern" misst, zusammensetzen.

*Jobfamilienprofil mit FTE-Bedarf*

Sind die strategischen Unternehmensstrukturen beschrieben, so erstellt man für die „Treiber"-Organisationseinheitenein Jobfamilienprofil und beantwortet die Frage: Wie viele FTE in welchen Jobfamilien benötige ich zum Betrieb der „Treiber"-Organisationseinheit?

Analog werden für die abhängigen Organisationseinheiten Jobfamilienprofile erstellt.

*Modellbildung über Bedarfsentwicklung der „Treiber"*

Über Annahmen zur Entwicklung von „Treiber"-Organisationseinheiten (zum Beispiel In- und Außerbetriebnahme) kann nun mittels eines entsprechenden Modells der FTE-Bedarf je Jobfamilie für das gesamte Unternehmen in der Zukunft abgeleitet werden.

Die Qualität des Bedarfsmodells kann angereichert werden, indem weitere Parameter ergänzend berücksichtigt werden, wie zum Beispiel:

- Produktivitätssteigerungen (das heißt, der FTE-Bedarf sinkt im Zeitablauf) oder
- Veränderungen des Anforderungsprofils (das heißt, die benötigte Jobfamilie mit der zugrunde liegenden Qualifikationsanforderung wechselt im Zeitablauf) oder
- In-/Outsourcing-Strategien.

Je nach Unternehmensmodell können die Komplexität des Bedarfsmodells sowie die Zahl möglicher Strategievarianten unterschiedlich hoch sein. Für einen Einstieg kann es sinnvoll sein, sich auf kritische Funktionen zu konzentrieren.

*Fokus auf kritische Funktionen*

Alternativ – um vorerst ohne ein komplexes Tool für das Bedarfsmodell auszukommen – kann der Bedarf zunächst auf der heutigen Struktur konstant gesetzt werden und jeweils gezielt die Auswirkung einzelner strategischer Veränderungsmaßnahmen in Bezug auf die heutige Struktur analysiert werden (Beispiel: Auswirkung der Stillsetzung eines Teilproduktionsprozesses im Jahr X). Dieser Ansatz sollte allerdings nur temporär verfolgt werden, da jede Veränderung der Strategie einen (unter Umständen aufwendigen) Eingriff in das Modell nach sich zieht.

## 1.4 Gap-Analyse und Ableitung von Maßnahmen

Auf der Basis der in den vorangegangenen Kapiteln III.1.2 und III.1.3 beschriebenen Simulationen der Bestands- und der Bedarfsentwicklung erhält man nun – bei vollständiger Analyse auf der Ebene der Jobfamilien – eine langfristige Gegenüberstellung von Über- und Unterdeckungen, die sogenannten „Gaps" (siehe Abbildung 53).

Durch Analyse und Strukturierung der Ergebnisse auf der Ebene von Jobfunktionen/-familien/-familiengruppen kann ermittelt werden, welche der entstehenden Über- und Unterdeckungen durch Qualifizierung und/oder Transfermaßnahmen unternehmensintern begleitet werden können. Die nach einer internen Optimierung verbleibenden Über- oder Unterdeckungen erfordern somit zwingend Maßnahmen zur externen Rekrutierung bzw. zum Management eines Personalüberhangs.

*Rekrutierung und/oder Personalabbau*

Neben der für einen Einstieg in die detaillierte Analyse auf der Ebene von Jobfamilien gut geeigneten Darstellung der Kapazitätsrisiken, wie sie Abbildung 53 zeigt, ist eine Darstellung in Form von gegenübergestellten Personalbestands- und -bedarfskurven sinnvoll (siehe Abbildung 54).

**Abbildung 53**  **Identifikation der Kapazitätsrisiken**

| Jobfamilie | 2008 | 2009 | 2010 | 2011 | 2012 | 2013 | 2014 | 2015 | 2016 | 2017 | 2018 | 2019 | 2020 |
|---|---|---|---|---|---|---|---|---|---|---|---|---|---|
| Skilled technical worker | | | | | | | | | | | | | |
| Logistics planner | | | | | | | | | | | | | |
| Worker mechanical engineering | | | | | | | | | | | | | |
| Commercial clerk | | | | | | | | | | | | | |
| Refinishing worker | | | | | | | | | | | | | |
| Metalworking machine operator | | | | | | | | | | | | | |
| Quality assurance supervisor | | | | | | | | | | | | | |
| Non-skilled technical worker | | | | | | | | | | | | | |
| Production IT expert | | | | | | | | | | | | | |
| Summe FTE | | | | | | | | | | | | | |

Überhang (+), Lücke (–)
- \>+18,0 %
- +15,0 % bis < +18,0 %
- +12,0 % bis < +15,0 %
- +9,0 % bis < +12,0 %
- –9,0 % bis < +9,0 %
- –9,0 % bis > –12,0 %
- –12,0 % bis > –15,0 %
- –15,0 % bis > –18,0 %
- –18,0 % bis > –30,0 %
- –30,0 % bis > –50,0 %
- < –50,0 %

Quelle: RWE Power AG, The Boston Consulting Group GmbH Jobfamilie (2007)

Hierdurch können insbesondere die Wirkungen verschiedener Annahmen in Bezug auf die Bestandsentwicklung wie auf die Bedarfsentwicklung aggregiert verglichen werden. Grundsätzliche Hebelwirkungen – wie zum Beispiel: „Wir haben langfristig ein Personalbedarfsdeckungsthema" oder: „Wir haben in den Jahren von X bis Y voraussichtlich einen Personalüberhang" – können so übersichtlich abgeleitet werden.

*Ableitung von Maßnahmen*

Die Gesamtheit der aus der Analyse des Personalbestands, des Personalbedarfs sowie des Gaps resultierenden Informationen stellen eine gute Basis dar, um einem drohenden Personalkapazitätsrisiko entgegenzutreten durch die mittel- bis langfristige Ausrichtung von personalwirtschaftlichen Instrumenten wie:

- Rekrutierung/Personalmarketing
- Qualifizierung
- Versetzung (insbesondere bei der Notwendigkeit von räumlichen Veränderungen)

- Überhangmanagement (mit Themen wie Freisetzung, Sozialplan oder Insourcing)

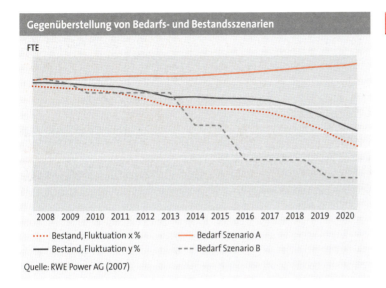

Abbildung 54

Maßnahmen zum Thema „Demografie" oder „Alterungsrisiko" sind zum Beispiel:
- Know-how-Management
- Qualifizierungsmanagement
- betriebliches Gesundheitsmanagement (BGM)
- Work-Life-Balance
- Familie und Beruf
- Führung
- Motivation

## 1.5 Unternehmensbeispiel RWE Power AG

Innerhalb der RWE Power AG wurde bereits 2005 das Konzept einer demografieorientierten Personallangfristplanung entwickelt und umgesetzt. Das dabei entstandene Gesamtmodell zeigt Abbildung 55, anhand deren nachfolgend das Unternehmensbeispiel beschrieben wird.

**Unternehmensbeispiel RWE Power AG: Modelllogik der strategischen demografieorientierten Personallangfristplanung**

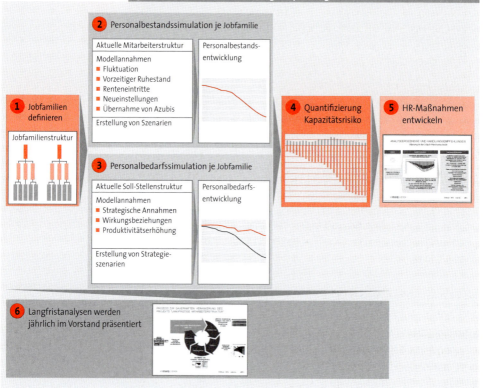

### (1) Jobfamilienstruktur

In einem ersten Schritt erfolgte die Strukturierung des Personals nach Qualifikationen. Hierzu wurde der nachfolgend definierte Begriff der „Jobfamilie" eingeführt:

*Definition: Jobfamilie*

Eine *Jobfamilie* umfasst Mitarbeiter bzw. Planstellen aus einem oder mehreren Fachbereichen oder Organisationseinheiten mit gleichen (Kern-)Qualifikationen bzw. Qualifikationsanforderungen.

Innerhalb einer Jobfamilie ist ein Ausgleich von Über- und Unterdeckungen innerhalb von 18 Monaten möglich (unter Qualifikations- und Tätigkeitsgesichtspunkten und mit geringem Schulungsbedarf).

Zur weiteren Differenzierung werden Jobfamilien in *Jobfunktionen* gegliedert. Mitarbeiter, die der gleichen Jobfunktion angehören, sind innerhalb von drei Monaten austauschbar.

Um Analysen vorzustrukturieren, werden Jobfamilien zusammengefasst zu *Jobfamiliengruppen*. Hier ist eine Austauschbarkeit innerhalb von 36 Monaten möglich.

Durch die Strukturierung der Planstellen nach Jobfamilien ergab sich parallel eine Zuordnung der aktuell vorhandenen Mitarbeiter zu den Jobfamilien (wobei vereinfachend zunächst davon ausgegangen worden ist, dass die vorhandenen Qualifikationen exakt den Qualifikationsanforderungen der jeweiligen Planstellen entsprechen). Um eine dauerhafte Aktualität der im Projekt erhobenen Zuordnungen und Strukturen zu gewährleisten, wurde die detailreichste Ebene, das heißt die oben definierten „Jobfunktionen", als „Stellenkatalog" im HR-System (hier SAP) hinterlegt und die einzelnen Ausprägungen bzw. Zuordnungen der Mitarbeiter durch die jeweiligen Planstellen abgebildet.

### (2) Personalbestandssimulation

Um szenarienbasierte Analysen zur langfristigen Entwicklung des Personalbestands zu ermöglichen, wurde zunächst ein Tool zur Personalbestandssimulation entwickelt (siehe Kapitel III.1.2). Dieses Tool kann – wenn es zum Beispiel ausschließlich um Demografieanalysen geht – eigenständig verwendet werden und durch verschiedenste Parameter auf der Basis der aktuellen Personalstruktur (einfacher Datenabzug aus dem HR-System) die zukünftige Personalstruktur simulieren. Durch die Eigenständigkeit ist gewährleistet, dass das Tool jederzeit – auch ohne das ungleich komplexere Tool zur Personalbedarfssimulation – in anderen Konzernunternehmen eingesetzt werden kann. Altersstrukturrisiken können bereits mit diesem Simulationstool simuliert bzw. quantifiziert werden und darauf basierend Maßnahmen abgeleitet werden.

### (3) Personalbedarfssimulation

Herzstück des Gesamtkonzeptes ist ein Tool zur szenarienbasierten Simulation des zukünftigen Personalbedarfs. Abgebildet finden sich sämtliche personalrelevanten Unternehmens(teil)strategien auf der Basis der jeweils relevanten strategischen „Treiber" (siehe Kapitel III.1.3). Um eine Fortschreibung der Szenarien zu ermöglichen, wurden Schnittstellen zu den strategischen Abteilungen definiert, die Bedarfsveränderungen regelmäßig (mindestens jährlich; bei Bedarf auch unterjährig) einpflegen können.

**(4) Quantifizierung Kapazitätsrisiko**
Um integriert und flexibel das aus der Gegenüberstellung der Personalbestands- und der Personalbedarfssimulation resultierende Kapazitätsrisiko ableiten zu können, besitzt das Personalbedarfstool eine Inputschnittstelle, über die die Ergebnisse der Personalbestandssimulation in die Personalbedarfssimulation übernommen werden können.

 Die dadurch erzeugten Gap-Analysen (siehe Kapitel III.1.4) zeigen mittel- bis langfristig bestehende Bedarfsüber- oder -unterdeckungen auf, sodass frühzeitig geeignete Maßnahmen eingeleitet werden können.

**(5) Maßnahmen ableiten**
Innerhalb der RWE Power AG konnten inzwischen Maßnahmen sowohl zur Begegnung mittel- bis langfristiger Personalkapazitätsrisiken als auch Alterungs- bzw. demografiebedingter Risiken abgeleitet werden.

*Konkrete Maßnahmen*

Konkrete Beispiele für Maßnahmen sind:
- bedarfsbezogene Ausrichtung des Hochschulmarketings (Programm „100 Ingenieure")
- verschiedene, jeweils spartenbezogene mehrjährige Programme zur befristeten bzw. unbefristeten Übernahme von Auszubildenden, inklusive der Risikobewertung der Maßnahmen in verschiedenen strategischen Szenarien
- Konzeption, Wirtschaftlichkeitsrechnung, Einführung und bedarfsgerechte Anwendung eines sozial verträglichen Personalabbauprogramms (Abfindung mit monatlicher Auszahlung)
- gezielte Maßnahmen zur Verbesserung der Gesundheit bzw. dem Erhalt der Einsatzfähigkeit von 3-fach-Wechselschichtern

- Neuausrichtung des betrieblichen Gesundheitsmanagements (BGM)

Aufgrund der Strukturierung der Daten nach Jobfamilien und Standorten lassen sich sämtliche Maßnahmen gezielt auf die relevanten Bereiche ausrichten. Das verfügbare Datenmaterial ermöglicht es dem Personalcontrolling, eine strukturierte Argumentation zur Konzentration auf die wesentlichen personalwirtschaftlichen Instrumente abzuleiten bzw. zu unterstützen.

**(6) Jährliche Vorstandsbefassung**
Nach bereits mehrjähriger Nutzung stellt diese demografiebasierte strategische Personallangfristplanung die elementare Basis für (weitgehend) alle größeren personalstrategischen Entscheidungen dar (siehe auch oben unter „Maßnahmen").

Jährliche Vorstandsbefassungen verdeutlichen ihre Relevanz im Unternehmen. Vor diesem Gremium werden die Wirkungen der bislang aufgesetzten Maßnahmen den jeweils aktuellen strategischen Szenarien je Unternehmenssparte gegenübergestellt, sodass Nachjustierungen bestehender Maßnahmen erfolgen und Ansatzpunkte für einen eventuell weiteren oder neuen Handlungsbedarf diskutiert werden können.

## 1.6 Unternehmensbeispiel aus der Chemischen Industrie Ost: Umsetzung von lebensphasenorientierter Arbeitszeit auf betrieblicher Ebene
*(Volker Nürnberg)*

### Begrifflichkeit
Der Begriff der lebensphasenorientierten Arbeitszeit bzw. Arbeitszeitgestaltung zielt auf eine verlässliche Vereinbarung, mit der Unternehmen dem wechselnden Zeitbedarf ihrer Beschäftigten während verschiedener Lebensphasen entgegenkommen und mit der Freistellungsphasen und flexible Teilzeit- oder Vollzeitarbeitsmodelle arbeitsvertraglich geregelt werden. Besondere Berücksichtigung

sollten dabei Zeiterfordernisse finden, die sich aus unterschiedlichen familiären Anforderungen während verschiedener Lebensphasen ergeben.[76]

Bestimmte Lebensphasen, insbesondere in den ersten Berufsjahren, aber auch in bestimmten Phasen der Karriere, erfordern meist einen intensiveren Arbeitszeiteinsatz, während in anderen Lebensphasen für den Beschäftigten ein verringerter Arbeitszeiteinsatz wünschenswert ist, etwa:

- bei der berufsbegleitenden Fort- der Weiterbildung,
- bei erhöhtem Betreuungsbedarf von Kindern,
- bei der Pflege von Angehörigen,
- für ein Sabbatical,
- zum gleitenden Wiedereinstieg in den Beruf,
- zur Reduzierung der Arbeitszeit im Alter als gleitender Übergang in den Ruhestand.

### Chemische Industrie Nordost

„Im Rahmen der Tarifverhandlungen der Chemischen Industrie Nordost wurde am 2. November 2011 nach fast einem Jahr der Verhandlungen über die Forderung der Gewerkschaft nach Reduzierung der Arbeitszeit, Anhebung der Entgelte der Facharbeitergruppen und Erhöhung der Jahresleistung in der sechsten Runde zwischen dem Arbeitgeberverband (AGV) Nordostchemie e. V. und dem Landesbezirk Nordost der Industriegewerkschaft Bergbau, Chemie, Energie (IG BCE) ein zukunftsweisendes Tarifmodell erzielt. Die 30.000 Beschäftigten in der Ostchemie können damit in eine lebensphasengerechte Arbeitswelt einsteigen." [77] Hiermit soll auch ein Mentalitätswandel erreicht werden, um Wettbewerbsfähigkeit und Standort langfristig zu sichern. Es geht nicht mehr darum, möglichst frühzeitig auszuscheiden, sondern möglichst lange leistungsfähig im Betrieb zu bleiben. Eine generelle Arbeitszeitverkürzung in Ostdeutschland gibt es nicht, das heißt, die Vorteile der in

76 Beispiele finden sich im „Selbstcheck Familienfreundlichkeit für kleine und mittlere Unternehmen", insbesondere im Glossar, z. B.: Lebensphasenorientierte Arbeitszeit, unter http://check.familienbewusste-personalpolitik.de (Stand: 15.01.2013).
77 Pressemitteilung 28/2011; Arbeitgeberverband Nordostchemie e. V.

Ostdeutschland in der chemischen Industrie immer noch bestehenden 40-Stunden-Arbeitswoche bleiben weiter bestehen. Ein neuer Tarifvertrag mit Fondsmodell ermöglicht zusätzliche bezahlte Freizeit für bestimmte Arbeitnehmergruppen. Diese werden von den Betriebsparteien benannt.

Dieser Paradigmenwechsel erfordert eine stärkere Differenzierung und Flexibilisierung der Arbeitszeit. Mehr Flexibilität für die Beschäftigten durch Optionen für eine stärker lebensphasenorientierte Arbeitszeitgestaltung muss ermöglicht werden durch mehr Flexibilität für die Unternehmen, etwa durch die Verlängerung der Lebensarbeitszeit.

Der Fonds für die Umsetzung von differenzierten, an Lebensphasen orientierten Arbeitszeitmodellen wird ab 2013 in jedem Unternehmen mit 2,5 Prozent der tariflichen Entgeltsumme gefüllt. Diese Mittel stehen dann zur Verfügung, um im Rahmen von

- altersgerechtem Arbeiten,
- Familienzeit, Elternschaft sowie Pflege und
- Erholzeiten für ausgewählte Arbeitnehmergruppen

verwendet zu werden. Die Ausgestaltung erfolgt in den jeweiligen Betrieben, wobei bei allen Durchführungswegen sich direkt zunächst keine finanziellen Auswirkungen ergeben, da die definierten besonders belasteten Mitarbeitergruppen zusätzliche bezahlte Freizeiten erhalten. Die Herausforderung liegt darin, die hierdurch fehlenden Arbeitskapazitäten auszugleichen.

### Ausgestaltung bei einem Biopharma-Unternehmen

Die betriebliche Ausgestaltung des Tarifvertrages LePha[78] liegt bei den Betriebsparteien. Um der Absicht des Tarifvertrages nach flexibler und an Lebensphasen angedachter Arbeitszeit gerecht zu werden, waren sich Arbeitgeber und Betriebsrat in einem Biopharma-Unternehmen einig, dass Langzeitkonten nur als Auffangregelung dienen sollten, falls andere Durchführungsformen das Volumen des Fonds nicht füllen. Das folgende Schaubild zeigt die zwischen den

---

78  Tarifvertrag über lebensphasengerechte Arbeitszeitgestaltung für die chemische Industrie in den neuen Bundesländern und in Berlin (Ost) vom 2. November 2011.

Betriebsparteien vereinbarten Verwendungsmöglichkeiten des Arbeitszeitfonds im Beispielunternehmen:

Abbildung 56

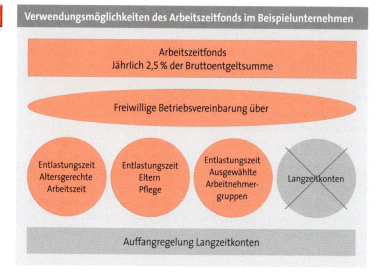

Des Weiteren wurden neben der flexibleren Nutzung der bereits im Manteltarifvertrag vorgesehenen Altersfreizeiten[79] in diesem Biopharma-Unternehmen alle Möglichkeiten der Arbeitszeitflexibilisierung zugelassen:

*Teilzeit mit Entgeltausgleich für ältere Mitarbeiter*
Der LePha-Fonds kann für Teilzeitarbeit für Arbeitnehmer ab dem vollendeten 60. Lebensjahr verwendet werden. In diesem Rahmen besteht die Möglichkeit, die Arbeitszeit unter Einbeziehung der Altersteilzeiten auf 50 oder 80 Prozent zu reduzieren und den Einkommensverlust teilweise auszugleichen.

---

[79] Altersfreizeit in der chemischen Industrie: bezahlte Verringerung der wöchentlichen Arbeitszeit im bisherigen Modell um 2,5 Stunden pro Woche ab dem vollendeten 57. Lebensjahr oder modifiziert (LePha) ab dem 60. Lebensjahr um 4 Stunden pro Woche („geblockte AFZ"), falls erst ab 60 in Anspruch genommen.

| Arbeitszeit-reduzierung auf | Schichtsystem | Entgeltausgleich |
|---|---|---|
| 50 % | Normalschicht | 40 % des ausfallenden Tarifentgeltes |
| | Teilkonti und 24-Stunden-Schicht | 45 % des ausfallenden Tarifentgeltes plus Schichtzulage |
| | Vollkonti | 50 % des ausfallenden Tarifentgeltes plus Schichtzulage |
| 80 % | | 30 % des ausfallenden Tarifentgeltes plus ggf. Schichtzulage |

*Familien- und Pflegezeiten*

Reduzierungen ergeben sich wie in Abbildung 57 dargestellt:

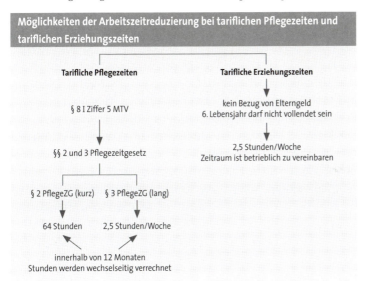

Abbildung 57

*Sonstige Erholzeiten für besonders belastete AN-Gruppen*

Der Tarifvertrag enthält keine abschließende Definition des Begriffs „besonders belastete AN-Gruppen". Die Tarifvertragsparteien haben nur beispielhaft aufgeführt, dass dies auch Schichtarbeitnehmer sein können.

Im Beispielunternehmen wurden vereinbart:
- Zusatzurlaub (für Schichtarbeiter)
- berufsbegleitende Weiterbildung mit Zertifizierung

## Personalplanung

Die eigentliche Herausforderung besteht im Spannungsverhältnis von Bedarfsprognose und Budgetplanung.

*(Ausgleichs-)Planung*

Für den Arbeitgeber gestaltet sich daher die Personalplanung bei diesem Modell vergleichsweise aufwendig, da in diesem Modell den Wünschen der Beschäftigten nach Zeitsouveränität weitgehend Rechnung getragen werden soll. Es können sich Überbrückungssituationen oder ein Bedarf für Neueinstellungen ergeben.

*Mögliche Schichtmodelle*

Dies bedeutet besonders im vollkontinuierlichen Schichtbetrieb eine besondere Herausforderung und kann mit drei Schichtteams „(3-1)-Modell" praktisch nur auf der Basis von ca. 12-stündigen Schichten abgebildet werden. Diese wiederum sind in Deutschland nur dann zulässig, wenn sie ca. zwei Stunden Pausenzeit oder (vor dem Hintergrund einer entsprechenden tarifvertraglichen Öffnung) mindestens 25 Prozent Arbeitsbereitschaft („Warten auf Arbeit") oder Bereitschaftsdienst enthalten oder von der zuständigen Aufsichtsbehörde im Einzelfall genehmigt werden.

Daher müssen komplexere Schichtaufteilungen zurate gezogen werden – beispielsweise der Einsatz von 7 halben Schichtteams (also sozusagen von 3,5 Schichtteams; daher spricht man auch von einem [7-2]-Modell), die über den Schichtplan wieder zu jeweils ganzen Schichtteams zusammengeführt werden.

Eine weitere Möglichkeit für Schichtmodelle basiert auf vier Schichtteams, die einen Arbeitsplatz „besetzen". In diesem Fall spricht man von einem (4-1)-Modell.[80]

## Headcountberichterstattung

Eine weitere Herausforderung ergibt sich bei der Zählung der Mitarbeiterkapazitäten (Headcounts), da in größerem Rahmen die be-

---

[80] Vgl. Hoff, A. (2006): Auswirkungen längerer Arbeitszeiten auf die betrieblichen Arbeitszeitsysteme. Aus: www.arbeitszeitberatung.de/06_publikationen/pdf/pub64.pdf.

sonders belasteten Mitarbeitergruppen weniger als gemäß der „üblichen" Vertragsarbeitszeit operativ zur Verfügung stehen.

Hier ist zu entscheiden, ob die tatsächlich zur Verfügung stehende Arbeitszeit Gegenstand der Berichterstattung ist oder die durch den Arbeitgeber bezahlte Arbeitszeit.

So ergibt sich beispielsweise abhängig von der Höhe der Altersfreizeit in Kombination mit den durch den Tarifvertrag LePha möglichen Arbeitszeitverkürzungen ein Spektrum von 20 bis 40 Stunden wöchentlicher Arbeitszeit (= 50 bis 100 Prozent „relativer" Arbeitszeit) gegenüber 76 bis 100 Prozent bezahlter Arbeitszeit.

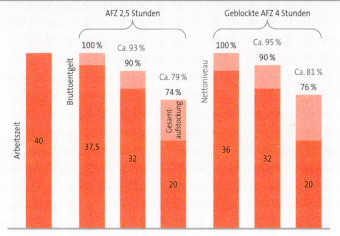

Abbildung 58: Möglichkeiten der bezahlten Arbeitszeitreduzierung bei älteren Mitarbeitern im Schichtbetrieb gemäß LePha abhängig von der Wahl von geblockter Altersfreizeit (AFZ) oder herkömmlicher AFZ[81]

Aus der Sicht des Personalcontrollers erscheint es ratsam, sowohl die bezahlte als auch die tatsächlich verfügbare Arbeitszeit für das Reporting vorzuhalten und anlassbezogen zwischen den beiden Zählweisen zu unterscheiden.

---

81  Grafik aus einer Präsentation der IG BCE von Christian Jungvogel; gezeigt auf der Chemie-Sozialpartnertagung Nord-Ost am 24. Februar 2012.

# 2 Personalrisikomanagement

## 2.1 Personalrisiken identifizieren, messen und steuern
*(Bernd Kosub)*

### 2.1.1 Risikofelder im Personalmanagement

Die zentrale konzeptionelle Grundlage für ein Personalrisikomanagement ist die Kennzeichnung der Risikofelder im Personalmanagement. Klassisch geworden sind die vier Felder von Personalrisiken nach Kobi:[82]

- Das Fehlen von Wissens- und Leistungsträgern kennzeichnet das *Engpassrisiko*, welches besonders bei der Nachfolgeplanung spürbar wird.
- Das *Anpassungsrisiko* kommt zum Tragen, wenn Mitarbeiter falsch qualifiziert, an falscher Stelle eingesetzt oder nicht der richtige Typ für den derzeitigen bzw. sich ändernden Bedarf sind.
- Halten Mitarbeiter ihre Leistungen aus bestimmten Gründen zurück, so spricht man vom *Demotivationsrisiko*.
- Das *Austrittsrisiko* beschreibt die Situation, dass es gefährdete und abwanderungswillige Leistungsträger gibt.

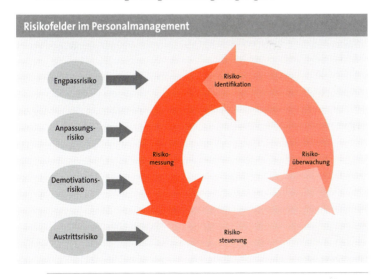

 Abbildung 59: Risikofelder im Personalmanagement

---

[82] Vgl. Kobi (2012).

*Controlling von Personalrisiken*

Jedes dieser Risiken gilt es im Unternehmen zu identifizieren, anhand von Indikatoren und Kennzahlen zu operationalisieren und zu messen, um anschließend bei entsprechenden Abweichungen Steuerungsmaßnahmen anzuwenden. Laufendes Controlling, das heißt Risikoüberwachung, garantiert eine kontinuierliche Absicherung des Unternehmens gegen die genannten Personalrisiken.

### Messung des Engpassrisikos

Das übergeordnete Ziel beim Management des Engpassrisikos ist die Verfügbarkeit ausreichender Potenzial- und Wissensträger zur Nachwuchsplanung. Für die Identifikation und Messung dieses Risikos werden unterschiedliche Einflussgrößen bestimmt und durch jeweilige Messgrößen hinterlegt:

Abbildung 60

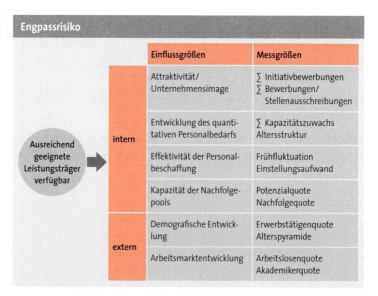

| Engpassrisiko | | Einflussgrößen | Messgrößen |
|---|---|---|---|
| Ausreichend geeignete Leistungsträger verfügbar | intern | Attraktivität/ Unternehmensimage | ∑ Initiativbewerbungen ∑ Bewerbungen/ Stellenausschreibungen |
| | | Entwicklung des quantitativen Personalbedarfs | ∑ Kapazitätszuwachs Altersstruktur |
| | | Effektivität der Personalbeschaffung | Frühfluktuation Einstellungsaufwand |
| | | Kapazität der Nachfolgepools | Potenzialquote Nachfolgequote |
| | extern | Demografische Entwicklung | Erwerbstätigenquote Alterspyramide |
| | | Arbeitsmarktentwicklung | Arbeitslosenquote Akademikerquote |

Die Übersicht zeigt, dass das Engpassrisiko unter anderem beeinflusst wird von

- der Arbeitgeberattraktivität nach innen und außen,
- der Kapazität der Nachfolgepools und
- externen Faktoren, wie der demografischen Entwicklung, der Bildungspolitik und den relevanten Arbeitsmärkten.

## Messung des Anpassungsrisikos

Die Mitarbeiter eines Unternehmens müssen enorm flexibel und anpassungsfähig sein, um mit der Entwicklung des Unternehmens Schritt halten zu können. Das Anpassungsrisiko lässt sich mithilfe der folgenden Kennzahlen identifizieren:

Abbildung 61

Die Minimierung und Steuerung dieses Risikos erfolgt durch
- Bildungsangebote, die an wechselnde Anforderungen angepasst werden,
- praktizierte Mitarbeiterentwicklung,
- strukturierten fachlichen Wissenstransfer,
- flexiblen Mitarbeitereinsatz.

## Messung des Demotivationsrisikos

Für das Management des Demotivationsrisikos gilt es, folgende Größen zu überwachen:

Die Steuerung der Demotivationsrisiken erfolgt durch eine Beobachtung monetärer und nicht monetärer Aspekte. Monetär geht es um die Analyse der Entwicklung der Grundvergütung und der variablen Vergütungskomponente, nicht monetär um die Entwicklungsmöglichkeiten der Mitarbeiter im Unternehmen und um das gezeigte Leistungs- und Führungsverhalten.

**Abbildung 62**  **Demotivationsrisiko**

| | Einflussgrößen | Messgrößen |
|---|---|---|
| **Leistungs-bereitschaft der Mitarbeiter** → intern | Qualität der Anreizsysteme | ∅ Entwicklung der Gehälter<br>∅ Personalaufwand pro Mitarbeiter |
| | Leistungsverhalten | ∅ Beurteilungsergebnis<br>Krankheitsquote |
| | Entwicklungsmöglichkeiten | Interne Besetzungsquote<br>Frauenquote im Management |
| | Führungsverhalten | ∑ 180-Grad-**Feedback**<br>Mitarbeiterbefragung |

## Messung des Austrittsrisikos

Mit dem Risiko des Austritts von Leistungsträgern ist auch die Gefahr der Reduktion von relevantem Wissen in einem Unternehmen verbunden. Die Zielsetzung bei Betrachtung dieser Risikoart muss deshalb sein, kurz- wie langfristig das Fach- und Geschäftswissen sowie die Fähigkeiten zum Management des Geschäfts zu bewahren. Bei unabwendbaren Ausfällen ist die reibungslose Übernahme der Aufgaben durch Vertreter und Nachfolger sicherzustellen.

Für das Risikomanagement stellen folgende Parameter die Grundlage dar:

**Abbildung 63**  **Austrittsrisiko**

| | Einflussgrößen | Messgrößen |
|---|---|---|
| **Austritte von Leistungs-/Wissensträgern** → intern | Kündigungen von Mitarbeitern | Echte Fluktuationsquote<br>Fluktuationsquote (Schlüsselfunktionen) |
| | Mitarbeiterbindung | ∅ Betriebszugehörigkeit<br>Nichtrückkehrerquote (Elternzeit) |
| | Flexible Beschäftigungsmöglichkeiten | Telearbeitsquote<br>Teilzeitquote |

Austrittsrisiken zeigen sich unter anderem
- an der Entwicklung des Kündigungsverhaltens der Mitarbeiter,
- an der durchschnittlichen Dauer der Betriebszugehörigkeit und dem Anteil der Nichtrückkehrer,
- an den Möglichkeiten, Familie und Beruf zu vereinbaren.

### 2.1.2 Risikoeinschätzung und -bewertung

Die Aufbereitung der Kennzahlen erfolgt in systematischen Übersichten. Dabei wird für die einzelnen Kennzahlen eine Mehrjahresbetrachtung gewählt, um Trends erkennen zu können. Anschließend werden die Ergebnisse mit den jeweils zuständigen Fachabteilungen besprochen. In diesem Zuge wird dann auch eine Risikobewertung pro Risikofeld vorgenommen.

| Risiko-Assessment eines exemplarischen Risikofeldes | |
|---|---|
| Risikofeld | **Engpassrisiko**<br>Risiko entsteht, wenn dem Unternehmen in Zukunft eine nicht ausreichende Anzahl an Wissens- und Leistungsträgern zur Verfügung steht. |
| Maßnahmen zur Vermeidung des Risikos | Strategische Personalplanung; bedarfsgerechtes Personalmarketing; Potenzialeinschätzungs- und Entwicklungsprogramme; effektive Personalbeschaffung; Nachfolgeplanung |
| Früherkennungsmöglichkeiten/ Indikatoren | Demografische Entwicklung innerhalb und außerhalb; Entwicklung der Bewerbungen und Einstellungen; Effektivität der Personalbeschaffung; Arbeitsmarktsituation; interne Nachfolgesituation; Frühfluktuation |
| Aktuelle Risikoeinschätzung | Normalverteilte Altersstruktur, Durchschnittsalter XX Jahre; ausreichende Anzahl an Potenzialträgern vorhanden (X %). Notwendiger Personalaufbau konnte mit den geeigneten Mitarbeitern besetzt werden (Ø X Wochen); derzeitige Frühfluktuation gering (X,X %); Anzahl der Initiativbewerbungen weiterhin auf hohem Niveau. Demografische Entwicklung muss beachtet werden. |

Abbildung 64

Ziel der Erörterungen ist es, basierend auf den gegebenen Kennzahlen und Trends zu einer abgewogenen Einschätzung der Risikosituation zu kommen. Um den Überblick zu behalten, werden alle Risikofelder so dargestellt, dass kritische Bereiche mit Handlungsbedarf sofort

**Tipp**

**Eine Bewertung der Risikosituation ergibt sich aus dem Vergleich von Soll- und Ist-Größen**

auffallen. Ein Ampelsystem beispielsweise zeigt die aktuelle Risikobewertung an. Dabei bedeutet Grün: „kein akuter Handlungsbedarf", Gelb: „unter Beobachtung" und Rot: „dringender Handlungsbedarf".

### 2.1.3 Einführung von Risikomanagement

Zur Einführung eines Personalrisikomanagements sollten folgende Maßnahmen systematisch durchgeführt werden:
1. Analyse der bereits bestehenden Kennzahlen (Datenbasis, Zusammensetzung, Definition, Benchmarkmöglichkeiten)
2. Einigung auf Kennzahlen und Abstimmung mit den beteiligten Abteilungen (beispielsweise Unternehmens-/Finanzcontrolling, Personalentwicklung, Führungskräftemanagement)
3. Einführung eines neuen bzw. Weiterentwicklung des bestehenden Personalinformationssystems, das systematisch alle nötigen Kennzahlen anwenderfreundlich und flexibel zur Verfügung stellt
4. Pflege des Systems (wer pflegt was wann in welchen Abständen)
5. Kontinuierliche Verfolgung der Kennzahlen im Hinblick auf das unternehmensweite Risikomanagement, Abstimmung (insbesondere der Schwellenwerte und Risikobewertungen) mit den beteiligten Abteilungen und Entscheidern

## 2.2 Grundlagen des Risikomanagements am Beispiel eines Versicherungsunternehmens
*(Uta Lecker-Schubert)*

### 2.2.1 Hintergrund und Rahmen des Risikomanagements

Das Risikomanagement des Versicherungsunternehmens beruht auf den Vorgaben, die durch die rechtlichen Rahmenbedingungen gegeben sind. Die Entwicklung von Systemen des Personalrisikomanagements ist eng verzahnt mit den Grundlagen des Risikomanagements. Diese Grundlagen müssen Personalcontroller kennen, wenn sie sich der Identifikation und der Steuerung von Personalrisiken annähern wollen. Insbesondere vor dem Hintergrund von Basel II/III (bzw. Solvency II für die Versicherungswirtschaft), dem BilMoG (Bilanzrechtsmodernisierungsgesetz) sowie im Rahmen des KonTraG (Gesetz zur Kontrolle und Transparenz im Unternehmensbereich) wurden operationelle Risiken in den letzten Jahren stärker in den Vordergrund gerückt. Nach der Finanz- bzw. Wirtschaftskrise ab 2007 soll nun das neue Regelwerk von Basel III die Qualität, Quantität und Flexibilität des Eigenkapitals der Banken erhöhen.[83] Am 16. Dezember 2010 wurde die vorläufige Endfassung von Basel III veröffentlicht und sollte 2013 in Kraft treten. Da Basel II die Grundlage für Basel III darstellt und längere Übergangsfristen bestehen, muss auf Basel II respektive Solvency II im Versicherungsbereich intensiv eingegangen werden.

Die Grundlage des Aufsichtssystems bilden die drei aus Basel II bekannten, sich ergänzenden Säulen in Solvency II, welche die Stabilität des nationalen und des internationalen Finanzsystems besser absichern sollen.

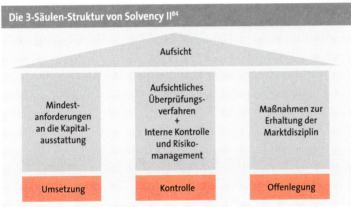
 Abbildung 65

Die erste Säule, „Mindestanforderungen an die Kapitalausstattung", definiert im Wesentlichen die quantitativen Anforderungen hinsichtlich
- versicherungstechnischer Rückstellungen,
- Kapitalanlegevorschriften und Bilanzmanagement (Asset- & Liability-Management),

---

83  Vgl. Offert (2012).
84  Vgl. Romeike, Müller-Reichhart (2008). Siehe auch Gesamtverband der Deutschen Versicherungswirtschaft (Hg.) (2007): Operationelle Risiken unter Solvency II aus Sicht der deutschen Versicherungswirtschaft und Versicherungsaufsicht: www.bafin.de/SharedDocs/Downloads/DE/Versicherer_Pensionsfonds/dl_opr_gdv.html (Stand 08.04.2013).

- Kreditrisiko, Marktrisiko, operationeller Risiken,
- Management von Risikokapital (interne Modelle und Standardansatz).

Die zweite Säule, „Aufsichtsrechtliches Überprüfungsverfahren", fokussiert sich auf die qualitative Überprüfung des Risikomanagements durch die Aufsicht unter den Grundsätzen
- Beurteilung der Angemessenheit der Eigenkapitalausstattung,
- umfassende Beurteilung der Risiken,
- Monitoring und Reporting,
- Überprüfung der internen Kontrollen.[85]

Mit der dritten Säule soll die Marktdisziplin als Steuerungsinstrument der Aufsicht eingesetzt werden:
- umfangreiche Veröffentlichungspflichten (beispielsweise hinsichtlich Methoden, Prozessen etc.),
- Förderung der Transparenz in Anlehnung an Corporate Governance,
- starke Verzahnung mit IAS (International Accounting Standards) bzw. IFRS (International Financial Reporting Standards).

Viele Unternehmen haben vor dem Hintergrund dieser Entwicklungen in den letzten Jahren kontinuierlich Risikobetrachtungen in das Personalmanagement integriert. Das Ziel dieser Maßnahmen ist es, Risiken im Bereich Personal frühzeitig identifizieren, messen und letztlich steuern zu können.

### 2.2.2 Operationelle Risiken

Eine Kategorisierung operationeller Risiken nach Ursachen lässt sich aufgrund der vier Hauptrisikokategorien vom Baseler Ausschuss bzw. Solvency II (interne Prozesse, Menschen, Systeme, externe Ereignisse) wie folgt vornehmen:
- technische Ursachen, zum Beispiel:
    - IT-Systeme und IT-Infrastruktur

---

85  Vgl. Szczepanski (2008).

- Menschen (Personalrisiken), zum Beispiel:
  - personelle Ressourcen
  - dolose Handlungen
  - unbeabsichtigtes Fehlverhalten
- Organisation, zum Beispiel:
  - Produkt- und Geschäftspraktiken
  - rechtliche Standards
- externe Faktoren, zum Beispiel:
  - externe kriminelle Handlungen (Hackerangriff)
  - Naturkatastrophen (Ausfall von Mitarbeitern durch eine Pandemie)

An welcher Stelle im Unternehmensrisikomanagement sich die Personalrisiken befinden, zeigt im Folgenden das Beispiel einer Risikokategorisierung nach DRS 5-20:

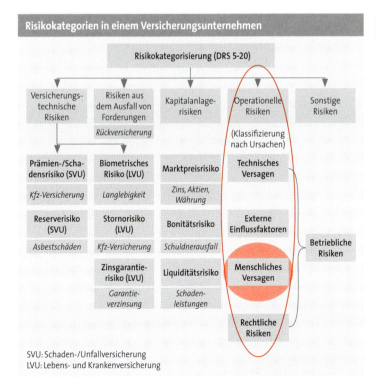

Abbildung 66: Risikokategorien in einem Versicherungsunternehmen

**Abbildung 67**  **Der Risikomanagementprozess als Regelkreis**[86]

1. Risiken identifizieren
2. Risiken bewerten
4. Risiken überwachen und reporten
3. Risiken steuern

Ziel der Risikoidentifizierung ist die strukturierte Erfassung operationeller Risiken. Hierfür werden die entsprechenden Bestimmungen und Vorgaben zugrunde gelegt, wie beispielsweise:
- Gesetze (zum Beispiel HGB, AktG, KonTraG)
- Vorgaben für Rechnungswesen und Jahresabschluss (zum Beispiel US-GAAP, IAS/IFRS)
- Normen (zum Beispiel ISO 9001)

Die Wahl der *Methodik zur Risikoidentifikation* ist stark abhängig von den spezifischen Risikoprofilen von Unternehmen und Branche. In der Praxis werden häufig verschiedene Methoden kombiniert.

**Abbildung 68**  **Methoden zur Risikoidentifizierung**[87]

| Kollektionsmethoden | Suchmethoden | |
|---|---|---|
| | Analytische Methoden | Kreativitätsmethoden |
| Checkliste | Fragenkatalog | Brainstorming |
| SWOT-Analyse/ Self-Assessment | Fehlermöglichkeits- und Einflussanalyse | Brainwriting |
| Risiko-Identifikations-Matrix | morphologische Verfahren | Delphi-Methode |
| Interview, Befragung | Baumanalyse | Synektik |

↓ Vorwiegend geeignet zur Identifikation bestehender und offensichtlicher Risiken

↓ Vorwiegend geeignet zur Identifikation zukünftiger und bisher unbekannter Risikopotenziale (proaktives Risikomanagement)

---

86 Vgl. Szczepanski (2008).
87 Vgl. Romeike, Müller-Reichhart (2008).

Sind sie erkannt, werden die Risiken in der nächsten Phase hinsichtlich ihres Erwartungswertes (Eintrittswahrscheinlichkeit) und möglicher Risikomaße identifiziert. Durch die *Risikobewertung* soll beispielsweise eine Rangfolge des Gefährdungspotenzials abgebildet werden. Gemäß MaRisk[88] sind zur Bewertung der Risiken mindestens die Einschätzung einer Zeitdimension, einer Eintrittswahrscheinlichkeit sowie die Höhe eines eintretenden Verlusts erforderlich.

**Beispiel für die Bewertung von Auswirkungen und Eintrittswahrscheinlichkeit von Einzelrisiken**

Abbildung 69

| Risikobewertung der Auswirkungen – Orientierungsrahmen ist der Eigenmittelverbrauch | | | | | | | | |
|---|---|---|---|---|---|---|---|---|
| Skala | 1 | 2 | 3 | 3,5 | 4 | 5 | 5,5 | 6 | 7 |
| | keine | unerheblich | ... | ... | moderat | ... | ... | erheblich | höchste |
| Eigenmittelverbrauch absolut in Tsd. €* | | | | | | | | | |

| Risikobewertung der Wahrscheinlichkeit – Eintrittswahrscheinlichkeit in Prozentpunkten | | | | | | | |
|---|---|---|---|---|---|---|---|
| Skala | 1,0 | bis 2,0 | bis 3,0 | bis 4,0 | bis 5,0 | bis 6,0 | bis 7,0 |
| Eintrittswahrscheinlichkeit | 0 % | 1 % – 19 % | 20 % – 39 % | 40 % – 59 % | 60 % – 79 % | 80 % – 99 % | 100 % |
| | Risiko tritt sicherlich nie ein | | | ... | | | Risiko wird sicher eintreten |

| Auswirkung/ Wahrscheinlichkeit auf der Skala 1–7 | 2008 | | 2009 | | 2010 | |
|---|---|---|---|---|---|---|
| | Auswirkung | Wahrscheinlichkeit | Auswirkung | Wahrscheinlichkeit | Auswirkung | Wahrscheinlichkeit |
| ohne Maßnahmen | | | | | | |
| mit bestehenden Maßnahmen | | | | | | |
| mit geplanten Maßnahmen | | | | | | |

(1) Wirkung der Risikosteuerungsmaßnahmen auf das Risiko

(2) Erläuterung der relevanten Indikatoren für das Risiko

---

88 MaRisk: „Mindestanforderungen an das Risikomanagement". Vgl. Bundesanstalt für Finanzdienstleistungsaufsicht (BaFin) (2012). Verfügbar über www.bafin.de/SharedDocs/Veroeffentlichungen/DE/Rundschreiben/rs_1210_marisk_ba.html (Stand 10.04.2013).

Die Bewertung geschieht nach verschiedenen Prinzipien. Unter anderem sind die Risiken zu kategorisieren, ihr Erfassungsgrad ist zu erheben, und Standardprozeduren für die Risikobewältigung sind zu identifizieren. Auch bei der Risikobewertung werden unterschiedliche Methoden eingesetzt.

Abbildung 70

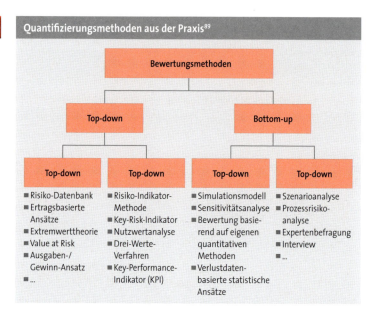

Quantifizierungsmethoden aus der Praxis[89]

*Reporting-Werkzeug*

Risiken können dann in einer Risiko-Scorecard oder in anderen steuerungsorientierten Darstellungsformen abgebildet und kommuniziert werden. Als weiteres Reporting-Werkzeug können neben einem Risikoportfolio auch Risikomanagement-Handbücher dienen.

*Monitoring mit Ampelsystem*

Ein laufendes Monitoring erlauben zum Beispiel Ampelsysteme. Durch den Vergleich des aktuell ermittelten Wertes mit zwei kritischen Schwellenwerten (beispielsweise festgelegt vom Vorstand für das jeweilige Folgejahr) wird bei einer Über- oder Unterschreitung eines oder beider Schwellenwerte die Ampelfunktion ausgelöst.

---

89  Vgl. Romeike, Müller-Reichhart (2008).

## Beispiel für ein Risikomanagement-Handbuch (Ausschnitt)

Abbildung 71

| Ablauf | Termin | verantwortlich |
|---|---|---|
| Aussagen im Rahmen der operativen Unternehmensplanung bzw. Jahresplanung der PA | UP bzw. jährlich | PA/entspr. FA |
| Meldung von Verschlechterung durch den Risikohauptverantwortlichen an den Fachvorstand | anlassbezogen | PA in Abstimmung mit FA |
| Information Gesamtvorstand | | Fachvorstand |

| Maßnahmen (beispielhaft) | | Termin | verantwortlich |
|---|---|---|---|
| bestehend | Effektive Personalauswahl/-einsatz/-bindung: Fehlzeitenanalyse/Fehlzeitenmanagement | jährlich | PA |
| bestehend | Effektive Personalauswahl/-einsatz/-bindung: Altersstrukturanalyse | jährlich | PA |
| bestehend | Effektive Personalauswahl/-einsatz/-bindung: Fluktuationsanalysen | jährlich | PA |

## Beispiel für ein Ampelsystem in einem Versicherungsunternehmen

Abbildung 72

| Abstand vom Schwellenwert | Farbe | Handlung |
|---|---|---|
| Überschreitung beider Schwellenwerte | grün | keine Kommentare oder Maßnahmen erforderlich |
| Unterschreitung des 1. Schwellenwertes | gelb | begründende Kommentierung erforderlich |
| Unterschreitung des 2. Schwellenwertes | rot | begründende Kommentierung und Aufzeigen einer geeigneten Gegenmaßnahme erforderlich |
| | | weiterhin kritische Überwachung |

# 3 Strategische Steuerungsinstrumente und Navigationshilfen
*(Paul Kittel, Jörg Sasse)*

## 3.1 Personalinformationssysteme

### 3.1.1 Überblick

Datenbanken und Informationssysteme bilden die Basis für ein funktionierendes Personalcontrolling. Dabei stehen nicht nur der technische Aspekt von Datenbanken, sondern auch Möglichkeiten der Informationsauswertung und deren Weitergabe im Fokus. Die folgenden Abschnitte beziehen sich auf Personalinformationssysteme im weitesten Sinne. Die Darstellung legt den Schwerpunkt auf die jeweiligen Stärken und Schwächen und geht dabei schrittweise vor. Am Anfang steht das Leistungsvermögen eines Personalabrechnungs- als Personalinformationssystem, am Ende eine Cockpit-Lösung.

*Personalinformationssysteme*

Abbildung 73 stellt die Vor- und Nachteile gängiger IT-Grundlagen für Personalinformationssysteme vergleichend gegenüber.

**Abbildung 73**

| Überblick über Personalinformationssysteme | | |
|---|---|---|
| | Pro | Contra |
| Personalabrechnungssysteme | ■ keine zusätzlichen IT-Systeme nötig<br>■ hohes Fachwissen der Abrechner bereits vorhanden | ■ transaktionale Daten<br>■ Daten auf Abrechnung beschränkt |
| Tabellenkalkulation | ■ einfache Handhabung<br>■ wenig IT-Know-how nötig<br>■ Möglichkeiten grafischer Darstellung | ■ Risiko redundanter Datenhaltung<br>■ hohe Komplexität bei großen Datenmengen<br>■ Datenschutzprobleme durch fehlendes Berechtigungswesen |
| Relationale Datenbanken | ■ schnelle Ergebnisse<br>■ IT-Know-how i. d. R. vorhanden | ■ starre Datenmodelle<br>■ hohe Anfälligkeit bei Strukturveränderungen |
| OLAP-Cubes | ■ frei definierbare Datenmodelle<br>■ ergonomische Handhabung<br>■ Verfügbarkeit komplexester Analysen | ■ komplizierte Datenmodelle<br>■ hohe IT-Anforderungen |

Werden diese unterschiedlichen Datenhaltungskonzepte betrachtet als Quelle für Daten, die automatisch verarbeitet, verdichtet und weitergeleitet werden, so entsteht ein „Datenwarenhaus", das verschiedene „Datenmärkte" beliefern kann. Werden die Datenmärkte durch entsprechende Werkzeuge visualisiert, so wird von sogenannten *Cockpits* und *Dashboards* gesprochen, die sich in der Regel der Techniken des Web-Reportings bedienen.

*Cockpits und Dashboards*

### 3.1.2 Das Personalabrechnungssystem als Informationsquelle

Wie aus der DGFP-Befragung zum Personalcontrolling[90] hervorgeht, nutzt die Mehrheit der Personalcontroller das Personalabrechnungssystem als Datenquelle. An dieser Stelle soll daher der Fokus auf dem Abrechnungs- als einem Personalinformationssystem liegen.

*Abrechnungssystem*

Auf den ersten Blick scheint das Abrechnungssystem ein valides Informationssystem zu sein. Ohne nennenswerte Investitionen in die IT-Systeme und mithilfe des fachlichen Wissens der Personalabrechner sollte das Personalcontrolling damit fit für die Zukunft sein. Die Problematik liegt jedoch im Detail: Bei den Abrechnungssystemen handelt es sich um sogenannte transaktionale Systeme. In der IT wird eine Transaktion definiert als eine feste Folge von Einzelschritten, die eine logische Einheit bilden. Hohe Anforderungen werden dann an das Abrechnungssystem gestellt, wenn es notwendig ist, Informationen zu erfassen, die innerhalb der Transaktionen verborgen sind. In der Regel ist dies der Fall.

*Transaktion: eine feste Folge von Einzelschritten*

*Zweck eines Abrechnungssystems*

Der Zweck eines Abrechnungssystems liegt in der Entgeltabrechnung für die Mitarbeitenden. Daher handelt es sich hierbei zwar um eine exzellente Datenquelle, nicht jedoch um ein Informationssystem. Werden die erzeugten Daten nicht in einem dedizierten Informationssystem gespeichert, so sind Historien in transaktionalen Systemen in der Regel nicht mehr nachzuvollziehen. Spätestens in dem Moment, in dem das Personalcontrolling sich auf Daten stützen will, die über das Abrechnungssystem hinausgehen (zum Beispiel bei Daten zu Fort- und Weiterbildung), erweist sich die Abrechnungssoftware als überfordert.

---

90 Vgl. DGFP e. V. (2007b).

Somit kann aus den verfügbaren Datenbeständen zwar durchaus eine Analyse mit validen Ergebnissen erstellt werden. Wenn die Anforderungen an das Personalcontrolling aber in der Überprüfung und Begleitung einer Maßnahme bestehen, dann sind Informationsdatenbanken notwendig.

### 3.1.3 Datenverarbeitung mittels Tabellenkalkulation

Die Sammlung und Weiterverarbeitung von Daten mittels einer Tabellenkalkulationssoftware ist eine weitverbreitete Variante der Informationsverarbeitung. Nicht umsonst ist die Tabellenkalkulation MS Excel die wahrscheinlich weltweit meistverbreitete Controllingsoftware. Die Kombination von komplexen Berechnungen und grafischer Aufbereitung aus einer (Software-)Hand ist ein mächtiges Werkzeug, nicht nur für das Personalcontrolling.

*Tabellenkalkulation MS Excel meistverbreitete Controllingsoftware*

Allerdings gilt auch hier, wie im Falle der Abrechnungssysteme: Die Datenerhebung und die Nutzung von Datentabellen sind zwei verschiedene Anwendungsfelder.

Die Nutzung von Datentabellen führt in der Regel bei steigender Anzahl und Komplexität zu immer größerem Aufwand. In erster Linie liegt das daran, dass immer mehr Daten redundant vorhanden sind. Das heißt, dass die gleichen Aussagen und Informationen an mehreren Stellen zur Verfügung stehen. Da die Datentabellen in der Regel nicht miteinander verknüpft sind, werden selbst kleinste Veränderungen in der Firmenstruktur oder Datenhistorie zu großen Herausforderungen an das Qualitätsmanagement. Das Fehlen eines effizienten Berechtigungssystems innerhalb der Datentabellen führt zu weiteren Problemen, auf die hier nicht im Detail eingegangen werden soll.

In der Regel bieten die verschiedenen Software-Anbieter eine Makro-Programmiersprache an, mit der verschiedene Abläufe automatisiert werden können. Auch können Tabellen miteinander verknüpft werden. Allerdings entsteht damit eher eine Sammlung von Datenblättern und nicht eine Sammlung von Daten. Die Navigation durch die Datenbestände muss daher entweder mithilfe hochkomplexer Tabellenstrukturen oder durch ein effizientes Dateiablagesystem geleistet werden.

### 3.1.4 Relationale Datenbanken im Personalcontrolling

Die Forderung nach konsequenter Verknüpfung von Datenbeständen führt schnell zu den relationalen Datenbanken.

*Speicherung der Verknüpfung zwischen verschiedenen Datenbanken*

Anders als bei den Datentabellen werden in relationalen Datenbanken die Verknüpfungen (Relationen) zwischen verschiedenen Datenbanken gespeichert. Es muss lediglich ein Verknüpfungsschlüssel definiert werden, der die einzelnen Datensätze miteinander verbindet. Im Falle von Personalinformationssystemen ist dies oft die Personalnummer.

Mit relativ wenig Aufwand ist es dem Personalcontrolling möglich, eigene Datenstrukturen aufzubauen und mit überschaubarem IT-Einsatz zu realisieren. Bereits die MS-Office-Bürosoftware gestattet es, relationale Datenbanken anzulegen und mit der SQL-Sprache auszuwerten.

Da es sich bei relationalen Datenbanken eher um Anwendungen handelt, die in die Domäne des IT-Bereichs fallen, treten Punkte wie zum Beispiel ein Berechtigungswesen und eine konsistente Datenhaltung anfangs in den Vordergrund, während leichte Bedienbarkeit und grafische Flexibilität mit entsprechendem Aufwand erst noch aufgebaut werden müssen.

Hinsichtlich der Datenverarbeitung und Navigation liefern die relationalen Datenbanken klare Vorteile gegenüber den beiden oben genannten Lösungen. Liegt die Anforderung jedoch darin, die Informationssysteme noch effizienter zu gestalten und selbst komplexeste Datenmodelle aufzubauen und zu analysieren, so stoßen auch relationale Datenbanken mit ihren relativ starren Verknüpfungen in einem sich schnell verändernden Umfeld schnell an ihre Grenzen.

### 3.1.5 OLAP-Cubes und Data Mining

*OLAP-Datenbanken*

Bei OLAP (Online Analytical Processing)-Datenbanken handelt es sich in der Regel um relationale Datenbanken, die über sogenannte OLAP-Cubes oder OLAP-Würfel ausgewertet werden können. Sie bilden in der Regel die Basis von Data-Warehouse-Systemen. Das Konzept der in der Regel mehrdimensionalen Würfel erlaubt es, selbst komplizierteste Analysen und Zusammenhänge mit den Methoden des Data Mining zu überprüfen. Bei OLAP-Datenbanken handelt es sich oft um hypothesengestützte Systeme. Das Personalcontrolling muss vor der eigentlichen Analyse eine Hypothese aufstellen, die dann durch das Analyseergebnis bestätigt oder widerlegt wird. Besonders im Falle des Personalcontrollings, in dem monokausale Zusammenhänge sehr selten zu beobachten sind, können OLAP-Systeme aufgrund der benötigten Datenmengen somit zugleich Segen und Fluch sein.

Bei steigender Mitarbeiterzahl und Internationalisierung wird die Abbildung der Daten in standardisierten Würfeln schnell zur Herausforderung an das Qualitätsmanagement. Die Möglichkeit, selbst größte Datenmengen schnell und effizient auswerten zu können, führt nicht selten zu einem Informationsüberschuss, der den Blick auf die eigentlichen Treiber und KPI verbaut. Die Vielfalt der angebotenen Informationen und die Möglichkeit, selbst externe Datenquellen ohne größeren Aufwand einzubinden, werden daher oft unterschätzt und die Ergebnisse als überflüssiges Datenmaterial abgetan.

### 3.1.6 Data Warehouse

Bei einem Data Warehouse handelt es sich nicht um eine definierte IT-Lösung, sondern um das Konzept eines Datenwarenhauses, in dem alle erforderlichen Informationen gespeichert sind. Da sie sich inzwischen eingebürgert hat, soll im Folgenden die englische Bezeichnung dafür benutzt werden.

Der Kernprozess eines Data Warehouse ist der ETL-Prozess. ETL steht hierbei für die Begriffe:

- *Extraktion*: Daten werden aus verschiedenen Quellen erhoben und in standardisierter Form im Data Warehouse gespeichert. (Ein Abrechnungssystem ist damit eine Quelle für das Data Warehouse, niemals jedoch Bestandteil eines Data Warehouse!)
- *Transformation*: Daten werden nach Vorgaben des Data Warehouse verarbeitet und vorberechnet (Stichwort: Kennzahlendefinition).
- *Laden*: Daten werden an definierte Stellen im Data Warehouse übermittelt, wo sie für weiter gehende Arbeitsschritte genutzt werden können.

Liegen schlussendlich alle erforderlichen Daten im Data Warehouse vor, so ist es möglich, mit entsprechenden Werkzeugen darauf zuzugreifen. Data-Warehouse-Systeme arbeiten typischerweise auf der Basis von OLAP-Datenbanken.

### 3.1.7 „Big Data" als neuer Trend?

*„Großes Data Warehouse"* Hinter dem Begriff „Big Data" verbirgt sich im Wesentlichen ein „großes Data Warehouse" (siehe vorherigen Abschnitt). Der Begriff signalisiert dabei, dass es sich um besonders große Datenmengen handelt, die mit entsprechenden technischen Analyse- und Visualisierungswerkzeugen bearbeitet werden müssen. Die im zweiten Teil des Kapitels beschriebenen Werkzeuge und Methoden behalten hierbei ihre Gültigkeit, werden jedoch durch eine Reihe von mathematischen und technischen Werkzeugen ergänzt, die dem Benutzer über die Ableitung von Zusammenhängen neue Potenziale erschließen sollen.

Besonders im Personalcontrolling ist jedoch zu beachten, dass aufgrund der Natur der Daten der Umgang damit und ihre Verfügbarkeit durch eine Reihe von durchaus sinnvollen Restriktionen geregelt sind.

Das Personalcontrolling steht zukünftig vor der Herausforderung, bei den steigenden Datenmengen und der zunehmenden Komplexität der Zusammenhänge den Überblick zu behalten und sinnvolle Korrelationen transparent zu machen. Dafür sind entsprechende Softwarelösungen durchaus sinnvoll, sie sind jedoch nicht unbedingt die Lösung aller offenen Fragen. Insbesondere im letzten Teil dieses Kapitels, in dem es im Rahmen der strategischen Personalplanung eines Unternehmens beispielhaft um die Reduktion von Komplexität und nicht um die Abbildung von Komplexität geht, wird dies offensichtlich: Im Fokus steht eine Ursache-Wirkungs-Beziehung (Kausalität) und nicht lediglich ein Zusammenhang (Korrelation).

### 3.1.8 Cockpits und Dashboards

Wenn es gelingt, den strategiegeleiteten Fragesteller und das Personalcontrolling über eine gemeinsame Kommunikationsplattform zu verbinden, so sind wir in der Welt des Web-Reportings mit Cockpits und Dashboards.

Cockpits dienen dazu, Informationen zu kanalisieren und den Informationsüberschuss der OLAP-Welt in geordnete Bahnen zu lenken. Informationen werden zielgruppengerecht aufbereitet und den entsprechenden Personen in geeigneter Form zur Verfügung gestellt (Ampeln, Zeitreihenvergleiche, Benchmarks, Scorecards …).

*Kanalisierung von Informationen*

Dashboards hingegen erlauben es dem Benutzer, im Rahmen eines Web-Reportings auf größere Datenmengen zuzugreifen und Analysen zu erstellen. In Kombination mit Kennzahlen aus dem Cockpit ist es mit einem Dashboard beispielsweise möglich, Kennzahlenentwicklungen zu analysieren und Zusammenhängen nachzuforschen (OLAP-Analysewerkzeuge, Prognosewerkzeuge …).

*Zugriff auf größere Datenmengen und Erstellung von Analysen*

Die Ausgestaltung und das Zusammenspiel zwischen Cockpits und Dashboards kann flexibel gestaltet werden und richtet sich nach den Anforderungen der Zielgruppen. Im Fokus sollte stehen, dass die Benutzer eines solchen Web-Reportings in die Lage versetzt werden, eigene Analysen und Berichte in einem vordefinierten Rahmen selbst zu erstellen. Dabei ist es einleuchtend, dass beispielsweise das Personalcontrolling über andere Werkzeuge verfügen muss als die Geschäftsführung.

*Zusammenspiel zwischen Cockpits und Dashboards*

*Web-Reporting*

Im Folgenden sowie in dem Praxisbeispiel wird eine Reihe von Web-Reporting-Werkzeugen angesprochen.

## 3.2 Steuerungssysteme

### 3.2.1 Analysewerkzeuge

Der erste Schritt zum Aufbau von Kennzahlensystemen liegt im Verständnis der Treibergrößen und Einflussfaktoren. Eine exakte Analyse der vorliegenden Kennzahlen und deren Abhängigkeiten von den entsprechenden Werttreibern ist daher unerlässlich – zumal kein „Königsweg" existiert, der für alle Organisationen identisch wäre. Die Herausforderung an das Personalcontrolling liegt in dieser Phase im Wesentlichen darin,

- die nötigen Daten zu erheben,
- in definierten Strukturen aufzubereiten,
- die Werttreiber zu finden sowie Abhängigkeiten darzustellen.

Stehen am Anfang noch die IT und das Datenbankdesign im Vordergrund, so steigt bei zunehmendem Reifegrad der Informationssysteme der Anspruch an die Analysekapazität des Personalcontrollings.

An der Schnittstelle zwischen IT und Personalcontrolling geht es darum, das Analyseinstrumentarium aufeinander abzustimmen. Die technische Ausgestaltung der Werkzeuge ist vielfältig und kann je nach Ausprägung der Informationssysteme sehr unterschiedlich gehandhabt werden. Das zugrunde liegende Konzept ist jedoch verwandt:

### Dicing, Slicing, Pivoting

Die englischen Begriffe „Dicing", „Slicing" und „Pivoting" beschreiben verschiedene Arten der Datenfilterung. Aus der Gesamtheit der Daten werden Teilausschnitte gewählt, die eine gezielte Analyse erlauben.

*„Dicing"* Wird der Fokus auf einen ausgesuchten Teilaspekt der Daten gelegt, spricht man vom „Dicing": Die Analyse „Geschlechterverteilung der Auszubildenden nach Ausbildungsjahr und Berufsgruppe" ist ein solcher Teilausschnitt, der sich aus vier Variablen zusammensetzt: „Geschlecht", „Vertragsart Ausbildung", „Ausbildungsjahr" und „Berufsgruppe". Es entsteht ein Würfel (daher der Name „Dicing"), in dem die einzelnen Variablen analysiert werden können. Da die grafische Darstellung von vier Dimensionen zwar möglich, aber nicht unbedingt übersichtlich ist, sollte es möglich sein, den oben beschriebenen Würfel zu drehen und aus verschiedenen Perspektiven zu betrachten – daher der Begriff „Pivoting". Er beschreibt einen weiteren Filter, der aus den Daten zum Beispiel den Report „Geschlechterverteilung der auszubildenden Einzelhandelskaufleute im ersten Jahr" filtert und den Blick auf einen bestimmten Berichtsinhalt lenkt. Eine Alternative dazu wäre, einzelne Variablen zu unterdrücken und lediglich eine Scheibe aus dem Datenwürfel zu betrachten. „Geschlechterverteilung der Auszubildenden" wäre eine

*„Pivoting"*

*„Slice"* solche Scheibe („Slice"), die die Variablen „Berufsgruppe" und „Ausbildungsjahr" abschneidet.

## Drill up, Drill down, Drill across

Beim Drill-Vorgang wird die Analyse durch das „Bohren" in den Datenwürfel unterstützt. Eine Analyse auf Gesamtunternehmensebene wird hierbei auf die Ebene einzelner Organisationseinheiten heruntergebrochen bzw. von den Einheiten auf die Unternehmensebene hinaufgerechnet. Wird zum Beispiel die „Anzahl der Mitarbeiter" durch „Fluktuation der Mitarbeiter" ersetzt, so handelt es sich um ein „Hindurchbohren" durch die verschiedenen Kennzahlen. Die oben genannten Beispiele für die „Anzahl der Personen" würden nun analog für die Kennzahl „Fluktuation" gelten.

Dies sind die elementaren Werkzeuge der Datenbearbeitung, die das Personalcontrolling bei der Analyse unterstützen. Ein Bestandteil eines Personalcontrolling-Cockpits ist die Bereitstellung solcher Analysewürfel. Es handelt sich um „Dashboards". Ein Dashboard eignet sich hervorragend dazu, komplexe Sachverhalte zu analysieren oder ein Standardreporting zu unterstützen. Auch das Zurverfügungstellen von wohldefinierten Dashboards über das Personalcontrolling hinaus ist möglich.

*„Dashboards"*

Die Erfahrung zeigt, dass ein Dashboard für das Personalcontrolling einen hohen Wert in der Datenanalyse und Beschreibung von Fakten besitzt, jedoch durch die hohen Datenmengen nicht zur Steuerung, sondern lediglich zur Information geeignet ist. Demgegenüber kann ein Management- bzw. HR-Cockpit wesentlich besser als ganzheitliche Steuerungshilfe genutzt werden. Den Managern, oft auch den Mitarbeitern des Personalbereichs wird eine bedarfsgerechte Auswahl von Kennzahlen und Berichten zur Verfügung gestellt.

### 3.2.2 Balanced Scorecards

Die Balanced Scorecard ist ein Beispiel für ein strategisches Steuerungsinstrument, das entscheidende Key Performance Indicators (KPIs) steuerungsorientiert aufbereitet.

*Strategisches Steuerungsinstrument*

Sie wurde Anfang der Neunzigerjahre in den USA von Kaplan und Norton entwickelt[91] und hat sich in vielen Unternehmen gera-

---

91   Vgl. Kaplan, Norton (1997).

de wegen der abgebildeten Dimensionenvielfalt durchgesetzt. Hierbei gewinnen insbesondere personalwirtschaftliche Informationen und Leistungsgrößen in der Unternehmensführung an Gewicht. Grundsätzlich ist die Balanced Scorecard ein strategisches Managementsystem, das

- „Visionen und Strategien des Unternehmens klärt und in einem Top-down-Prozess für organisatorische Einheiten bis hin zum Mitarbeiter handhabbar macht
- strategische Ziele und Maßnahmen unternehmensweit kommuniziert sowie abteilungsspezifische und persönliche Ziele an die gemeinsame Unternehmensstrategie anpasst
- Ziele plant und festlegt sowie strategische Aktivitäten abstimmt
- durch periodische und systematische Reviews die Möglichkeiten für Strategie-Feedback und Lernen verbessert"[92].

Der Aufbau einer Balanced Scorecard folgt einem einheitlichen Schema. Abgeleitet aus einer übergeordneten unternehmerischen Vision, werden in jeder gewählten Perspektive die strategischen Ziele für das Unternehmen definiert. Mithilfe von Messgrößen erfasst man die wesentlichen Kennzahlen zur Leistungsmessung, deren konkrete Ausprägung die angestrebten operativen Ziele darstellt. Schließlich lassen sich die Aktivitäten beschreiben, die zum Erreichen der einzelnen strategischen Ziele notwendig sind. Eine so entwickelte Balanced Scorecard ist eine erfolgsorientierte Anzeigetafel, die in den jeweiligen Einheiten kommuniziert und regelmäßig überprüft werden sollte, um aus dem Feedback Lerneffekte zu erzielen.

Diese Offenheit des Instruments hat dazu geführt, dass viele Personalbereiche zu Steuerungszwecken von Personal Scorecards Gebrauch machen.

Bei der Anwendung einer Balanced Scorecard im Personalbereich werden ausgehend von einer übergeordneten Personalstrategie für verschiedene Prozesse (Gewinnung, Betreuung, Entwicklung etc.) strategische Ziele, Messgrößen und operative Ziele abgeleitet.[93]

---

92  DGFP e. V. (2001), S. 179.
93  Vgl. Wickel-Kirsch (1999).

**Abbildung 74: Beispiel einer Balanced Scorecard im Personalbereich**

| | Strategische Ziele | Messgrößen | Konkrete Ausprägung (operative Ziele) |
|---|---|---|---|
| Finanzielle Perspektive | Kosten für Personalentwicklung über dem Branchendurchschnitt | Kosten der Personalentwicklung in % vom Umsatz | 5 % vom Umsatz |
| Kundenperspektive | Attraktiver Arbeitgeber (im Hinblick auf Karriere und Gehalt) | Durchschnittsgehälter; Anzahl Seniorgehälter aus eigener Personalentwicklung | Anstieg Durchschnittsgehälter |
| Prozessperspektive | Transparente Leistungsbeurteilung als Basis für die Personalentwicklung | Anzahl Kommentare bzw. fehlende Unterschrift Leistungsbeurteilung | < 0,5 % fehlende Unterschriften |
| Potenzialperspektive | Kontinuierliche Prozessverbesserung | Anzahl Verbesserungsvorschläge | Jährl. Verbesserung um > 10 %; > 3 Vorschläge je Mitarbeiter |

Das soll an einem Beispiel aus dem Bereich Personalversorgung erläutert werden: Die Vision bzw. das Leitbild wird von den obersten Personalverantwortlichen mit ausgewählten Mitarbeitern definiert. Hieraus leitet sich das strategische Ziel der Besetzung der Positionen im entsprechenden Verantwortungsbereich mit möglichst den besten Mitarbeitern ab. Damit dies umsetzbar und messbar wird, muss der Erfolg jeder Einstellung überprüft werden, wobei sich als Messgröße zum Beispiel die Beurteilung der Person nach zwei Jahren Firmenzugehörigkeit anbietet. Als Vorgabe zur Umsetzung des strategischen Ziels wird das operative Ziel abgeleitet, dass 80 Prozent der neuen Mitarbeiter eine gute Beurteilung erhalten sollten. Schließlich kann sich bei einer Aktion dieser Art die Zusammenarbeit mit externen Personalberatern empfehlen, um die Auswahl Erfolg versprechender Mitarbeiter noch zu verbessern.

Die Balanced Scorecard erfordert Konzentration auf wenige Steuerungsgrößen. Dadurch kann die – vielleicht zu sehr vereinfachende – Illusion einer leicht handhabbaren Unternehmenswelt entstehen. Aufgrund der notwendigen Abstimmungsprozesse mit verschiedenen organisatorischen Einheiten ist der Aufwand zur Generierung und Pflege der Balanced Scorecard nicht unerheblich, wobei während der

Einführungsphase häufig externer Berateraufwand hinzukommt. Der erfolgreiche Einsatz einer Balanced Scorecard hängt in besonderem Maß von der Einbeziehung aller relevanten Ebenen in den Implementierungsprozess ab. Werden relevante Einheiten und Personen dabei nicht berücksichtigt oder wird zu wenig Überzeugungsarbeit geleistet, kann das Konzept scheitern.

Abbildung 75

| Beispiel einer ausgefüllten HR-Scorecard-Dimension | | | | |
|---|---|---|---|---|
| Vision/ Leitbild | Strategische Ziele | Messgrößen | Operative Ziele | Aktionen |
| Hervorragender Mitarbeiterstamm | Besetzung der Positionen mit den besten Mitarbeitern | Beurteilung der Mitarbeiter nach 2 Jahren | 90 % sollen mit der Note 1–3 beurteilt werden | Systematisierung der Zusammenarbeit mit Personalberatern |

Demgegenüber hat das Konzept einige überzeugende Vorteile: Besondere Attraktivität gewinnt die Balanced Scorecard wegen der einfachen Darstellung von erfolgswirksamen Größen, die in einem übersichtlichen Tableau zusammengefasst werden können. Der Einsatz von Balanced Scorecards fördert durch ein gemeinsames Vokabular das unternehmensweite Verständnis strategischer Ziele und die Konzentration auf die Operationalisierung der Unternehmensstrategie.

### 3.2.3 Prognose- und Simulationssysteme

Wie aus der DGFP-Befragung zum Personalcontrolling hervorgeht, waren im Jahre 2007 erst wenige Unternehmen in Deutschland mit Prognose- und Simulationswerkzeugen im Personalwesen beschäftigt.[94] Dies war im Hinblick auf entsprechende Prognoserechnungen und Erwartungen im Vorfeld des demografischen Wandels ein überraschendes Ergebnis.

Ein fest etabliertes Personalcontrolling sollte über ein Simulations- und Prognoseinstrumentarium verfügen, das die vielfältigen Herausforderungen, die durch Politik und Wissenschaft aufgezeigt

---

94  Vgl. DGFP e. V. (2007b).

werden, auf unternehmerische Ebene hinunterzubrechen vermag. Auf drei Instrumente soll an dieser Stelle näher eingegangen werden:

Bei der *Delphi-Methode* handelt es sich um einen Befragungsprozess, in dem eine Reihe von Fachleuten zu speziellen Themen befragt wird und gemeinsam Thesen aufstellt.[95] Diese Thesen werden mithilfe von mathematischen Methoden und Analyseschritten aufgearbeitet und in einer erneuten Rückmeldungsrunde diskutiert. Hierbei werden das beigesteuerte Expertenwissen und die Einschätzung der zukünftigen Entwicklung eines jeden Teilnehmers in systematischer Art und Weise aufbereitet. Die Delphi-Methode besitzt den Vorteil, dass das Verfahren ohne großen technischen Aufwand zu nutzen ist und – bei einer entsprechenden Moderation und Teilnehmerauswahl – schnell zu Ergebnissen führt. Der Nachteil der Methode liegt im Wesentlichen in der Zusammensetzung der Spezialisten, der komplexen sozialen Situation innerhalb der Expertenrunde sowie der Umsetzung von Maßnahmen in der Organisation begründet. Daher sollten Fragen der fachlichen Besetzung des Expertenteams, der Dominanz von Teilnehmern und der Situation eines „Elfenbeinturms" nicht unterschätzt werden. Gerade in Organisationen, in denen das Personalcontrolling nicht über eine breite Basis verfügt, gestaltet sich die Delphi-Methode als problematisch. In diesem Falle bietet es sich an, den Prozess über andere Ressorts – wie zum Beispiel die Unternehmensentwicklung – zu betreiben und das Personalcontrolling als Fachspezialisten zu integrieren.

*Delphi-Methode*

Ein weiteres Instrument ist die *Fortschreibung unter sonst gleichen Voraussetzungen* („Ceteris-paribus-Methode"). Hierbei werden Annahmen getroffen, die einem speziellen Szenario unterliegen und bei allen anderen gegebenen, gleichbleibenden Bedingungen *(ceteris paribus)* über einen definierten Zeitraum fortgeschrieben werden. Der Vorteil der Methode liegt darin, dass verschiedene Szenarien gewählt werden können, in denen die zukünftige Entwicklung bewusst überzeichnet werden kann, um die langfristigen Effekte kleiner Einflüsse aufzuzeigen. Des Weiteren eignet sich die Methode dazu, in

„Ceteris-paribus-Methode"

---

95  Vgl. Häder, Häder (2000).

hochkomplexen Systemen den Blick des Betrachters auf bestimmte wesentliche Fakten zu lenken und Abhängigkeiten aufzuzeigen. Eignet sich das Ceteris-paribus-Verfahren in der Wissenschaft vorzüglich, um einzelne Treibergrößen zu isolieren und deren Abhängigkeiten im Experiment zu dokumentieren, so gelingt dies in sich ständig ändernden komplexen Systemen nur bedingt. In der Regel besitzt die Methode eine Alarmfunktion, die eventuelle Herausforderungen im Rahmen eines Szenarios sichtbar macht. Die Ableitung von konkreten Maßnahmen und Handlungsoptionen ist meist nur bedingt möglich, da sich der Einfluss von Vereinfachungen mit steigendem Prognosehorizont potenziert und die Sicht damit „unschärfer" wird. Daher eignet sich die Ceteris-paribus-Methode nur in der operativen und – unter Einschränkungen – in der taktischen Personalplanung. Zur Unterstützung der strategischen Personalplanung werden komplexe mathematische Modelle benötigt, die im nächsten Abschnitt beschrieben werden.

Ein Beispiel für die „Ceteris-paribus-Fortschreibung" ist die gängige Altersstrukturfortschreibung, mit Aussagen wie: „In x Jahren werden y Prozent der Belegschaft das Unternehmen durch Verrentung verlassen." Das Ergebnis der Fortschreibung ist in der Regel korrekt ermittelt, dessen Eintrittswahrscheinlichkeit sinkt mit steigendem Prognosehorizont jedoch dramatisch. In einem Umfeld mit einer sehr dynamischen Entwicklung beziehungsweise mit langfristigem Prognosehorizont reicht die klassische Fortschreibung als Instrument nicht aus. Es wird eine dynamische Szenariosimulation benötigt.

*Dynamische Szenariosimulation*

Die *dynamische Szenariosimulation* geht über eine Fortschreibung hinaus und bezieht den Personalbedarf mit ein, das heißt, es können Annahmen über die zukünftige Qualität und Quantität der Personalressourcen berücksichtigt werden. Durch die Rückkopplung mit dem Personalbestand lässt sich unter anderem der notwendige Zuführungsmix beschreiben. Es entsteht ein dynamisches Planungsmodell, in das auch Qualifikationszeiten einfließen können und das damit über eine Analyse der Demografie hinausgeht.

Die dynamische Szenariosimulation ist die leistungsfähigste der vorgestellten Methoden und eignet sich sehr für eine strategische

Personalplanung. Dreh- und Angelpunkt bildet das Simulationsmodell. Den Ansatz zeigt die folgende Abbildung:

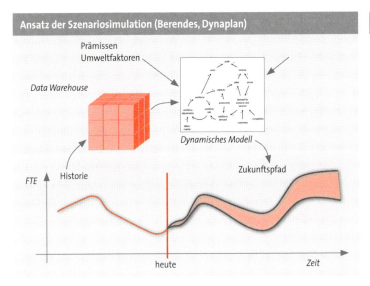

Abbildung 76

Nachdem die Treibervariablen für das Modell identifiziert worden sind, wird das Modell mit den Ausgangsdaten aus dem Data Warehouse (vgl. Kapitel III.3.1.6) über Standardschnittstellen gefüllt. Zusammen mit weiteren Annahmen und Handlungsoptionen lassen sich nun zukünftige Zeitpfade entdecken. Es entsteht ein Korridor bzw. eine Bandbreitenplanung, mit der Risiken und Chancen besser ausbalanciert werden können (vgl. Abbildung 76). Im folgenden Praxisbeispiel der METRO AG wird die besondere Qualität dieser Methode noch näher beschrieben.

## 3.3 Unternehmensbeispiel: Strategische Personalplanung bei der METRO AG – von der Altersstrukturanalyse zur strategischen Personalplanung
*(Paul Kittel)*

Verknappung des Arbeitsangebots und technologischer Wandel im Handel sind nur zwei kritische Umfeldentwicklungen, aufgrund deren die METRO AG sich mit dem Thema strategische Personalplanung befasst. Dabei wurde die Szenariosimulation als zentraler methodischer Baustein für die Beschreibung zukünftiger Entwicklungen erkannt. Ziel dabei war es von Anfang an, über die Erkenntnisse einer Altersstrukturanalyse hinauszugehen und insbesondere den zukünftigen Bedarf sowie die Eigendynamik des Personalbestands in einzelnen Ländern (insbesondere auch außerhalb Europas) zu betrachten. Alterung ist dabei immer nur eine Dimension. Im Vergleich zu den bestehenden Reportings und der operativen Planung verändert sich bei der strategischen Personalplanung der Charakter der Planung: Es geht darum, anstelle von mitarbeiterbezogenen Aussagen die wesentlichen heutigen Funktionen (Jobcluster) in ihrer zeitlichen Entwicklung zu beschreiben. In der Praxis hat sich für Cluster, die solche gleichartigen Funktionen bündeln, der Begriff der Jobfamilie durchgesetzt. Zusätzlich gilt es, durch die Variation einzelner Treiberausprägungen (Szenarien) Chancen und Risiken frühzeitig zu entdecken (vgl. die folgende Abbildung).

Abbildung 77

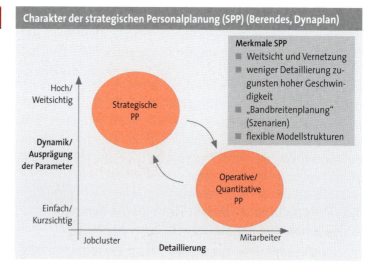

Auf der Basis der Jobcluster wurde dann im nächsten Schritt, gestützt auf die Analyse- und Simulationssoftware Dynaplan Smia, ein Planungsmodell entwickelt. Der Ansatz erlaubt die Berücksichtigung von wechselseitigen Abhängigkeiten sowie Zeitverzögerungsgliedern – wie beispielsweise Qualifikationszeiten der Nachwuchskräfte –, die in den üblichen excelbasierten Planungsmodellen nicht berücksichtigt werden. Das Vorgehen folgt dabei einem idealtypischen Ablaufmodell. Startpunkt bilden die zu erarbeitenden Treiber für die Bedarfs- und Bestandsseite. Erstere soll an dieser Stelle noch einmal unterstrichen werden. Die gesamte strategische Personalplanung wird stark aus der Perspektive der zukünftigen Bedarfe getrieben. Andernfalls besteht die Gefahr der Verzettelung mit Details aus dem heutigen Bestand. Natürlich dürfen aber Potenziale auf der Bestandsseite nicht ausgeblendet werden. So gilt es beispielsweise auch Wechselbeziehungen zwischen Jobclustern zu berücksichtigen. Nur so können in der nachfolgenden Simulation Kapazitätslücken an der richtigen Stelle aufgezeigt werden.

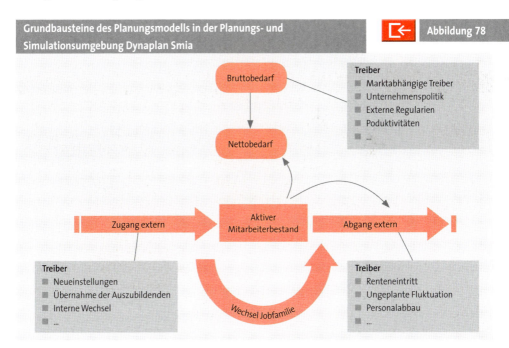

Abbildung 78: Grundbausteine des Planungsmodells in der Planungs- und Simulationsumgebung Dynaplan Smia

Die Grundbausteine des Planungsmodells gehen aus der oben stehenden Abbildung hervor. Vor der Simulation muss jedoch das Planungsmodell mit aktuellen Daten und Annahmen initialisiert werden. Dabei hilft die automatisierte Schnittstelle zwischen den beiden Systemen SAP BW und Dynaplan Smia. Nicht alle Daten bezüglich der Annahmen liegen jedoch im Data Warehouse. Insbesondere die Setzungen der eigenen Stellhebel im Unternehmen (zum Beispiel Ausgestaltung des Zuführungsmixes) können erst nach dem Durchspielen eines ersten Basislaufs erfolgen. Dieses erste Szenario bietet Erkenntnisse und zeigt Herausforderungen in den drei folgenden Kategorien: Kapazität, Alter, Qualifikation (im Sinne von Jobclustern).

Wie aus der unten stehenden Abbildung des Szenarioprozesses hervorgeht, bieten die dann folgenden Optionenszenarien darüber hinaus die Möglichkeit, HR-Initiativen in ihrer Wirkung über den Zeitverlauf zu simulieren. Es wird sichtbar, ob den Herausforderungen mit den richtigen Initiativen begegnet wird. Damit werden letztlich die Ausgangsbasis und die Leitplanken für die nun folgende Konkretisierung der Maßnahmen zusammen mit den Businesspartnern entlang der gesamten HR-Wertkette – von der Personalgewinnung bis zum Austrittsmanagement – gelegt.[96]

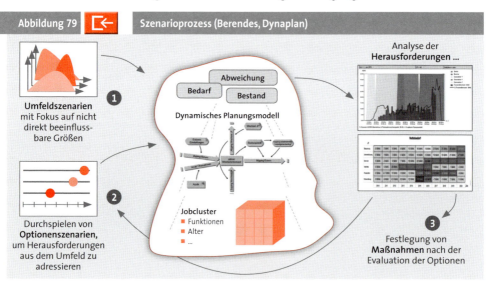

Abbildung 79 — Szenarioprozess (Berendes, Dynaplan)

---

[96] Für eine vertiefte Diskussion über Szenarien im Zusammenhang mit der strategischen Personalplanung siehe auch Berendes et al. (2011).

Das Projektziel, Expertenwissen in Form von geeigneten Werkzeugen zu potenzieren und Abläufe und Wirkungen transparent zu machen, konnte somit erreicht werden. Das Modell dient heute dazu, das Management bei der Ableitung und Durchführung strategischer Maßnahmen zu unterstützen, und wird stetig ausgebaut und verfeinert.

# 4 Prozessoptimierung im Personalbereich
*(Stefan Huber)*

## 4.1 Prozessoptimierung und Personalcontrolling

Kostendruck und Restrukturierungsnotwendigkeiten führen häufig zum Nachdenken über Prozesse. Zwei Themen spielen hier eine Rolle: Prozesskostenrechnung und Prozessoptimierung hinsichtlich Zeit, Kosten und Qualität.

Personalcontroller leisten Unterstützung bei der Gestaltung der Unternehmensprozesse: Ihre Arbeit kann für quantitative und qualitative Transparenz sorgen. Da liegt es nahe, dass sie auch Vorschläge für die Optimierung der Prozesse machen.

Im Rahmen der Prozessoptimierung beinhaltet die Rolle des Personalcontrollers immer häufiger nicht nur die Schaffung von Kosten- und Qualitätstransparenz durch Prozesskostenrechnung und Kennzahlen. Abhängig vom Stellenwert und der Ausprägung des Personalcontrollings in einem Unternehmen werden von dort auch zunehmend gestalterische Impulse erwartet bzw. eingefordert.

Die mit der Prozesskostenrechnung erfolgte Kosten- und Strukturanalyse der Personalprozesse gibt dem Personalcontroller die Möglichkeit, Personalprozesse sowohl im Einzelnen als auch im Zusammenspiel mit vor- und nachgelagerten Prozessen zu sehen und zu verstehen. Da liegt es nahe, dass der „Analytiker im Personalcontroller" vermeidbare Prozessschleifen, offensichtlich unnötige Komplexität und erreichbare Prozessverbesserungen durch Verschiebung von Prozessgrenzen erkennt und entsprechende Vorschläge zur Optimierung unterbreitet.

Personalcontroller schaffen die informationellen Grundlagen, auf deren Basis eine Prozessoptimierung erst möglich wird. Sie liefern Entscheidungsvorlagen und machen Konsequenzen unterschiedlicher Organisationsoptionen transparent, ohne diejenigen zu sein, die die Entscheidung treffen. Das liegt im Verantwortungsbereich der Linienvorgesetzten und Prozessverantwortlichen, die die Personalcontroller beraten.

*Personalcontrolling schafft informationelle Grundlagen*

Wie in den vorherigen Kapiteln gezeigt wurde, haben sie dafür die richtigen Instrumente: Sie sind in der Lage, Prozesse nach qualitativen und quantitativen Gesichtspunkten zu durchleuchten und Überlegungen anzustellen, welche Parameter für die Prozessdurchführung relevant sind und wie sich diese Parameter verändern lassen. Dabei kommen die Größen Menge, Zeit und Qualität ins Spiel, die insbesondere die Prozessbetrachtungen maßgeblich geprägt haben.

## 4.2 Prozesskontrolle und -steuerung im Personalmanagement

### 4.2.1 Prozesse im Personalmanagement

*Definition: Prozesse* Prozesse sind eine Abfolge, die in definierten Arbeitsschritten einen Input umwandeln und einen Output erzeugen.[97] Bei jedem dieser Arbeitsschritte spielen bestimmte Fragen eine Rolle, die bei der Prozessanalyse und der Prozessgestaltung zu stellen sind.

**Abbildung 80**

**Allgemeines IPO-Modell**

|  | Input | Prozess | Output |
|---|---|---|---|
| **Was?** Material | Was bekomme ich? | Was wird bearbeitet? | Was gebe ich weiter? |
| **Wer?** Mensch | Von wem bekomme ich es? | Wer bearbeitet? | An wen gebe ich es weiter? |
| **Wie?** Methode | In welcher Form bekomme ich es? | Auf welche Weise wird es bearbeitet? | In welcher Form gebe ich es weiter? |
| **Womit?** Maschine | Auf welchem Weg bekomme ich es? | Mit welchen Mitteln wird es bearbeitet? | Auf welchem Weg gebe ich es weiter? |
| **Warum?** Motivation | Warum bekomme ich es? | Warum wird es bearbeitet? | Warum gebe ich es weiter? |
| **Wann?** Zeit | Wann bekomme ich es? | Wann wird es bearbeitet? | Wann gebe ich es weiter? |

Das IPO-Modell zeigt anschaulich, welche Fragestellungen in den drei Bestandteilen zu beantworten sind, um ein Verständnis des jeweiligen Prozesses und Hinweise zur Beschreibung und zur Optimierung des Prozesses zu erhalten. Diese Überlegungen lassen sich auch auf die Prozesse des Personalmanagements anwenden.

---

97  IPO-Modell; siehe auch DIN 2005, S. 8.

Als personalwirtschaftliche Hauptprozesse, die in Teilprozesse untergliedert werden können, können mindestens voneinander abgegrenzt werden:
- Personalplanung und Personalcontrolling
- Personalgewinnung/Personalrekrutierung
- Personaleinsatz
- Personalentwicklung
- Personalfreisetzung
- Personalbetreuung/Personalservice
- Personalführung

Diese Prozesse können weiter differenziert werden. In der Praxis finden sich zum Teil bis zu 80 Einzelprozessdefinitionen – allerdings wirft eine solche Detaillierung die Frage nach dem Verhältnis von Aufwand und Nutzen auf. Gebräuchlich ist in der Unternehmenspraxis daher die Verwendung von ca. 10 bis 15 (Haupt-)Prozessdifferenzierungen.

Die Besonderheit der Prozesse im Personalmanagement liegt darin, dass – abhängig vom jeweiligen Prozess – die Prozessverantwortung nicht zwingend beim Personalbereich liegt. So liegen Führungsprozesse überwiegend bzw. ausschließlich in der Verantwortung der Führungskräfte, Beschaffungs- und Entwicklungsprozesse sind dagegen durch eine Verzahnung von Aktivitäten unterschiedlicher Personen und Fachbereiche gekennzeichnet. Die Übernahme der Verantwortung für den jeweiligen Prozess wird unternehmens- und personalpolitisch geklärt bzw. ergibt sich zum Teil auch situativ.

*Besonderheiten von HR-Prozessen*

Diese Besonderheiten machen es erforderlich, die zugrunde liegenden Prozesse einer Steuerung durch ein Prozesscontrolling zu unterziehen.

## 4.2.2 Grundlagen der Prozesssteuerung

Die Steuerung der definierten Personalprozesse erfolgt anhand geeigneter Prozesssteuerungsparameter. Diese müssen so gewählt werden, dass sie einen wesentlichen Einfluss auf den Prozesserfolg haben. Zudem ist zu fordern, dass mit den ausgewählten Parametern eine wesentliche Charakterisierung eines beliebigen Prozesses möglich ist.

So lassen sich Prozesse einerseits eindeutig bestimmen, andererseits anhand der Parameter auch intern und extern vergleichen.

*Magisches Zieldreieck* — Oftmals wird für die Definition der Steuerungsparameter das Zieldreieck Kosten, Qualität/Service und Zeit herangezogen. Dabei wird dieses Zieldreieck auch als magisch bezeichnet, da diese Größen in einem partiellen Zielkonflikt stehen. Eine Verbesserung von Kostenstrukturen geht häufig mit Qualitätsverlusten einher, eine Verbesserung von Qualitätsmerkmalen erfordert einen höheren Zeitbedarf des Prozesses und damit einhergehende höhere Kosten.

Genauer definiert werden unter dem Aspekt der Kosten die durch den Prozess verursachten Kosten verstanden, der zeitliche Aspekt betrifft den benötigten Zeitbedarf für den Gesamtprozess und/oder einzelne Prozessaktivitäten, Qualität/Service beschreibt die qualitative Dimension und somit die Güte eines Prozessschrittes bzw. eines Gesamtprozesses.

### 4.2.3 Prozesskostenrechnung

Die Optimierung der Prozesse ist ein wichtiges Ziel der Prozesskostenrechnung. Sie übernimmt (unter Kostengesichtspunkten) die Prüfung, welche Prozesse wirklich notwendig sind, zeigt Potenziale bei einer Verbesserung der Abläufe, ermöglicht aufgrund der Transparenz eine kostengünstigere Reduzierung der Abläufe, thematisiert eine mengenmäßige Reduzierung der Prozessdurchführungen und liefert Entscheidungsgrundlagen für eine mögliche Ressourcenverlagerung bzw. Make-or-buy-Entscheidung.

*Durchführung der Prozesskostenrechnung* — Wie wird die Prozesskostenrechnung durchgeführt?

1. Nach der Bestimmung der (in der Regel kostenstellenübergreifenden) Haupt- und daraus abgeleiteter Teilprozesse sind zunächst die bei einem Prozess anfallenden Aktivitäten mithilfe von organisationsanalytischen Methoden (wie zum Beispiel Tätigkeitsanalysen) zu erfassen und abfolgelogisch zu ordnen. Diese Aktivitäten werden differenziert in *leistungsmengeninduzierte (lmi)* und *leistungsmengenneutrale (lmn)* Tätigkeiten. Lmi-Aktivitäten sind solche, für deren Durchführung Kosten anfallen, die in Abhängigkeit von der Ausprägung eines entsprechenden Leistungsvolumens stehen. Lmn-Aktivitäten verursachen dagegen

Kosten, die von dem Leistungsvolumen unabhängig sind und als eine Art Grundlast einen (zunächst) nicht weiter zuzuordnenden Fixkostenblock darstellen.

2. Für jede leistungsmengeninduzierte Aktivität ist eine (oder nach Bedarf mehrere) geeignete Bezugsgröße oder ein *Kostentreiber (Cost Driver)* zu ermitteln, die bzw. der das zur Aktivität gehörende Leistungsvolumen in geeigneter Weise beschreibt. Kostentreiber sollen die kostenbeeinflussenden Größen eines Prozesses abbilden und als Messgrößen zur Quantifizierung des Outputs folgende Anforderungen erfüllen:

   a) *Einfache, genaue und schnelle Ableitbarkeit aus den verfügbaren Informationsquellen*
   Der Erfassungsaufwand der Kostentreiber muss in Relation zum Nutzen der Prozesskostenrechnung gesehen werden; ebenso ist auf rechtzeitige Verfügbarkeit der benötigten Informationen zu achten. Insbesondere Mengengrößen sowie Zeit- und Wertgrößen sind als Kostentreiber geeignet.

   b) *Verhaltenseffekte durch Transparenz und Verständlichkeit*
   Eine durch die Verwendung von Kostentreibern angestrebte Verhaltensbeeinflussung von Prozessbeteiligten kann nur dann sinnvoll sein, wenn die zugrunde liegenden ökonomischen Zusammenhänge von den Mitarbeitern nachvollzogen werden können. Diese Verständlichkeit setzt einen willkürfreien und transparenten Zusammenhang zwischen Kostentreiber und zu messendem Sachverhalt voraus.

   c) *Proportionalität zur Beanspruchung von Ressourcen*
   Die Forderung nach einer hohen Korrelation zwischen der Anzahl von „Kostentreibereinheiten" und dem Ressourcenverbrauch bzw. der Höhe der verursachten Kosten ist berechtigt. Am aussagefähigsten ist eine proportionale Beziehung zwischen Kostentreiber und Kostenhöhe. Ist diese nicht gegeben, ist ein Kostentreiber zu bestimmen, der den engsten Zusammenhang zwischen Prozessaktivität und Kostenanfall aufweist.

3. Anschließend findet eine Kapazitäts- und Kostenzuordnung statt. Als Quotient aus den für jede Aktivität bestimmten, vor-

zugsweise analytisch geplanten oder vergangenheitsorientierten Prozesskosten und -mengen, die die zu einem Kostentreiber gehörende messbare Leistung bezeichnen (Kapazitätsmaßstab des Prozesses), ergibt sich ein *Prozesskostensatz*. Dieser gibt die Kosten einer Aktivität an und ermöglicht eine zukünftige Kalkulation von Prozesskosten.

Bei der Bildung der Prozesskostensätze sind also folgende Elemente zu unterscheiden:

- *Prozessmenge:* die zu einem Kostentreiber gehörende messbare Leistung. Diese stellt den Kapazitätsmaßstab des Prozesses dar und ist eine Art Produktivitätskennzahl für den indirekten Leistungsbereich.
- *Prozesskosten* sind die einer bestimmten Prozessmenge zugehörigen Kosten der genutzten bzw. verbrauchten Ressourcen.
- *Prozesskostensatz:* Quotient aus (Teil-)Prozesskosten und (Teil-)Prozessmengen. Er stellt die durchschnittlichen Kosten für die einmalige Ausführung eines (Teil-)Prozesses dar.

Außerdem sind die Kostentreiber auf ihre Kostenverursachung hin zu analysieren und Möglichkeiten zu finden, diese im Rahmen einer Verbesserung der Kostensituation zu reduzieren.

## Aufbau einer Prozesskostenrechnung

Abbildung 81

| Aktivität | Bezugsgröße | Plan prozess- menge | Prozess- kosten- satz | Plan prozess- kosten | Anzahl- abh. Anteil (%) | Anzahl- abh. Anteil (abs.) | Zielgrup- penabh. Anteil (%) | Zielgrup- penabh. Anteil (abs.) | FK- anzahl. abh. (1) | FK- zielgrup- penabh. | Sachbe- arbeiter- anzahl. abh. (2) | Sachbe- arbeiter- zielgrp. abh. | Arbeiter- anzahl- abh. (5) | Arbeiter- zielgrup- penabh. |
|---|---|---|---|---|---|---|---|---|---|---|---|---|---|---|
| Entscheidung über Rekrutierungs- strategien | Stunden pro Sitzung | 50 | 150 | 7.500 | 10 | 750 | 90 | 6.750 | 93,75 | 2.250 | 93,75 | 1.125 | 93,75 | 450 |
| Spezifikation der Stellenaufgabe | Stunden pro Sitzung | 100 | 220 | 22.000 | 20 | 4.400 | 80 | 17.600 | 550 | 5.866,67 | 550 | 2.933,33 | 550 | 1.173,33 |
| Bestätigung des Bewerbungsein- ganges | Anzahl Bestätigungen | 50 | 8 | 400 | 100 | 400 | 0 | 0 | 50 | 0 | 50 | 0 | 50 | 0 |
| Bewerbungs- gespräch HR | Stunden pro Gespräch | 8 | 160 | 1.280 | 25 | 320 | 75 | 960 | 40 | 320 | 40 | 160 | 40 | 64 |
| Vorselektion von Bewerbern | Stunden pro Sitzung | 3 | 180 | 540 | 10 | 54 | 90 | 486 | 6,75 | 162 | 6,75 | 81 | 6,75 | 32,4 |
| Bewerbungs- gespräch HR/ Linie | Stunden pro Gespräch | 4 | 240 | 960 | 20 | 192 | 80 | 768 | 24 | 256 | 24 | 128 | 24 | 51,2 |
| Entscheidung | Stunden pro Sitzung | 2 | 120 | 240 | 20 | 48 | 80 | 192 | 6 | 64 | 6 | 32 | 6 | 12,8 |
|  |  |  |  |  | 19 | 6.164 | 81 | 26.756 | 770,5 | 8.918,67 | 770,5 | 4.459,33 | 770,5 | 1.783,73 |
|  |  |  |  |  |  |  |  | 32.920 |  | 9.689,17 |  | 5.229,83 |  | 2.554,23 |

Prozessoptimierung im Personalbereich

### 4.2.4 Qualitätscontrolling

Während Kosten und Zeit eindeutig messbar sind, ist der Begriff *Qualität* nicht in allen Fällen eindeutig bestimmbar. Folgende Auslegungen des Begriffes Qualität kommen für ein Personalcontrolling infrage:

*Produktbezogenes Qualitätsverständnis*

1. *Produktbezogenes Qualitätsverständnis*
   Als klassischer Qualitätsansatz betrachtet der produktbezogene Ansatz Qualität als exakte und quantifizierbare Größe. Qualität ergibt sich direkt aus der Beschaffenheit und den Eigenschaften des (End-)Produktes. Dieses Qualitätsverständnis zielt in erster Linie auf Produkte und deren technisch messbare Produkteigenschaften und weniger auf Dienstleistungen ab. Es eignet sich für ein Personalcontrolling aber insofern, als auch Produkte im Personalbereich erstellt werden, die bestimmten objektiven Anforderungen genügen müssen. Ein Beispiel hierfür sind die Gehaltsabrechnungen, die den arbeits-, sozialversicherungs- und steuerrechtlichen Vorschriften entsprechen müssen (= objektive Anforderungen).

*Prozessbezogenes Qualitätsverständnis*

2. *Prozessbezogenes Qualitätsverständnis*
   Der prozessbezogene Ansatz stellt den Erstellungsprozess eines Produktes oder einer Dienstleistung in den Vordergrund: Qualität zeigt sich in der Vorgabe bestimmter optimierter standardisierter Ausführungsschritte. Dadurch wird nach dieser Auffassung ein „fehlerfreies" und somit qualitativ hochwertiges Produkt erzeugt. Dieses Qualitätsverständnis lässt sich im Personalbereich vielfach einsetzen: Die Aufnahme von Ist-Prozessen, deren Optimierung und Standardisierung führen zu qualitativ höherwertigen Dienstleistungen bzw. Produkten.

*Anwenderbezogenes Qualitätsverständnis*

3. *Anwenderbezogenes Qualitätsverständnis*
   Beim anwenderbezogenen Ansatz ergibt sich Qualität allein aus der Sicht des Anwenders bzw. Kunden, der beurteilt, inwieweit seine Anforderungen an das Produkt erfüllt werden. Qualität liegt vor, wenn dem Kunden eine Dienstleistung oder ein Produkt zur Verfügung gestellt wird, das seine Bedürfnisse befriedigt. Dieser Ansatz von Qualität nimmt im modern ausgerichteten Personalmanagement einen großen Raum ein. So findet sich dieser Gedanke zum Beispiel im Modell des HR-Businesspartners genauso wieder wie in der Konzeption einer Mitarbeiterbefra-

gung, in der die internen Kunden des Personalbereiches nach der Zufriedenheit mit dem Personalbereich oder mit einzelnen Leistungen des Personalbereiches gefragt werden.

4. *Wertbezogenes Qualitätsverständnis*

   Der wertorientierte Ansatz integriert gegenüber dem anwenderbezogenen Ansatz zusätzlich als zentrales Kriterium den Preis eines Produktes bzw. einer Dienstleistung in die Qualitätsbewertung und stellt den Preis der erhaltenen Qualität gegenüber.

   Die Anwendung dieses Qualitätsverständnisses im Personalbereich setzt voraus, dass zum einen die Qualitätsmerkmale von Dienstleistungen und Produkten genau spezifiziert sind und zum anderen „Preise" (zumeist im Rahmen innerbetrieblicher Verrechnungspreise im Unternehmen) für die Inanspruchnahme einer Dienstleistung bzw. den „Kauf" eines Produktes existieren. Die entsprechende Vereinbarung zwischen dem Anbieter und dem Abnehmer einer Leistung wird als Service Level Agreement (SLA) bezeichnet. Ein solches SLA soll der Gefahr der mangelnden Operationalisierbarkeit einer subjektiven Qualitätssicht entgegenwirken, die gegebenenfalls Steuerungsprobleme bei der Umsetzung von Qualitätsmaßnahmen mit sich bringen kann.

*Wertbezogenes Qualitätsverständnis*

Wird der anwenderorientierte Qualitätsbegriff zugrunde gelegt, lassen sich als wesentliche Facetten der Qualität und damit Steuerungsparameter von Prozessen des Personalmanagements herausstellen:

- *Beratung und Service:* Kundenzufriedenheit hinsichtlich der Initiierungs-, Informations-, Entscheidungsunterstützungs- und Betreuungsaktivitäten des Personalbereiches (gegebenenfalls noch zu untergliedern: vor, während und nach Abschluss eines Prozesses)
- *Zuverlässigkeit und Fehlerfreiheit:* Grad der Übereinstimmung zwischen zugesagten und tatsächlichen Merkmalen der erbrachten Leistung (insbesondere Leistungszeitpunkt, -dauer, -eigenschaften, -menge)
- *Zugänglichkeit:* psychologischer, zeitlicher und materieller Aufwand, den Kunden betreiben müssen, um ihre Leistungsnachfrage gegenüber dem Personalbereich zu platzieren

*Qualitätsparameter von Prozessen im Personalbereich*

- *Kompetenz:* erkennbare Anwendung der erforderlichen Fähigkeiten, um eine Leistung so zu erbringen, dass sie für den Kunden verwertbar und wertschöpfend wird
- *Kommunikation:* Weitergabe von Informationen an die Kunden während der Leistungserbringung, die den Kunden die Vorgehensweise und zu erwartende Ergebnisse der Leistungserstellung transparent macht
- *Kooperation mit Kunden:* aktive ständige (wenn gewünscht) Einbindung der Kunden in den Prozess der Leistungserstellung, verbunden mit einer Anpassung der Leistung an die speziellen Anforderungen
- *Störanfälligkeit:* Verringerung von Auswirkungen nicht beherrschter Einflussgrößen
- *Flexibilität:* Anpassungsfähigkeit des Prozesses an veränderte organisatorische Rahmenbedingungen

Wenn es beim Personalcontrolling darum geht, die Qualität der Arbeit des Personalbereiches zu steuern, werden die hier beschriebenen Ausprägungen des Begriffes „Qualität" je nach Eignung herangezogen. Sinnvoll ist eine Befragung der Kunden nach ihrer Einschätzung der Qualität der Arbeit des Personalbereiches mithilfe der vorgestellten Items. Dabei kann die Qualität des Personalbereiches summarisch bewertet werden, oder die einzelnen Leistungen des Personalbereiches werden von den Kunden differenziert betrachtet. Dies erhöht zwar den Umfang einer Kundenbefragung deutlich, führt jedoch zu aussagefähigeren Ergebnissen.

### 4.2.5 Zeitcontrolling

Die Gesamtdauer eines Prozesses ergibt sich aus der Summe einzelner Zeitelemente der Prozessaktivitäten. Hierbei lassen sich Reaktions-, Vorbereitungs-, Ausführungs- und Wirkungszeit unterscheiden.

Die *Reaktionszeit* gibt die Zeitspanne zwischen der Nachfrage bzw. Anfrage nach einem Prozessoutput und dem Beginn des entsprechenden Prozesses bzw. der ersten Prozessaktivität an.

Die *Durchlaufzeit* ergibt sich in Anlehnung an das REFA-Produktionszeitschema als Summe aus Vorbereitungs- und Ausführungszeit einer Aktivität. Diese wiederum kann weiter differenziert werden nach Grundzeit (= Sollzeit, die für die planmäßige Durchführung einer Tätigkeit erforderlich ist), Erholzeit und Verteilzeit (= Zeitbedarf für unregelmäßig anfallende Verrichtungen bei Ausführung einer Tätigkeit). Die Grundzeit lässt sich ihrerseits nochmals unterteilen in die Bearbeitungs-, die Transfer- bzw. Transport- sowie die Warte- bzw. Liegezeit. Unter der Bearbeitungszeit ist die Zeitspanne zu verstehen, die benötigt wird, um den Prozessoutput zu erstellen – unabhängig davon, ob die durchzuführenden Aktivitäten eine Wertschöpfung hervorrufen. Die Transferzeit ist die Zeit der Übermittlung bzw. des Transportes innerhalb eines Prozesses. Die Warte- bzw. Liegezeit umfasst alle Zeitsegmente, in denen keine Aktivität durchgeführt wird, obwohl der Prozess noch nicht beendet ist und in vorgelagerten Zeitabschnitten bereits Aktivitäten erfolgt sind.

Die *Wirkungszeit* eines Prozesses ist für die Evaluierung eines Prozesses von großer Bedeutung. Sie umschreibt die Zeitspanne, die nötig ist, um unerwünschte Outputs oder unbeabsichtigte Folgen eines Prozesses zu bemerken. Je eher festgestellt werden kann, dass ein Prozess nicht den gewünschten Output erbringt, desto eher können Maßnahmen zur Verbesserung dieses Prozesses ergriffen werden. Wird zum Beispiel bei einem Personaleinsatzprozess rechtzeitig die Feststellung getroffen, dass der entsprechende Mitarbeiter nicht den Anforderungen des Arbeitsplatzes genügt, können die negativen Folgen dieses Prozesses gering gehalten bzw. vollkommen abgewendet werden.

*Wirkungszeit*

Das Zeitcontrolling folgt dem Gedanken eines Soll-Ist-Vergleiches von Zeitdaten mit Abweichungsanalyse und (Gegen-)Steuerungsmaßnahmen. Die Soll-Werte werden durch Kundenbefragungen ermittelt oder durch zeitliche Vorgaben anderer Prozesse oder der Prozessverantwortlichen bestimmt; die Aufnahme der Ist-Werte erfolgt durch eine Messung der Prozesszeiten.

*Soll-Ist-Vergleich*

Welche Prozesszeiten hierbei im Einzelnen gemessen und auch im HR-Informationssystem abgelegt und verarbeitet werden, hängt unter anderem von der Aufwand-Nutzen-Betrachtung ab. Generell lässt sich jedoch feststellen, dass Unternehmen neben der Erfassung der Gesamtzeitdauer eines Prozesses (zum Beispiel: Wie lange

*Prozesszeiten auswählen*

dauert es, eine Stelle zu besetzen?) zunehmend auch Reaktionszeiten im Personalbereich sowie Ausführungszeiten erfassen (zum Teil sind diese in einem Workflow-Managementsystem – sofern vorhanden – bereits vordefiniert). Eine Unterscheidung zwischen Vorbereitungs- und Ausführungszeit findet sich aufgrund des hohen Technologisierungsgrades und des damit verbundenen schnellen Informationsflusses selten, eine Erfassung von Wirkungszeiten erscheint in Unternehmen sehr aufwendig und schwierig.

*Zeitpunkt-, zeitraum- oder ereignisbezogene Personalprozesse*

Auch die Frage, ob es sich um zeitpunkt- bzw. zeitraumbezogene oder um ereignisbezogene Personalprozesse handelt, ist hier von Bedeutung. Zeitpunkt- bzw. zeitraumbezogene Personalprozesse sind Prozesse, die durch das Erreichen eines bestimmtes Zeitpunktes bzw. Zeitraumes ausgelöst werden. Ein Beispiel hierfür findet sich im Personalplanungsprozess, der zu einem bestimmten Termin im Geschäftsjahr startet. Auch die Gehaltsabrechnung ist ein Prozess, der an einem bestimmten Tag im Monat beginnt. Dem gegenüber stehen ereignisbezogene Personalprozesse, deren Beginn durch ein Ereignis oder eine Kundenanfrage ausgelöst wird. Hierunter fallen beispielsweise Ersatzbeschaffungsprozesse, bei denen der Prozessablauf durch die Notwendigkeit einer Nachbesetzung verursacht wird.

Personalprozesse, die zeitbezogen ausgelöst werden, sind insofern einfacher zu steuern, da sowohl der Zeitpunkt der ersten Prozessaktivität feststeht als auch eine Planbarkeit hinsichtlich der benötigten Ressourcen zu diesem Zeitpunkt gegeben ist. Eine Messung zum Beispiel der Reaktionszeit ist für diese Prozesse nicht sinnvoll. Ereignisbezogene Prozesse hingegen sind von ihrem Auftreten weniger bis gar nicht konkret planbar. Hier zeigen die Messungen von Reaktions- und Durchführungszeit aber, wie schnell auf Ereignisse bzw. Kundenanfragen reagiert wird und wie effektiv der ablaufende Prozess organisiert ist.

## 4.3 Standardisierung von Personalprozessen

### 4.3.1 Vorteile der Standardisierung

Mit der Standardisierung werden verbindliche Vorgaben zu den benötigten Prozessinputs, zur Vorgehensweise bei der Durchführung der Prozesse sowie zu den von den Prozessen zu liefernden Ergebnissen festgelegt. Standardisierung bedeutet, dass eine Vereinheitlichung vorgenommen wird: Standardisierte Prozesse werden – im Idealfall – stets auf dieselbe Art und Weise durchgeführt und führen stets zu denselben Ergebnissen. Standardisierte Prozesse weisen einige wesentliche Vorteile auf:[98]

*Standardisierung = Vereinheitlichung*

- Zwischen den internen Kunden und den internen Lieferanten besteht Einigkeit über die Anforderungen und die zu liefernden Prozessergebnisse.
- Es ist transparent, wie die Prozesse durchgeführt werden (sollen) und wer innerhalb der Prozesse wofür verantwortlich ist. Auf diese Weise werden zufällig bedingte Unterschiede in der Ausführung beseitigt.
- Durch die Standardisierung wird die Handlungssicherheit der Mitarbeiter erhöht, da aufgrund der Prozessvorgaben klar ist, wie auf bestimmte Situationen und Anforderungen zu reagieren ist (sofern es sich nicht um außergewöhnliche Ereignisse handelt). Es ist nicht mehr notwendig, immer wieder neu darüber nachzudenken, was zum Beispiel zur Rekrutierung neuer Mitarbeiter zu tun ist. Neuen Mitarbeitern wird die Einarbeitung erleichtert. Da die Prozesse standardisiert sind, können sich neue Mitarbeiter leichter an den Prozessvorgaben und Prozess-Checklisten orientieren und benötigen weniger individuelle Einarbeitung.
- Die Standardisierung dient darüber hinaus der Absicherung des betrieblichen Know-how. Das Wissen über die Durchführung der Prozesse befindet sich nicht mehr ausschließlich in den Köpfen der Mitarbeiter, sondern ist in den definierten Prozessbeschreibungen enthalten. Es geht deshalb dem Personalbereich bzw. dem Unternehmen nicht verloren, wenn zum Beispiel Mitar-

---

98 Vgl. Wilhelm (2007).

beiter das Unternehmen verlassen. So wird auf der einen Seite Qualitätsmanagement betrieben, auf der anderen Seite kann dies als ein Schritt zur Implementierung eines Wissensmanagementsystems im Unternehmen angesehen werden.

- Standardisierte Prozesse im Personalbereich führen schließlich auch dazu, dass ein einheitliches Erscheinungsbild gegenüber den internen und externen Kunden entsteht. Beide Gruppen können bei den Prozessen, an denen sie beteiligt sind, mit gleichartigen Verhaltens- und Reaktionsweisen des Personalbereiches rechnen – was den Eindruck eines verlässlichen und kompetenten (Business-)Partners fördert und zu einer vertrauensvollen Zusammenarbeit beiträgt.

### 4.3.2 Prozessdefinition und -auswahl

*Definition: Personalprozesse*

Wie können nun die für ein Unternehmen relevanten Personalprozesse definiert werden? Welche Kriterien können für die Auswahl von Prozessen hinsichtlich eines Personalprozesscontrollings herangezogen werden? Es gibt verschiedene Alternativen bei der Definition von Personalprozessen in bestehenden Unternehmen. Die Definition kann sich grundsätzlich an den spezifischen Problemstellungen im Personalbereich und/oder an konkreten Zielsetzungen der Steigerung der Effektivität und/oder Effizienz des Personalbereiches sowie der damit einhergehenden strategischen Ausrichtung des Personalbereiches orientieren.

Orientierungspunkt für eine Definition ist dabei die Kernaufgabe des Personalbereiches, das Personal mit richtiger Qualifikation und Motivation in der richtigen Anzahl am richtigen Ort zur richtigen Zeit zu den richtigen Kosten zur Verfügung zu stellen. Hieraus leiten sich Kontextprozesse, Kernprozesse und Supportprozesse ab.

*Kontextprozesse* (auch als Steuerungs- bzw. Führungsprozesse bezeichnet) sind Prozesse, die den Rahmen der Personalarbeit maßgeblich (mit-)bestimmen. Sie unterstützen als strategische Prozesse die Implementierung und Umsetzung von Unternehmens- und Personalstrategien, setzen die Maßstäbe für die Personalpolitik und geben die grundlegende Orientierung für andere Personalprozesse vor. Beispiele hierfür sind die Aufgaben des Personalbereiches bei der Kulturentwicklung des Unternehmens, der Personalplanung und auch des Veränderungsmanagements.

*Kernprozesse* des Personalbereiches sind zusammengefasste Aktivitäten, deren systematische und strukturierte Durchführung eine hohe Wertschöpfung für den Kunden erbringt – sie bilden den Leistungserstellungsprozess ausgehend vom Kundenwunsch (unter Beachtung der von den Kontextprozessen gesetzten Rahmenbedingungen) bis zur Leistungserbringung ab.

*Supportprozesse* dienen als Unterstützungsprozesse der Bereitstellung der Infrastruktur zur Erzeugung des gewünschten Outputs. Sie sind durch eine geringere Wertschöpfung als die Kernprozesse gekennzeichnet und weichen in ihrer Ausprägung nur wenig von Unternehmen zu Unternehmen ab. Beispiele hierfür sind die Aktivitäten der Personaladministration mit der Gehaltsabrechnung, der Vertrags- und Stammdatenpflege sowie der Zeitwirtschaft.

*Supportprozesse*

Für die Zuordnung und Auswahl von Personalprozessen, die als erste Priorität einer Standardisierung, EDV-Unterstützung und einem Prozesscontrolling zu unterziehen sind, lässt sich ein Portfolio zu Hilfe nehmen.[99]

*Auswahl von Personalprozessen für eine Standardisierung*

Die Untergliederung berücksichtigt die Einbindung verschiedener Personengruppen mit unterschiedlichem Qualifikationsprofil und richtet sich nach der Einteilung der Komplexität und der Wiederholbarkeit von Aktivitäten aus. Prozesse zu standardisieren bietet sich mit erster Priorität bei den Routinefällen (gegebenenfalls mit starker Systemunterstützung) an. Diese finden sich primär bei den Support- und sekundär bei den Kernprozessen des Personalbereiches.

---

99  In Anlehnung an Riekhof (1997).

**Abbildung 82**  **Portfoliodarstellung für die Prozessauswahl**[100]

### 4.3.3 Prozessdarstellung

Bei der Darstellung von Prozessen kann man sich vielfältiger Hilfsmittel bedienen. Die nachfolgende Auflistung verdeutlicht grundsätzliche Formen.

*EDV-Tools*     Eine Prozessdarstellung wird heutzutage meist mit EDV-Tools realisiert. Hier sind zum Beispiel das SAP-System oder die „ARIS"-Tools zu nennen, die sich an die DIN-Symbole anlehnen und als Netz- bzw. Ablaufpläne – die am häufigsten gewählte Form – aufgebaut sind.

### 4.3.4 Prozessstrukturierung

Die Strukturierung der Personalprozesse umfasst mehrere Stufen. In der ersten Stufe werden die Geschäftsprozesse in Teilprozesse zerlegt, in einem weiteren Schritt folgt dann die Unterteilung in Aktivitäten. *Top-down-Vorgehen* Wichtig ist, dieses Top-down-Vorgehen bei der Prozessstrukturierung konsequent einzuhalten. Die Definition der tieferen Ebenen sollte erst beginnen, wenn die jeweils übergeordnete Ebene bestimmt worden ist. Bei der Definition der Teilprozesse sollte der Schwerpunkt

---

100    In Anlehnung an Riekhof (1997).

auf den Soll-Zustand gelegt und ein Soll-Prozess entwickelt werden – eine zu intensive Auseinandersetzung mit dem Ist-Prozess verdeckt möglicherweise den Blick auf Alternativen. Die Analyse der Ist-Prozesse ist aber nicht obsolet, da sie wichtige Vergleichsinformationen liefert, die für die Kontrolle der Vollständigkeit des Soll-Zustandes und die Bewertung zukünftiger Leistungssteigerungen benötigt werden. Prozessstrukturierung bedeutet das Strukturieren des Prozesses hinsichtlich:

- Verantwortlichkeiten (Hauptprozess-, Teilprozessverantwortliche, Verantwortliche für die Ausführung einer Aktivität)
- Ressourcen für den Prozessdurchlauf
- Aufgaben und Tätigkeiten (Aktivitäten)
- Prozessinputs und ihre Lieferanten sowie Prozessoutputs und ihre Abnehmer
- Abläufe (Reihenfolgen, Zeitpunkte, Meilensteine)
- Phasen: Ermittlung des Status quo – zum Beispiel erstellt, geprüft, freigegeben, geändert etc.
- Schnittstellen und Abhängigkeiten

### 4.3.5 Prozessrealisation und -steuerung

Mit der Planung und der Kontrolle der Personalprozesse werden die Voraussetzungen geschaffen, diese Prozesse gezielt zu steuern. Kernaufgaben der Steuerung sind die organisatorische Verankerung des Prozesses und seine Durchführung, der Abgleich von Ist- und Soll-Werten, die Analyse eventueller Abweichungen sowie die Einleitung von Korrektur- und Verbesserungsmaßnahmen und die damit verbundenen Entscheidungen respektive Anweisungen (Prozesscontrolling).

*Kernaufgaben der Steuerung*

Wichtige Informationsquellen für die im Rahmen der Prozesssteuerung zu treffenden Entscheidungen sind der Prozessbericht und das Barrierenportfolio. Der Prozessbericht zeigt die aktuellen Leistungsdaten und die Abweichungen von den Zielwerten. Bei negativen Abweichungen ist zu klären, ob es sich um (interne) Leistungsschwankungen oder um (externe) Störungen handelt. Aufgabe der Steuerung ist es in jedem Fall, mit geeigneten Maßnahmen auf diese Schwankungen oder Störungen zu reagieren.

*Prozessbericht*

*Barrierenportfolio*   Das Barrierenportfolio enthält die von den Prozessverantwortlichen und ihren Teams gesammelten Barrieren, die zum Beispiel nach den Kriterien „Einfluss auf Prozesszeit" und „Schwierigkeit der Beseitigung" bewertet werden.

*Definition: Barriere*   Als Barriere wird jedes Problem bezeichnet, das den Durchfluss eines Prozesses behindert bzw. dessen Effektivität und/oder Effizienz reduziert. Das Kriterium „Schwierigkeit der Beseitigung" berücksichtigt Aspekte wie Widerstände, Erfolgswahrscheinlichkeiten, benötigte personelle, technische und finanzielle Ressourcen, vorhandenes Know-how, erforderliche Zeit sowie Unterstützung der Leitung bzw. der Kunden. An die Stelle des Kriteriums „Einfluss auf Prozesszeit" kann auch ein anderer Leistungsparameter (Kundenzufriedenheit, Prozessqualität, Prozesskosten) treten. Die Wahl hängt von der unternehmens- und personalbereichsspezifischen Gewichtung der Parameter ab. Es ist empfehlenswert, den Parameter mit dem höchsten Gewicht als Kriterium auszuwählen.

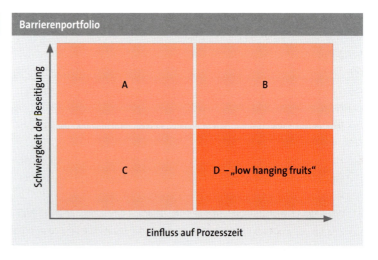

Abbildung 83

Bei der Beseitigung der Barrieren wird den in Feld *D* einsortierten Barrieren der Vorrang eingeräumt, da sie sich durch hohe Wirkung und relativ geringen Beseitigungsaufwand auszeichnen. Bei der Analyse und Beseitigung der Prozessbarrieren gilt es, nicht nach dem Schuldigen hierfür zu suchen, sondern deren Ursachen festzustellen.

Um die Ursachen zu finden, werden Ursache-Wirkungs-Diagramme erstellt. Maßnahmen zur Beseitigung der Barrieren lassen sich umso leichter identifizieren, je detaillierter die Ursachen ermittelt werden können.

Sofern möglich, ist es angezeigt, vor einem realen Prozessdurchlauf eine Prozesssimulation mit passenden Szenarios durchzuführen, um eventuelle Schwachstellen in der Organisation des Prozesses identifizieren und den Prozessablauf entsprechend anpassen zu können. Hierfür kann entsprechende Prozesssimulationssoftware eingesetzt werden. Die Prozesssimulation für Personalprozesse zu implementieren scheitert jedoch zumeist daran, dass die verfügbare Datenbasis gering ist und Menschen mit ihren Fähigkeiten, Bedürfnissen und Erwartungen sich wenig als „Test-" bzw. „Simulationsobjekte" eignen.

*Identifikation der Schwachstellen in der Organisation*

### 4.3.6 Prozessoptimierung

Eine Analyse der Personalprozesse auf der Basis der Soll-Ist-Vergleiche, externes/internes Prozess-Benchmarking, eine Gesamtbeurteilung der Prozessergebnisse und auch kontinuierliches Verbesserungsmanagement zeigen auf, ob und gegebenenfalls wo Potenzial für Prozessverbesserungen bzw. Prozessoptimierungen vorhanden ist.

*Prozess-Benchmarking*

Häufig verwendete Möglichkeiten zur Prozessoptimierung sind nachfolgend aufgelistet; auch Kombinationen der Möglichkeiten sind denkbar und in der Praxis weit verbreitet.

- *Verbessern*: Im Rahmen der Ausführung können Aktivitäten verlagert werden auf kundennah arbeitende Mitarbeiter – wie zum Beispiel Businesspartner oder dezentrale Personalbetreuer –, die eine hohe Kompetenz und Fehlerfreiheit bei ihren Aktivitäten zeigen. Unter dem Aspekt der Konsistenz der Aktivität kann eine Aktivität auch durch eine andere Aktivität, die die Erreichung der Prozessziele besser fördert, ersetzt werden.
- *Eliminieren*: Es findet eine Prozessvereinfachung durch die Reduktion von Doppelarbeiten, Schnittstellen, Mehrfachkontrollen, Schleifen sowie durch den Abbau von nicht wertschöpfenden Tätigkeiten statt.

- *Ändern der Prozessreihenfolge*: Die Prozesssequenz wird geändert – Aktivitäten, deren Output für einen anderen Prozessschritt als Input dient oder deren zeitliches Vorziehen einen verbesserten Prozess zur Folge hat, werden vorgezogen.
- *Hinzufügen*: Der Prozessablauf wird durch die Addition einer neuen Aktivität verbessert (zum Beispiel beim Personalrekrutierungsprozess durch ein neu aufgenommenes verbessertes Auswahlverfahren).
- *Verschmelzen*: Statt Arbeitsteilung werden Tätigkeiten in Form von Gruppenarbeit über mehrere Personen oder Bereiche hinweg zusammengelegt. Zu erwägen ist auch eine Integration einzelner Aktivitäten von mehreren Personen in einer Person, die zum Prozessverantwortlichen erklärt wird – mit dem Ziel einer schnelleren effizienten Aufgabenabwicklung unter reduzierten Schnittstellenproblemen.
- *Automatisieren*: Unterstützende Informations- und Kommunikationstechnologien werden integriert (zum Beispiel Workflow-Managementsysteme, Bewerbermanagementsysteme, E-Assessment-Tools etc.).
- *Beschleunigen*: Eine Harmonisierung des Prozesses zwischen Inputlieferanten, Prozessverantwortlichen, Prozessbearbeitern sowie internen und externen Kunden ermöglicht eine geringere Prozessgesamtdauer. Schnittstellen werden besonders beachtet und Reduzierungen der Bearbeitungs-, Transfer- und Liegezeiten angestrebt.
- *Verkürzen*: Reaktions-, Durchlauf- und/oder Wirkungszeiten einer Aktivität bzw. des Gesamtprozesses werden reduziert.
- *Auslagern*: Aktivitäten werden nicht mehr von unternehmensinternen Aufgabenträgern ausgeführt, sondern unternehmensextern bearbeitet und integriert (Outsourcing).
- *Verdeutlichen*: Durch ein klar beschriebenes Prozessmanagement, Qualifizierung der Beteiligten und definierte Prozessstandards wird Prozesssicherheit aufgebaut, die unter anderem die Möglichkeit des Auftretens von Fehlern bzw. Verhaltensunsicherheiten minimiert.
- *Aufteilen*: Teilprozesse bzw. Aktivitäten werden voneinander getrennt.

- *Parallelisieren/Überlappen*: Statt sequenzieller werden parallele Abläufe eingeführt, um eine geringere Gesamtprozessdauer und damit verbunden eine Kosteneinsparung zu erreichen (zum Beispiel im Rekrutierungsprozess die simultane Schaltung einer externen Stellenanzeige und eine innerbetriebliche Ausschreibung der Stelle, sofern möglich).
- *Ergänzen*: Teilprozesse bzw. Aktivitäten werden eingefügt, um eine höhere Qualität zu erreichen.

### 4.3.7 Prozessdokumentation

Die Ergebnisse der Prozessgestaltung und der Prozessoptimierung werden in einer Prozessbeschreibung dokumentiert. In diesem Formular werden Prozessname, Anfangs- und Endzeitpunkt bzw. Dauer, Prozessverantwortliche, Inputs (mit zugehörigen Lieferanten) sowie Outputs (mit zugehörigen Kunden) festgehalten. Die Prozessbeschreibungen werden zur Prozessdokumentation zusammengefasst. Die Prozessdokumentation dient verschiedenen Aufgaben:
- prozessinterne und -externe Kommunikation
- Prozesskoordination (Aufgaben, Abläufe, Zuständigkeiten, Nahtstellen, Inputs, Outputs, Methoden, Tools, Richtlinien, Normen)
- Prozessanalysen, -assessments, -reviews und -bewertungen
- Prozessverbesserungen
- Basis für Auditierung bzw. Zertifizierung nach DIN ISO oder anderen Qualitätsstandards

Eine mögliche Form für die Dokumentation ist das *Personalprozesshandbuch*, das die Prozesse vollständig nacheinander auflistet und zentrale Informationen über die Personalprozesse enthält. Wie andere Prozessdokumentationen bietet das Prozesshandbuch eine nützliche Hilfestellung für die DIN-ISO-Zertifizierung. So lässt sich das Prozesshandbuch verwenden für den Prozess der Personalauswahl: Im Juni 2002 wurde die DIN 33430 „Anforderungen an Verfahren und deren Einsatz bei berufsbezogenen Eignungsbeurteilungen" verabschiedet. Sie stellt branchen- und zielgruppenübergreifende Qualitätsstandards für Prozesse der Eignungsbeurteilung auf und soll eine sachgerechte Personalentscheidung bei Einstellungen und

*Personalprozesshandbuch*

Beförderungen sicherstellen. Eine Zertifizierung nach der DIN-Norm ist zwar freiwillig, sie dokumentiert jedoch einen Qualitätsstandard und bietet damit Unternehmen (rechtliche) Sicherheit bei Personalentscheidungen.

Die Darstellungsform der *Prozesslandkarte* für den Personalbereich stellt folgende Informationen zur Verfügung:[101]

- Welche Prozesse sind im Personalbereich vorhanden bzw. geplant?
- Wie ist der Personalbereich über seine Personalprozesse mit den internen und externen Lieferanten und Kunden verbunden?
- Welche Schnittstellen zwischen den Prozessen gibt es (zeitliche, finanzielle und kapazitätsbezogene Abhängigkeiten)?
- Welche Erwartungen können an den Personalbereich gestellt werden?

Der Schwerpunkt der auf dem Markt befindlichen IT-Tools beschäftigt sich mit der Visualisierung der Prozesse (auch als Prozessmapping tituliert). Die Visualisierung allein reicht allerdings nicht aus, sondern muss in ein ganzheitliches Personalprozessmanagement eingebunden werden, wie es in diesem Kapitel vorgestellt worden ist.

## 4.4 Unternehmensbeispiel: Prozessoptimierung im Bereich Personalbetreuung der Cognis Deutschland GmbH *(Susanna Steinle)*

Die Ausgangslage für die Prozessoptimierung im Jahr 2006 war folgende: Infolge einer globalen Restrukturierung wurde immer wieder darüber nachgedacht, ob die HR-Organisation der Cognis Gruppe groß genug ist, um innerhalb der HR-Organisation ein Shared Service Center aufzubauen.

Aus der Sicht des HR-Controllings ergaben sich folgende Handlungsalternativen:

---

[101] In Anlehnung an Wilhelm (2007).

## Abbildung 84: Handlungsalternativen zum Shared Service Center

| Requirement | Necessary Reactions | Possible Actions | Tools |
|---|---|---|---|
| Cost pressure | Cost reduction | Standardization and consolidation | Business Process Reengineering |
| Transparency on HR's added value | Product oriented price calculation | Integrative processes and systems | IT-Optimisation (ESS/MSS*) |
| Global harmonisation on HR processes | Global process standards | | Shared Services |
| Service and quality improvement | Service Levels agreements | Individual capabilities and process integration | Outsourcing |

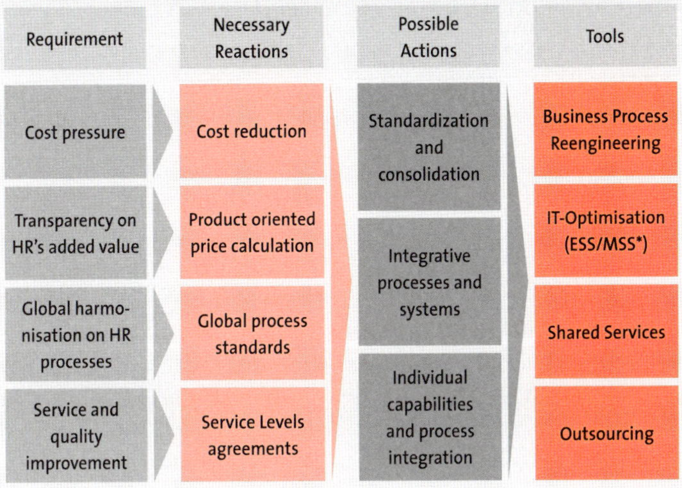

*ESS/MSS = Employee Self Service/Management Self Service

Es wurde beschlossen, eine Vorstudie durchzuführen, die zunächst die wesentlichen Prozesse der größten Personalabteilung innerhalb der Cognis-Gruppe im Hinblick auf folgende Fragestellung untersuchen sollte:

*Können mit der Einführung von Employee-Self-Service- und Management-Self-Servcice-Systemen innerhalb der Cognis Deutschland GmbH Kapazitäten in der Personalabteilung von der administrativen hin zur qualitativen Betreuung verlagert werden?*

Parallel sollten folgende Vorgaben des Personalleiters Deutschland geprüft werden:
- Optimierungsmöglichkeiten von HR-Prozessen und -Instrumenten
- Effizienz- und Qualitätssteigerung von HR-Services
- Reduzierung der Prozesskosten und Prozesszeiten
- Implementierung von Standards für HR-Leistungen
- mehr Transparenz in der Bereitstellung von Organisations- und Mitarbeiterinformation

In der Cognis Deutschland GmbH wurden die HR-Kosten bereits seit einigen Jahren je Hauptprozess und Mitarbeiter in die personalfüh-

renden Kostenstellen verrechnet (SAP FI/CO). Es wurde beschlossen, diese Struktur beizubehalten und daher folgende Prozesse zu untersuchen:
- Personalbeschaffung
- Betreuung
- Arbeitszeit
- Entgelt
- Beratung
- Beendigung Arbeitsverhältnisse
- Ausbildung
- sonstige Tätigkeiten

Jeder Prozess wurde hinsichtlich seiner Teilprozesse und Kapazitätszuordnung geprüft und gegebenenfalls angepasst. Den jeweiligen Teilprozessen wurden anschließend die Kosten, basierend auf den errechneten Vollzeitkapazitäten, zugeordnet. Diese addieren sich wiederum zu Kosten je Hauptprozess. Dabei wurde nach Sachbearbeiter, Referent und Personalleiter unterteilt. Zusätzlich wurden die eingesetzten Medien betrachtet. Ein besonderes Augenmerk galt Prozessen mit häufigen Medienbrüchen.

Abbildung 85

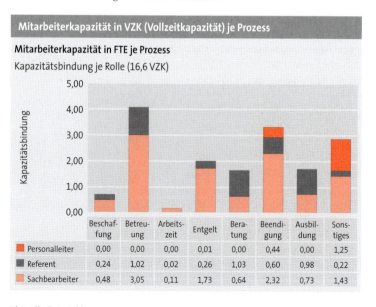

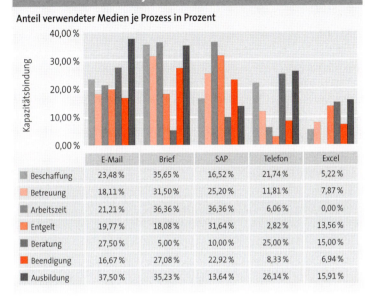

Abbildung 86: Anteil verwendeter Medien je Prozess in Prozent

| | E-Mail | Brief | SAP | Telefon | Excel |
|---|---|---|---|---|---|
| Beschaffung | 23,48 % | 35,65 % | 16,52 % | 21,74 % | 5,22 % |
| Betreuung | 18,11 % | 31,50 % | 25,20 % | 11,81 % | 7,87 % |
| Arbeitszeit | 21,21 % | 36,36 % | 36,36 % | 6,06 % | 0,00 % |
| Entgelt | 19,77 % | 18,08 % | 31,64 % | 2,82 % | 13,56 % |
| Beratung | 27,50 % | 5,00 % | 10,00 % | 25,00 % | 15,00 % |
| Beendigung | 16,67 % | 27,08 % | 22,92 % | 8,33 % | 6,94 % |
| Ausbildung | 37,50 % | 35,23 % | 13,64 % | 26,14 % | 15,91 % |

Anhand strukturierter Interviews mit der Personalleitung, allen Referenten und Sachbearbeitern wurde anschließend eine Schätzung des Einsparpotenzials durchgeführt und die identifizierten Prozesse mit Sparpotenzial in einer Matrix entsprechend positioniert.

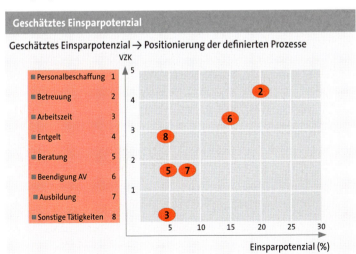

Abbildung 87: Geschätztes Einsparpotenzial → Positionierung der definierten Prozesse

Prozessoptimierung im Personalbereich · Kapitel 4

Nach dieser Schätzung wurden innerhalb der Prozesse *Betreuung* und *Beendigung AV* (Arbeitsverhältnisse) einzelne Teilprozesse näher untersucht. Dabei zeigte sich, dass unter anderem bei den Teilprozessen *Leistungseinmalzahlung* (MA LES), *Zeugniserstellung* und in der *Personaldatenpflege* durch Standardisierung und Optimierung in jedem Fall Einsparungen zu erwarten sind. Das größte Potenzial war im Teilprozess *Zeugniserstellung* zu finden. Ein Ausschnitt aus dem Prozessflow *Zeugniserstellung* soll als Beispiel für die verwendete Flowchart-Darstellung dienen.

**Abbildung 88**

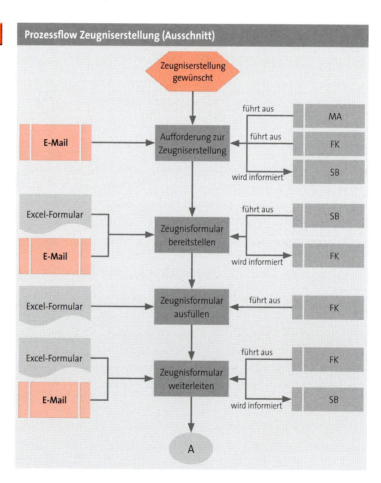

Folgende Schwächen wurden im Prozessablauf festgestellt:

Notwendige Informationen bzw. Daten wurden zwar mittels eines an den Vorgesetzten gesandten Formulars dort erfasst, wo sie entstanden, aber sie waren:
- häufig nicht vollständig eingegeben und/oder nur teilweise wieder eindeutig abrufbar
- mehrfach in unterschiedlichen Abteilungen geprüft
- in einem ausschließlich papierbasierten Arbeitsprozess erhoben und verarbeitet

Daher wurden folgende Anforderungen an einen optimierten Prozess gestellt:
- Datenerfassung erfolgt dort, wo die Daten anfallen.
- Datenhaltung in SAP HR, das heißt, Mitarbeiter- und Stellendaten werden nur einmal erfasst bzw. aus SAP HR zur Verfügung gestellt.
- Datenweiterleitung und -prüfung erfolgen systembasiert (elektronischer Workflow).
- Reduzierung der Prozessschritte inklusive Übertragung der Verantwortung auf andere Prozessbeteiligte in einigen Teilschritten.
- Elektronische Unterschriften werden anerkannt.
- Alle Prozessbeteiligten sind in einen MSS (Management Self Service) eingebunden.

Als Ergebnis der Prozessoptimierung zeichnet sich ab, dass die Reorganisation dieses Teilprozesses zu einer Reduzierung der Personalkosten um ca. 32.000 Euro führen wird. Allein auf Sachbearbeiterebene werden ca. 70 Prozent der bisher eingesetzten Kapazitäten für die Zeugniserstellung eingespart. Somit könnte sich der Einsatz einer entsprechenden Software zur Automatisierung des Teilprozesses „Zeugniserstellung" bereits nach 1,25 Jahren rechnen.

# 5 Internationales Personalcontrolling
*(Susanna Steinle)*

## 5.1 Kennzahlenauswahl

Internationale Personalcontrollinganforderungen findet man in der Regel in größeren, global aufgestellten Unternehmen. Dort entsteht der Bedarf an international vergleichbaren Kennzahlen häufig im Zuge der Veröffentlichung sogenannter Sustainability Reports (Nachhaltigkeitsberichte) oder im Rahmen gewünschter HR-Benchmarks, unabhängig davon, ob innerhalb der eigenen Branche oder branchenübergreifend verglichen werden soll.

> Internationales Personalcontrolling umfasst alle Personalcontrollingaufgaben in einem Unternehmen, welches Leistungsprozesse in mindestens zwei Volkswirtschaften vollzieht.

*Definition: internationales Personalcontrolling*

Wer sich mit diesem Thema erstmals beschäftigt, steht grundsätzlich vor folgenden Herausforderungen:
- Welche Kennzahlen sollen international betrachtet werden?
- Woher bekomme ich die benötigten Daten?
- Inwieweit kann ich Daten/Prozesse standardisieren?
- Wie sind diese Daten zu interpretieren?

Neben diesen inhaltlichen Fragen spielen bei der Implementierung eines internationalen Kennzahlensystems insbesondere die Themen „kulturelle Unterschiede", „internationale Steuerungsstrategie" und „rechtliche Besonderheiten" eine große Rolle.

Im internationalen Personalcontrolling findet sich leider keine goldene Prozessliste und kein goldener Kennzahlenkatalog, den man übernehmen und im eigenen Unternehmen einführen kann. Abhängig von der Unternehmenskultur, den ohnehin aktuellen Personalthemen und der Erfahrung im Umgang mit Kennzahlen variieren sowohl die Art als auch die Anzahl der Kennziffern, die betrachtet werden sollen.

Grundsätzlich sollten die ausgewählten Kennzahlen an den erfolgskritischen Faktoren und Prozessen im internationalen Personalmanagement des Unternehmens ausgerichtet werden. Das sind im Wesentlichen:

- Recruitment
- Performance Management
- Retention
- Employee & Organizational Development/Talent Management
- Efficiency of HR Service Delivery
- Culture & Work Environment
- Work Force Productivity

*Berechnung der Kennzahlen bestmöglich aus schon vorhandenen Systemen*

Es ist ratsam, zunächst einige wenige, dafür aber erfolgskritische Kennzahlen, die zu einem möglichst hohen Leverage-Effekt für die Personalmanagementorganisation im Unternehmen führen können, zu betrachten. Wichtig dabei ist, dass diese Kennzahlen leicht zu messen sind und wenn möglich aus Daten bereits vorhandener Systeme berechnet werden können. Wenn die Messlatte bzw. die Zielerreichung festgelegt wird, ist genau zu beschreiben, was erreicht werden soll. Businesspartner aus dem operativen Geschäft und den Funktionen sollten dazu gleich mit „ins Boot" geholt werden, weil für die spätere Umsetzung der ergebnisabgeleiteten Maßnahmen die Akzeptanz nicht nur innerhalb der Personalmanagementorganisation nötig sein wird. Idealerweise können die Personalkennzahlen in bereits vorhandene Kennzahlensysteme der Geschäftseinheiten integriert werden. Man sollte sich auch im Klaren darüber sein, dass es durchaus Kennzahlen zur Personal-Performance gibt, die nur in geringem Maße durch die Personalmanagementorganisation selbst beeinflusst werden.

Die nachfolgende Übersicht zeigt eine Auswahl möglicher Kennzahlen zu den bereits angeführten wesentlichen erfolgskritischen Personalprozessen, passend zur globalen Anwendung in Englisch:

## Mögliche Kennzahlen eines internationalen Personalcontrollings

| Personalprozesse | Kennzahlen |
|---|---|
| Recruitment | Grade of attractiveness as an employer of choice/quality of recruitment measured by:<br>■ Number of applications (on a special personnel ad or on the applicants' initiative)<br>■ Percentage of first choice candidates who accept our offer<br>■ Percentage of new hires leaving our company within the first six months/not passing probation period<br>■ Performance/Potential rating of new hires after 6, 12 and 24 months<br>■ Awareness of our company in target universities<br>■ Time to fill a position |
| Performance Management | Performance Management measured by:<br>■ Number/Percentage of critical roles staffed with below average performers<br>■ Number/Percentage of poor performers that we dismiss as an indicator for our ability to constantly upgrade our management pool<br>■ Number/Percentage of high performers within organizational units<br><br>Performance-related compensation management measured by:<br>■ Performance related pay: Link & correlation of salary increases to performance/potential rating<br>■ Distribution of salary increases with percentage of zero-, average and above average increases<br>■ Compensation vs. market pay |
| Retention | Key player retention measured by:<br>■ Percentage or number of "non-company driven" fluctuation<br>■ Percentage or number of high potential/high performance managers leaving our company on their own wish<br>■ Average years of length of service |
| Employee & Organizational Development | Succession Management measured by:<br>■ Percentage/Number of critical positions for which appropriate candidates have been identified<br>■ Depth of succession pool with managers with the experience and potential to step into roles with broader responsibilities<br>■ Percentage of the workforce (or certain roles or Management Grades) that will retire in the next 1–5 years<br><br>Development of success-critical competencies measured by:<br>■ Ratings in core- and leadership competencies<br>■ Percentage/Number of development plans in place for every manager<br>■ Training days per employee<br>■ Investment in development activities per employee (either in budget or what has been really spent)<br>■ Number/Percentage of organizational units for which a needs analysis for organizational and employee development has been conducted |

**Fortsetzung Abbildung 89**

| Personal-prozesse | Kennzahlen |
|---|---|
| Employee & Organizational Development | Quality of leadership measured by:<br>■ Results of core leadership competencies ("Leading through vision & values", "Developing people for success")<br>■ Results of 360°-Feedback<br>■ Number of employees developed into a new role with enlarged responsibilities<br>■ Number of employees internally attracted to own unit<br>■ Number of transfers/job rotations |
| Efficiency of HR Services | Measured by:<br>■ Number of HR professionals per 100 employees<br>■ Costs of HR services per 100 employees<br>■ "Price" of HR services per employee. If meaningful and currently done: split by managerial vs. non-managerial staff and split by field staff vs. office staff<br>■ Development of the above ratios/numbers and comparison to external benchmarks |
| Culture & Work Environment | Employee commitment measured by:<br>■ Results of employee survey/questionnaire<br>■ Absenteeism & accidents ratio<br>■ Leaving reasons collected via interviews |
| Work Force Productivity | Measured by:<br>■ Net sales per employee<br>■ EBIT AC per employee<br>■ Number of innovations/improvements proposed by employee<br>■ Work in overtime<br>■ Days of sickness<br>■ Ratios measuring work accidents |

## 5.2 Informationsbeschaffung/EDV-Unterstützung

Wer bereits über eine globale Datenbank – sei es SAP, Peoplesoft, Access oder ein anderes Software-/Datenbanksystem – verfügt, hat Zugriff auf eine Fülle von Daten, die entsprechend kanalisiert werden müssen. Meistens kann mit den Standardreports eher der quantitative Kennzahlenteil bedient werden (*headcount, length of service, leavings* und andere). Oft leisten BW (Business Warehouse)-Anwendungen bei der Generierung von Kennzahlen Unterstützung oder eigens generierte Customer Reports *(Management review portfolios, quality of new hires, personal development plans ...)*.

Sehr häufig trifft man jedoch auf Unternehmen, die Daten nur teilweise oder gar nicht in einer zentralen Datenbank gespeichert haben. In diesen Fällen wird man in der Regel mit Exceldateien arbeiten müssen.

## 5.3 Standardisierung, Implementierung und Interpretation

Zunächst ist mittels eines Fragebogens zu prüfen, welche Daten in welchen Ländern bereits verfügbar sind und wo ohnehin bereits mit Personalkennzahlen gearbeitet wird. Man sollte sich erklären lassen, wofür diese Kennzahlen benötigt und wie sie berechnet werden. Anschließend ist ein globaler Kennzahlensatz, der in angemessener Weise den Anforderungen an das eigene Unternehmen und die Personalmanagementorganisation Rechnung trägt, zu entwerfen und in den entsprechenden Gremien abzustimmen.

Nach der Genehmigung der künftigen globalen Personalkennzahlen des Unternehmens ist es besonders wichtig, die Mitarbeiter in den Ländern, die die Daten aufbereiten und senden, gründlich zu schulen und immer wieder zu kontaktieren. Es muss sichergestellt sein, dass die Kennzahlen, deren Definition und Berechnung klar verstanden und so einheitlich wie möglich gehandhabt werden. Sofern es im Unternehmen globale Personalmanagementkonferenzen gibt, sollte diese Chance genutzt werden, um die Kollegen aus dem In- und Ausland zu informieren und nach ihrer Meinung zu den zu erwartenden Schwierigkeiten bei der Datensammlung, -berechnung und -übermittlung zu fragen.

*Klare Definition der vorhandenen Kennzahlen*

In jedem Fall muss eine globale Richtlinie zur Verfügung gestellt werden. Diese Richtlinie sollte erklären, warum eine Kennzahl ausgewählt worden ist, was damit genau gemessen wird und welcher Wert der zu erreichende Zielwert ist. Es muss auch klar kommuniziert werden, dass bei Abweichungen vom Zielwert Maßnahmen zur Verbesserung erwartet werden. Idealerweise finden diese Maßnahmen Eingang in die Individualziele der Personal Manager und/oder Business bzw. Functional Manager.

*Definitionskatalog*    Zusätzlich muss es einen Definitionskatalog geben. Darin muss jede Kennzahl exakt definiert und eine Beschreibung enthalten sein, welche Daten zur Berechnung herangezogen werden und welche nicht (Stammbelegschaft, Gesamtbelegschaft, Zeiträume, Mitarbeitergruppen, Formeln und anderes). Beispiele veranschaulichen den Katalog.

Je fortgeschrittener die Automatisierung der Kennzahlenermittlung ist, desto besser ist später auch die Datenqualität. Sehr oft wird zunächst innerhalb des Gesamtunternehmens ein Ländervergleich durchgeführt und dabei auch die Abweichung zum Gesamtdurchschnitt gemessen. In vielen Fällen ergeben sich regional manchmal starke Unterschiede. Es ist daher durchaus sinnvoll, die einzelnen Länderergebnisse auch am Schnitt der jeweiligen Region oder im Zeitvergleich zu messen.

*Zugriff auf Vergleichsdaten*    Um die Daten zu interpretieren und um zu wissen, wie gut das Unternehmen oder die jeweilige Landesgesellschaft im externen Vergleich liegt, muss man sich entsprechende Vergleichsdaten besorgen. Abhängig vom eigenen Kennzahlensatz können hierzu Geschäftsberichte, Datenbanken und Anbieter von HR-Benchmarks als Quelle dienen.

Bevor man eigene Daten innerhalb des Unternehmens veröffentlicht, sollten in jedem Fall die einzelnen Landesergebnisse auch mit den jeweiligen HR-Managern abgestimmt und besprochen worden sein. Gegebenenfalls sollte eine erste Kommentierung der Daten durch die Auslandsgesellschaften erfolgen. Beide Seiten sollten ein einheitliches Verständnis von dem Ergebnis und den daraus abzuleitenden Maßnahmen haben.

## 5.4 Kulturelle Unterschiede

Erfahrungsgemäß ist es unabdingbar, sich für die Wahrnehmung der Unterschiede zu sensibilisieren. Das Spektrum reicht von Religion, Tagesablauf, Essen, Kleidung, Geschlecht bis hin zu Umgangsformen. Internationale Meetings oder Geschäftsreisen ermöglichen es, die Kollegen aus dem Ausland persönlich und im eigenen Umfeld kennenzulernen. Solche Gelegenheiten sollte man wahrnehmen, sooft sie sich ergeben, da sie auch die Chance bieten, Missverständnisse frühzeitig auszuräumen.

Zum kulturellen Lernen gehört auch, mit den Unterschieden umzugehen und Schwierigkeiten anzunehmen. Das fängt bei Kleinigkeiten wie Rücksicht auf Zeitzonen und Feiertage oder Feste in der Planung an und hört bei der Gesichtswahrung der Kollegen auf. Manche Verhaltensweisen sind nur zu verstehen, wenn man die landestypischen Eigenheiten berücksichtigt.

*Kulturelles Lernen*

Oft verfallen Personalcontroller in der Zentrale in eine reine „Nehmer-Mentalität" – alle müssen zuliefern. Das „Geben" sollte dabei nicht vergessen werden, zum Beispiel indem man den Kollegen gut aufbereitete Kennzahlenblätter und Vergleichsdaten zur Verfügung stellt, die sie in Businessmeetings zeigen und diskutieren können.

Es muss klar werden, dass die Daten nicht nur zum Selbstzweck erhoben werden.

## 5.5 Internationale Steuerungsstrategie

Die konkrete Ausgestaltung des Personalcontrollings hängt zum einen maßgeblich davon ab, welche Internationalisierungsstrategie ein Unternehmen verfolgt. Hiermit wird letztendlich festgelegt, welche Steuerungsaufgaben Mutter- und Auslandsgesellschaften übernehmen, welche Planungsaufgaben an welchem Ort durchzuführen sind und wie die Informationsflüsse innerhalb der internationalen Organisation zu gestalten sind. Genauer gesagt ist zu unterscheiden, ob ein Unternehmen eine zentrale, dezentrale oder eine situativ-integrative Strategie wählt.

*Strategieauswahl des Unternehmens*

Im Rahmen einer zentralen Strategie werden alle strategischen Entscheidungen in der Muttergesellschaft getroffen. Entsprechend hoch ist auch der Controllingaufwand in der Muttergesellschaft. Die einzelnen Unternehmen werden wie ein gesamtes Unternehmen gesteuert.

*Zentrale Strategie*

Die dezentrale Strategie zeichnet sich durch weitgehende Autonomie und hohe Entscheidungskompetenzen der Auslandsgesellschaften aus. Hier beschränken sich die Controllingaktivitäten der

*Dezentrale Strategie*

Muttergesellschaft auf personalstrategisch relevante und rechtlich notwendige Sachverhalte (zum Beispiel die Einführung eines internationalen Frühwarnsystems gemäß KonTraG). Das dezentrale Personalcontrolling in den Auslandsgesellschaften erfolgt „vor Ort". Diese räumliche Nähe zu den personalwirtschaftlichen Gegebenheiten erhöht die Effizienz des Personalcontrollings.

*Situativ-integrative Strategie*

Eine situativ-integrative Strategie zielt auf eine Optimierung der globalen Effizienz ab und nutzt internationale Synergiepotenziale, wie zum Beispiel die Diagnostik und den weltweiten Einsatz von internationalen Managern. Entsprechend werden Entscheidungen in der Regel in Abstimmung zwischen Mutter- und Auslandsgesellschaften getroffen. Häufig findet dann ein strategisches Personalcontrolling in der Muttergesellschaft statt, während ein operatives Personalcontrolling dezentral in den Auslandsgesellschaften erfolgt.

## 5.6 Zwei Beispiele zu internationalen Personalkennzahlen aus der Praxis

### 5.6.1 Tabellarischer Kennzahlenvergleich Landesgesellschaften mit Gesamtunternehmen

Abbildung 90

**Datenblatt einer einzelnen Landesgesellschaft**

**HR Indicators**

| Company A | | Actual 2010 | Actual 2011 | Plan 2012 | Change in % |
|---|---|---|---|---|---|
| Employees | December, 31 | 1.954 | 1.992 | 2.074 | 4,1 |
| | Average | 1.949 | 1.995 | 2.045 | 2,5 |
| | MC I–III | 342 | 373 | 380 | 1,9 |
| Personnel Expenses | in TEUR | 120.360 | 122.289 | 128.845 | 5,4 |
| ■ Wages & Sales | in TEUR | 96.693 | 98.651 | 104.815 | 6,2 |
| ■ Social insurance contribution | in TEUR | 20.544 | 19.526 | 19.940 | 2,1 |
| ■ Employee pension scheme | in TEUR | 3.123 | 4.111 | 4.090 | −0,5 |
| Net total sales | in TEUR | 989.400 | 1.025.900 | 1.077.100 | 5,0 |
| EBIT AC | in TEUR | 251.800 | 286.100 | 286.500 | 0,1 |
| EBIT ratio (total sales) | in % | 25,4 | 27,9 | 26,6 | −4,6 |
| EBIT per employee | in TEUR | 129 | 143 | 140 | −2,3 |
| Personnel Expense ratio (total sales) | in % | 12,2 | 11,9 | 12,0 | 0,4 |
| Personnel Expense per employee | in TEUR | 62 | 61 | 63 | 2,8 |
| Net total sales per employee | in TEUR | 508 | 514 | 527 | 2,4 |
| Managerial Staff ratio | in % | 17,5 | 18,7 | 18,6 | −0,6 |
| Average Days of Sickness per employee | | | | | |
| Registered Accidents per 1.000 employees | | 8,9 | 6,5 | 4,0 | −38,5 |
| Employees in Part Time | | 91 | 4 | | |
| Part Time ratio | in % | 4,7 | 0,2 | | |
| Employee Turnover | in % | 3,1 | 3,0 | | |
| Average Trainings Days | | | | | |
|     per employee | | | | | |
|     per MC-member | | | | | |
| Average Training Costs | | | | | |
|     per employee | in EUR | | | | |
|     per MC-member | in EUR | | | | |
| International Transfers | | | | | |
|     per 1.000 employees | | | | | |

**Abbildung 91**  Entwicklung des Gesamtunternehmens, aktuelles Jahr im Vergleich zum Vorjahr

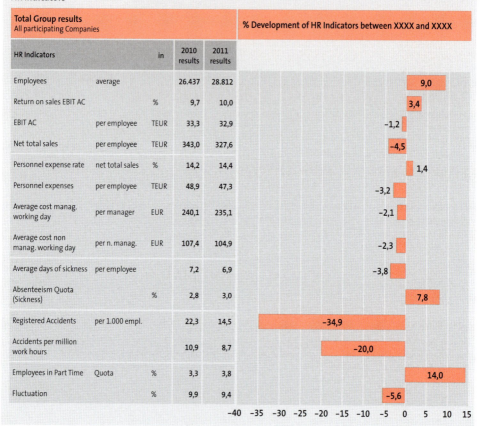

## Abweichung Ergebnis Landesgesellschaft zum Durchschnitt des Gesamtunternehmens

Abbildung 92

### HR Indicators

Company Profile 2011

Company XY

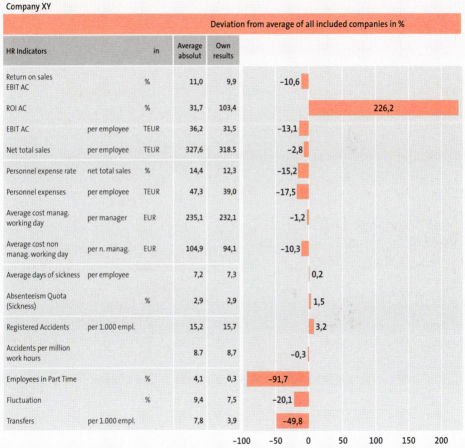

| HR Indicators | | in | Average absolut | Own results | Deviation from average of all included companies in % |
|---|---|---|---|---|---|
| Return on sales EBIT AC | | % | 11,0 | 9,9 | −10,6 |
| ROI AC | | % | 31,7 | 103,4 | 226,2 |
| EBIT AC | per employee | TEUR | 36,2 | 31,5 | −13,1 |
| Net total sales | per employee | TEUR | 327,6 | 318.5 | −2,8 |
| Personnel expense rate | net total sales | % | 14,4 | 12,3 | −15,2 |
| Personnel expenses | per employee | TEUR | 47,3 | 39,0 | −17,5 |
| Average cost manag. working day | per manager | EUR | 235,1 | 232,1 | −1,2 |
| Average cost non manag. working day | per n. manag. | EUR | 104,9 | 94,1 | −10,3 |
| Average days of sickness | per employee | | 7,2 | 7,3 | 0,2 |
| Absenteeism Quota (Sickness) | | % | 2,9 | 2,9 | 1,5 |
| Registered Accidents | per 1.000 empl. | | 15,2 | 15,7 | 3,2 |
| Accidents per million work hours | | | 8.7 | 8,7 | −0,3 |
| Employees in Part Time | | % | 4,1 | 0,3 | −91,7 |
| Fluctuation | | % | 9,4 | 7,5 | −20,1 |
| Transfers | per 1.000 empl. | | 7,8 | 3,9 | −49,8 |

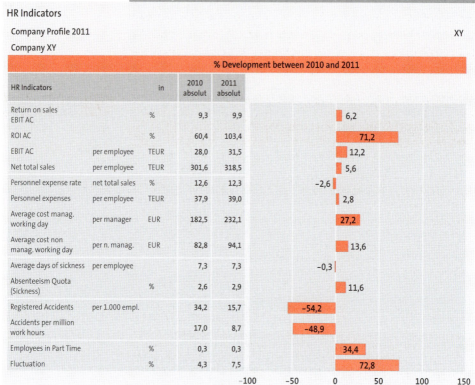

**Abbildung 93** Entwicklung einer einzelnen Landesgesellschaft, aktuelles Jahr im Vergleich zum Vorjahr

## 5.6.2 Einführung globaler qualitativer HR-Kennzahlen

Im ersten Schritt wurden anhand der aktuellen Themen im Unternehmen folgende Kennzahlen als global zu betrachtende *Key Performance Indicators* im Rahmen eines globalen HR-Meetings vorgestellt und festgelegt:

1. Quality of new hires
2. Differentiated performance assessment
3. Performance-related compensation
4. Retention
5. Development plans
6. Costs of HR services

Zu jeder Kennzahl wurde der entsprechende Maßstab festgelegt. Die Zielerreichung wurde mit Werten zwischen 1 und 4 angeben. Die 3 entspricht dabei einer Erfüllung zu 100 Prozent. Für jede Kennzahl wurde beschrieben, wann die 3 erreicht ist. Die nachfolgende Tabelle enthält für jede der oben angeführten Kennzahlen eine kurze Beschreibung inklusive definierten Maßstabs:

 Abbildung 94

## Globale qualitative HR-Kennzahlen (Beispiel)

| Key Performance Indicator | Short Explanation | Measurement |
|---|---|---|
| Quality of new hires | In terms of performance & potential quality of new hires is measured separately up to 24 months | The minimum quality spread should be as follows: 20 % of new hires with exceptional target achievement results, 50 % meets expectations and 30 % below expectations |
| Differentiated performance assessment | Measured in terms of distribution/variation of overall Target achievement results | The minimum quality spread should be as follows: 20 % of new hires with exceptional target achievement results, 50 % meets expectations and 30 % below expectations |
| Performance-related compensation | With regard to the cultural principal "we pay for performance" this KPI should show the strong link & correlation between performance & pay | Percentage of high performers (employee performance rating = "exceptional") with a significantly above average increase in base salary = 80 % |
| | | Percentage of low performers (Target achievement results-rating < "meets expectations") with a below average increase in base salary = 100 % |
| Retention | Key player retention measured as avoiding non-voluntary (out of company perspective) turnover of employees | Percentage of employees with good Management review rating (A1, A2, A3, B1, C1) leaving the company < 3 % |
| Development plans | Development of success-critical competencies as agreed upon in the development conferences | Percentage of development plans in place for every employee > 80 % |
| Costs of HR services | HR offers high quality services with high efficiency measured by cost allocation of HR services to internal clients | Costs of HR Services allocated per HR process and per employee |

### 5.6.3 Ganzheitliche Personalsteuerung mit dem HR-Cockpit bei der Celesio AG *(Oliver Sehorsch)*

In einem internationalen Umfeld werden besondere Anforderungen an die Steuerung der Personalarbeit gestellt. Die Celesio-AG hat mit dem *Human Resources Cockpit* ein effizientes Informationssystem entwickelt, das Personalkennzahlen länderübergreifend transparent macht.

*Heterogene Führungskultur*

In den letzten Jahrzehnten ist die heutige Celesio-Gruppe sehr stark international gewachsen und hatte aufgrund von vielen Akquisitionen eine äußerst heterogene Unternehmensstruktur.

Die Herausforderung war nun, mit den dezentralen Personalabteilungen einheitlich zu kommunizieren und wichtige Themen voranzutreiben. Hinzu kam, dass die Personalabteilungen sehr unterschiedliche Größen und unterschiedliche Organisationsgrade aufwiesen. Es stellte sich die Frage, wie unter diesen Voraussetzungen eine einigermaßen einheitliche Personalsteuerung geschaffen und damit die Qualität der Personalarbeit ständig verbessert werden kann.

Folgende Ziele wurden anfangs definiert:
- Festlegung von gruppenweit gültigen strategischen Personalprozessen
- Konzentration auf die wichtigen Themen
- Flexibilität des Personalcontrollingsystems
- Messung mit einheitlichen Kennzahlen
- Identifikation von *Best Practices*

Das bestehende Instrumentarium diente nicht dazu, die Personalarbeit auf internationaler Ebene zu zentralisieren. Selbst wenn die gewonnenen Informationen in Einzelfällen dies ermöglicht hätten, wurde an der internationalen Verantwortung für das Personalwesen festgehalten, um angemessen auf die nationalen Anforderungen im Markt reagieren zu können. Ferner wurde von Anfang an darauf verzichtet, ein riesiges Zahlenwerk zu produzieren. Zu Beginn wurden in enger Zusammenarbeit mit den nationalen Personalabteilungen die strategisch wichtigen Personalprozesse definiert.

*Strategische HR-Prozesse*

Alle sieben strategischen HR-Prozesse und deren Zielerreichung waren auf einen Blick ersichtlich.

Nachdem dieses Prozessmodell existierte, wurden mit den Personalleitern der größten Landesgesellschaften 31 gruppenweit gültige Kennzahlen entwickelt, die einen Hinweis auf die Zielerreichung in diesen wichtigen Personalprozessen geben sollten. Im Bereich „Management Development" war eine dieser gruppenweiten Kennzahlen zum Beispiel die Nachfolgeplanung. Hier wurde die Anzahl kurz- und mittelfristig verfügbarer Kandidaten für eine Topmanagementposition erfasst. Die Verabschiedung des gemeinsamen Kennzahlengerüstes schuf die Voraussetzung für eine Messung des Erreichten.

Die inhaltliche Arbeit mit Personalprozessen und die verstärkte Ausrichtung an Kennzahlen im Personalbereich warf aber in den folgenden Jahren noch eine ganz andere Frage auf: Wie konnten die gewonnenen Erfahrungen dazu genutzt werden, den Personalbereich stärker als Businesspartner zu etablieren?

## Der Weg zum Businesspartner

Die Personalabteilungen waren häufig administrativ aufgestellt und die Kenntnis der Geschäftsstrategie daher nicht immer ausreichend vorhanden. Oft blieb ihnen nur eine reaktive Rolle. Die Businesspartnerschaft verlangte jedoch eine ausreichende Kenntnis davon, wohin die Gesellschaft geht und wie personalwirtschaftliche Themen

*Reaktive Rolle*

hier unterstützen können. Daher wurde eine aktive gruppenweite Businesspartnerschaft seitens der Personalabteilungen vorbereitet. Prozesse und Kennzahlen waren vorhanden, es fehlte nur noch ein weiterer Schritt, um umfassend aufzutreten. Das Steuerungskonzept musste zusätzlich zu den gruppenweiten strategischen Kennzahlen lokale Kennzahlen für die Personalprozesse aufführen. Diese Kennzahlen sollten Besonderheiten des Landes hervorheben.

Aus diesem Grunde haben sich die Personalabteilungen entschieden, die Etablierung als Businesspartner in einem zweistufigen Ansatz zu verfolgen. In einem Strategieworkshop wurde die Geschäftsstrategie des jeweiligen Landes mit den lokalen Personalabteilungen durchgesprochen. Ziel dabei war es, ein Verständnis für die geschäftlichen Ziele zu bekommen und die strategischen Handlungsfelder zu identifizieren, in denen das Unternehmen zukünftig den Schwerpunkt setzt. Als ein strategisches Handlungsfeld sollte beispielsweise in einigen Ländern ein neuer Geschäftsbereich aufgebaut werden.

Nachdem fünf bis acht strategische Handlungsfelder aus der Geschäftsstrategie herausgearbeitet waren, wurden nun die strategischen Personalprozesse betrachtet. Ziel war es, relevante personalwirtschaftliche Kennzahlen herauszuarbeiten. Jeder strategische Personalprozess wurde daraufhin überprüft, was von der Personalabteilung unternommen werden musste, um das Geschäftsziel zu unterstützen. Im Beispiel „Aufbau neuer Geschäftsbereiche" wurde im Prozess „Staffing & Resourcing" als Kennzahl „Rekrutierung eines neuen Bereichsleiters" und im Prozess „Compensation & Benefits" „Vergütungsvergleich zum Jahresgehalt eines Bereichsleiters des neuen Geschäftsbereichs einholen" festgelegt.

**Das HR-Cockpit**

Nachdem die Workshops abgeschlossen waren, lagen nunmehr alle Voraussetzungen für eine strategische Steuerung vor. Jetzt sollten die Ergebnisse noch professionell kommuniziert werden. Das *Human Resources Cockpit* wurde entwickelt, um das Management der Strategie zu ermöglichen. Es handelt sich dabei um ein Managementinformationssystem, das auf einen Blick die Zielerreichung in jedem strategischen Personalprozess aufzeigt. Die Prozesse können mit mehreren Kennzahlen hinterlegt werden, um detaillierte Reports gruppenübergreifender Themen und landesspezifischer Aufgaben zu ermöglichen.

Die Vorteile des HR-Cockpits liegen in der Einfachheit der Bedienung und der Übersichtlichkeit des Reports. Als Businesspartner sind die dezentralen Personalabteilungen selbstständig für ihre Daten verantwortlich; sie geben sie ein und kommunizieren die Ergebnisse an den Geschäftsführer ihres Landes und an die Zentrale.

Es wurde entschieden, die Software selbst zu entwickeln und nicht auf eine Standardsoftware zurückzugreifen. Alle sieben Prozesse und deren Zielerreichung sollten auf einen Blick ersichtlich sein (Konzentration auf die wichtigen Themen). Diese Cockpit-Sicht ist auf der ersten Seite der Software und des Reports realisiert worden. Sie ist die Grundlage für das Executive Summary für Vorstand und Geschäftsführer. Neben jedem Prozess befindet sich eine Grafik, die einem Fieberthermometer nachempfunden ist. Die Zielerreichung wird prozentual darauf abgebildet.

Abbildung 96: Das HR-Cockpit gibt auf der Startseite die vier Zielrichtungen wieder

Die Reports beinhalteten 31 gruppenübergreifende und circa zehn landesspezifische Kennzahlen. Gerade bei der Einführung von Prozessen wurde die Güte des Prozesses mit mehreren Kennzahlen hinterlegt. So wurden bei dem Prozess „Strategische Planung" sechs Kennzahlen für die Umsetzung der Personalstrategie gewählt. Nach Einführung des Prozesses, als alle Beteiligten wussten, was erforderlich ist, sind diese Kennzahlen reduziert worden. Grundsatz war immer, alles Wichtige zu erfassen und Zahlenfriedhöfe zu vermeiden. Als Resultat lag ein siebenseitiges Reporting für die Kennzahlengruppen vor, eine Seite pro Prozess.

### Echter Mehrwert

Von den Projektspezifikationen bis zur Umsetzung des webbasierten HR-Cockpits dauerte es nur sechs Monate. Nach Fertigstellung war die Reaktion der Landesgesellschaften äußerst positiv. Das HR-Cockpit mit gemeinsamen Kennzahlen half, *Best Practices* zu identifizieren und dadurch voneinander zu lernen. Das ansprechende Design des Human Resources Cockpit und die vielen Hintergrundinformationen zu Prozessen und zur Strategie sowie die einfachen Eingabemasken erübrigten kostenintensive Schulungen (die Software wurde in vier Stunden geschult). Aufwand und Nutzen hielten sich in einer außerordentlich guten Relation. Das Projekt konnte nur deshalb so erfolgreich umgesetzt werden, weil viel Wert auf vertrauensbildende Kommunikation gelegt wurde.

Die Etablierung als Businesspartner geschah nicht über Nacht. Nachhaltige Konzentration auf die relevanten Personalprozesse, Ausrichtung der ganzen Kommunikation an diesen Prozessen und Rückmeldung von Erfolgen innerhalb dieser Prozesse mit Kennzahlen schufen die Basis dafür. Die Verbindung mit der Geschäftsstrategie führte zum Erfolg. Als Grundsatz wurde immer kommuniziert: Die lokalen Personalabteilungen sind als dezentraler Partner für das Personalgeschäft verantwortlich. Dies schuf die Win-win-Situation, global zu agieren und lokal zu handeln. Die Personalabteilungen unterstützen ein solches Projekt, wenn für sie ein echter Mehrwert geschaffen wird. In Zukunft wird die Geschäftsstrategie regelmäßig mit den lokalen Personalleitern durchgesprochen, um landesspezifische Kennzahlen abzuleiten. Damit ist auch die Identifikation von Best Practices möglich, und ein Know-how-Austausch wird auf eine solide Basis gestellt.

Für die Zukunft ist geplant, das HR-Cockpit weiterzuentwickeln und mit dem neu hinzukommenden Sustainability Report zu verknüpfen. In diesem Nachhaltigkeitsbericht sollen zusätzlich neun HR-Kennzahlen erfasst werden, die durch einen externen, international gültigen Standard definiert werden.

Dadurch rückt die Personalarbeit endgültig in den strategischen Vordergrund. Es ist davon auszugehen, dass durch diesen internationalen Standard auch zum Beispiel bei Hauptversammlungen wichtige Fragen bezüglich der Personalarbeit des Unternehmens zur Sprache kommen. Die Weiterentwicklung der Personalarbeit bekommt dadurch eine enorm kraftvolle Plattform, um intern wichtige Themen voranzutreiben und um sich dadurch ständig zu verbessern.

# IV. Ausblick: Zukünftige Ausrichtung des Personalcontrollings

## 1 Entwicklung des Personalcontrollings bis zum heutigen Stand
*(Dieter Gerlach und Sascha Armutat)*

Das Personalcontrolling ist seit Anfang der 1990er-Jahre ein wichtiger Bestandteil moderner Personalarbeit. Überblickt man diesen Zeitraum mit etwas Abstand, dann stellt man fest, dass sich die Ausrichtung des Personalcontrollings im Vergleich zu seinen Anfängen erheblich geändert hat.

Am Anfang standen die auch heute noch wichtige quantitative Personalplanung, die Abweichungskontrolle und die entsprechende Analyse – ganz im Sinne des Planungskreislaufes. Darüber hinaus fungierte der Personalcontroller als Zahlenlieferant und Verantwortlicher für die Personalstatistiken. In den folgenden Jahren gab es auch im Personalbereich eine ausgeprägte Kennzahlenorientierung und ein erstes Kostencontrolling anhand von messbaren Daten. Ungefähr Mitte der Neunzigerjahre kamen die ersten Ansätze zur Messung des wirtschaftlichen Erfolges der eigenen Abteilung auf.

*Entwicklung der Schwerpunkte*

Zusammengefasst bleibt festzuhalten, dass es in der Vergangenheit folgende Schwerpunkte gab:
- quantitative Personalplanung
- Personalstatistik und -berichtswesen
- Auftragscontrolling
- quantitative Kennzahlenermittlung
- Zahlenlieferungen
- Sammeln vergangenheitsorientierter Daten
- Prüfung und Überwachung

Wenn man die heutige Situation betrachtet, kann man in vielen Unternehmen eine Prioritätenverschiebung im Personalcontrolling feststellen. Die Rolle des systematischen Kennzahlenlieferanten ist eine bleibend wichtige operative Basis für das Personalmanagement geworden, die weiterhin Bestand haben wird und in immer mehr Unternehmen professionell gehandhabt wird. Das zeigt die DGFP-Langzeitstudie „Professionelles Personalmanagement 2012"[102] sowie die DGFP-Kennzahlenstudie aus dem Jahr 2011.[103]

Die Rolle des „Nachweisers" von Wertbeiträgen spielt das Personalcontrolling nur noch in wenigen Unternehmen. Nicht ohne Grund, da sich das Personalcontrolling immer seltener als „Legitimationshelfer", sondern immer häufiger als „Ermöglicher" eines businessorientierten Personalmanagements versteht: Zunehmend spielen Personalcontrollingfragen und -instrumente eine Rolle in der aktiven Belegschaftssteuerung und der strategischen Ausrichtung der Personalarbeit – sei es durch Altersstrukturanalysen oder durch Szenarioberechnungen. Die Bedeutung dieser Themen in der Praxis zeigt Abbildung 97.

Abbildung 97

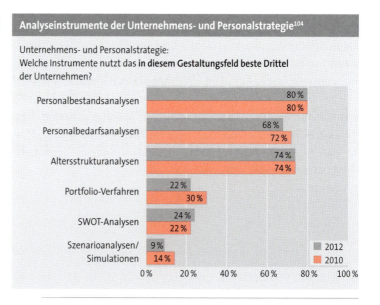

Analyseinstrumente der Unternehmens- und Personalstrategie[104]

102 DGFP e.V. (Hg.) (2012a): Langzeitstudie Professionelles Personalmanagement 2012 (pix). PraxisPapiere, Ausgabe 4/2012. Verfügbar über www.dgfp.de/praxispapiere (Stand 05.12.2012).

103 DGFP e.V. (Hg.) (2011b): DGFP-Studie: HR-Kennzahlen auf dem Prüfstand. PraxisPapiere Ausgabe 5/2011. Verfügbar über www.dgfp.de/praxispapiere (Stand 05.12.2012).

104 DGFP e.V. (Hg.) (2012a).

Die Instrumente der Unternehmen, die zum besten Drittel im Gestaltungsfeld Personalstrategie gehören, zeigen dies eindeutig: Personalbestandsanalysen, Personalbedarfsanalysen, Altersstrukturverfahren, Portfolioverfahren, SWOT- und Szenarioanalysen sind ohne ein funktionierendes Personalcontrolling kaum durchzuführen.

Dieser Trend ist ermutigend, weil daraus eine Normalisierung der Teilfunktion spricht: Weniger thematisieren und mehr beitragen scheint das Personalcontrolling der Zukunft auszuzeichnen. Dafür spricht auch, dass Controllingfragen bei aktuellen HR-Aufgaben wie dem Gesundheitsmanagement oder dem Retentionmanagement selbstverständlich mitbedacht werden. Auch dabei geht es nicht darum, den Themen einen „Bedeutungsschub" zu geben, sondern darum, sie nachvollziehbar und nachhaltig steuerbar zu machen.

*Trend zur Normalisierung der Teilfunktion*

Beim Retentionmanagement geht es darum, einzelne Schlüsselmitarbeiter oder strategisch relevante Mitarbeitergruppen an das Unternehmen zu binden. Die Effizenz der Prozesse steht dabei genauso auf dem Prüfstand wie der Erfolg der Bemühungen. Bröckermann und Pepels sprechen davon, dass „Kennzahlen (…) für alle Themenbereiche der Mitarbeiterbindung abgeleitet werden [können – d. A.], angefangen bei der Personalauswahl bis hin zur Messung der Anreizwirkung von Sozialleistungen" [105]. Das gilt analog auch für das Gesundheitsmanagement, bei dem die Prozesse und die Wirkungen auf Maßnahmen und auf Systemebene kennzahlenbasiert abgebildet werden.[106]

---

105 Vgl. Bröckermann/Pepels (Hg.) (2004).
106 Vgl. DGFP e.V. (2013): Ganzheitliches Gesundheitsmanagement. Bielefeld 2013 (Veröffentlichung bei Redaktionsschluss in Vorbereitung).

# 2 Zukunftsgerichtetes Personalcontrolling
*(Dieter Gerlach)*

Das Personalcontrolling der Zukunft lässt sich am einfachsten mit dem strategischen Ansatz „Tun wir die Dinge richtig – und tun wir die richtigen Dinge?" beschreiben.

Die Tätigkeit wird nicht durch die statische Auffassung des Begriffes „to control" – prüfen, überwachen – gekennzeichnet, sondern durch die dynamische Auffassung – lenken, steuern – verdeutlicht. Ziel ist es, Partner in einem unternehmerischen Personalmanagement und gleichzeitig strategischer Partner der Geschäftsleitung zu sein.

Welche Instrumente kennzeichnen eine solche Ausrichtung? Viele der nachfolgend aufgeführten Instrumente sind in den vorigen Kapiteln beschrieben worden:
- Data Mining
- Personalrisikosteuerung
- wertschöpfungsorientiertes Controlling
- Humankapitalbewertung
- Prozessmanagement
- Steuerung der Personalarbeit
- Optimierung der Personalmanagementkosten
- Szenario-Techniken
- einheitliche Technologie

Hierbei wird selbstverständlich vorausgesetzt, dass eine quantitative und qualitative Personalplanung sowie ein Reporting vorhanden sind, die den Ansprüchen heutiger Geschäftspolitik entsprechen und eine Betrachtung der Vergangenheit, eine lösungsorientierte Analyse und auch eine Prognose für die Zukunft beinhalten.

*Zukunftsaufgabe Personalplanung*

Zukunftsgerechtes Personalcontrolling muss zielgruppenorientiert aufgebaut sein und unterschiedliche Zielfelder berücksichtigen und nutzt hierfür entsprechende Key Performance Indicators (KPIs). Basis hierfür ist die an der Unternehmensstrategie ausgerichtete Personalstrategie. Hieraus werden die KPIs durch das Personalcontrolling entwickelt.

Entlang dieses logischen Aufbaus kommt das Personalcontrolling zu einer strategischen Steuerung der Personalarbeit und zunächst zu einer Messung und später gegebenenfalls zu einer Steigerung der personellen Wertschöpfung.

Mit Instrumenten wie dem HR-Cockpit oder HR-Dashboard ist es möglich festzustellen, an welchen personalwirtschaftlichen Stellgrößen gearbeitet werden muss, um den Ergebnisbeitrag des Personals zu erhöhen und dadurch dazu beizutragen, den Geschäftserfolg auszuweiten.

Diese Entwicklung der Rolle des Personalcontrollers zum Unterstützer einer am Business orientierten Personalarbeit gilt auch und gerade für Unternehmen in der Globalisierung. Die Botschaft lautet auch hier, dass das Personalcontrolling nur dann eine größere Rolle spielen wird, wenn es in der Lage ist, sich als Businesspartner zu etablieren. Dazu zählt, dass es neben vergangenheitsbezogenen Betrachtungen die informationellen Voraussetzungen für ein aktives, zukunftsgerichtetes Handeln im Personalmanagement schafft. Dazu gehört einerseits, dass es Zukunftsszenarien entwickelt und Forecasts erstellt. Andererseits gehört dazu, dass es seine Ressourcen strategisch konzentriert einsetzt, zu einer Vereinheitlichung der Definitionen und Personalmanagementsysteme beiträgt und Kostenmanagement und Wertbeitragsbetrachtungen im Personalbereich anstrebt. Drittens geht damit die Anforderung einher, sich durch transparente Informationen als Partner der Führungskräfte zu positionieren.

# 3 Trends und Themen *(Dieter Gerlach und Sascha Armutat)*

Das Personalcontrolling hat sich seinen Platz erobert und wird vor allem in Zukunft ein unverzichtbarer Bestandteil der unternehmerischen Führungsfunktion Personalmanagement sein. Die aktuellen Themenschwerpunkte – wie Personalrisikomanagement, Wertschöpfung der Personalfunktion, Professionalisierung des Personalmanagements oder demografiesensible Personalpolitik – beinhalten Aufgaben, die ohne eine gründliche informationelle Fundierung nicht zu bewältigen sind.

Die Bedeutung des Personalcontrollings steht also außer Frage – die Art und Weise, wie es betrieben wird, wie es in die organisatorischen Abläufe integriert ist und welche Akteure sich daran beteiligen, ist allerdings ungewiss. Vor dem Hintergrund der aktuellen organisatorischen Entwicklungen im Personalmanagement – Bündelung, Businessnähe und Arbeitsteilung sind hier die wesentlichen Kennzeichen – lassen sich allerdings einige Trends erkennen:

*Thesen zur Entwicklung des Personalcontrollings*

1. *Das Personalcontrolling der Zukunft wird zunehmend arbeitsteilig erledigt.*

   Die Verantwortlichen für die spezifischen Personalprozesse, die Businesspartner und Linienführungskräfte sowie das Finanzcontrolling, werden zu Akteuren des Personalcontrollings, die von einer schlanken, zentralen Personalcontrollingfunktion koordiniert werden.

2. *Das Personalcontrolling der Zukunft wird durch die gemeinsame Informationsbasis, durch gemeinsame IT-Systeme und durch verbindliche KPIs integriert.*

   Dadurch werden gemeinsame Orientierungspunkte geschaffen, die Voraussetzung für die einheitliche Koordination auch eines arbeitsteiligen Personalcontrollings sind.

3. *Die Institutionalisierung des Personalcontrollings wird in Zukunft weiter zunehmen, wie auch die Möglichkeiten der organisatorischen Einbindungen.*

   Viele Wege führen nach Rom – das gilt auch für das effektive und das effiziente Personalcontrolling. Auch wenn es unter professionellen Gesichtspunkten geboten erscheint, dass das Personalcontrolling weiterhin im Personalmanagement eingegliedert bleibt, sind andere Lösungen, wie die (Teil-)Ansiedlung beispielsweise im Finanzcontrolling, zukünftig denkbar.

**Abbildung 98**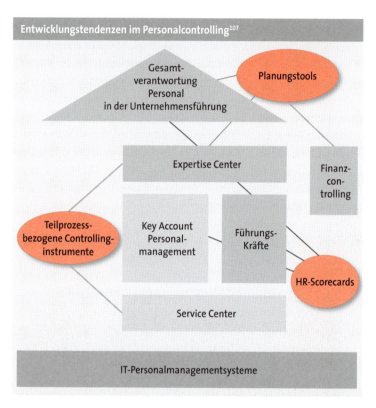

Entwicklungstendenzen im Personalcontrolling[107]

Die Organisationsstruktur eines Personalcontrollings der Zukunft könnte sich an dem Bedarf der unterschiedlichen internen Kunden orientieren und folgende Gestalt annehmen:
- Die Verantwortlichen der Personalmanagement-Teilprozesse übernehmen teilprozessbezogene Controllingtätigkeiten (Bildung, Entwicklung, Entgelt) mit dem Ziel der Steuerung der Personalprozesse.

---

107  In Anlehnung an Armutat et al. (2007).

- Businesspartner bzw. Führungskräfte nutzen IT-gestützte Systeme oder Instrumente (HR-Scorecard, Cockpit, Dashboards) mit dem Ziel, die Personalarbeit in den Geschäftsbereichen zu steuern.
- Das Finanzcontrolling nutzt IT-Tools des Personalcontrollings, um die daraus resultierenden Ergebnisse (Kosten und Headcount bzw. FTE) in die Gesamtunternehmensplanung zu integrieren.
- Das zentrale Personalcontrolling übernimmt die Verantwortung für die Steuerung des arbeitsteiligen Personalcontrollings, koordiniert Entscheidungen auf Gesamtunternehmensebene, entwickelt und steuert die Systeme auf Gesamtunternehmensebene, stellt einheitlich definierte Kennzahlen und HR-IT-Systeme zur Verfügung und berät die Prozessverantwortlichen, die Businesspartner und Führungskräfte sowie das Finanzcontrolling bei allen aufgabenbezogenen Fragen. Außerdem ist es Coach bzw. Berater der Geschäftsleitung.

## Arbeitsteiliges Personalcontrolling  Abbildung 99

**Ein funktionales Denkmodell**

| | Prozessorientiertes Personalcontrolling | Businessorientiertes Personalcontrolling | Faktororientiertes Personalcontrolling | Zentrales Personalcontrolling |
|---|---|---|---|---|
| | Personalmanagement | Businesspartner/ Führungskräfte | Financial Controlling | Steuerung des arbeitsteiligen Personalcontrollings |
| dezentral | Teilprozessbezogene Controllinginstrumente (Entgelt, Bildung etc.) | IT-gestützte HR-Scorecards | IT-Planungstools | Koordination der Entscheidungen auf Geschäftsebene |
| | Steuerung der Personalprozesse | Steuerung der Personalarbeit in den Geschäftsbereichen | Kosten- und Köpfe-Planung | Systementwicklung und -steuerung |

*Arbeitsteiliges Personalcontrolling*

Dieses Modell kann nur ein Ansatz für die zukünftige Ausrichtung dieser Funktion sein. Auch andere Modelle sind entsprechend der Größenordnung des jeweiligen Unternehmens vorstellbar.

Entscheidend ist jedoch nicht das Modell, nicht die Struktur, nicht die Aufgabenteilung, sondern einzig und allein die Wandlung der Funktion, um den Aufgaben der Zukunft gerecht zu werden.

Denn es gilt der Grundsatz: Egal wohin sich das Personalmanagement entwickelt, immer ist das Personalcontrolling zwingend erforderlich, weil sich nur so das Personalmanagement dauerhaft als aktiver Mitgestalter und Mitentscheider im Unternehmen etablieren kann.

# V. Anhang

## 1 „Reifegrad" des Personalcontrollings
*(Silke Wickel-Kirsch, Dieter Gerlach)*

In der folgenden Selbsteinschätzung können Sie die Entwicklung bzw. den aktuellen Stand des Personalcontrollings in Ihrem Unternehmen ermitteln.[108]

*Ermittlung des Personalcontrollingstands im eigenen Unternehmen*

Ordnen Sie zunächst die Relevanz des Personalcontrollings in Ihrem Unternehmen anhand der unten stehenden Fragen ein und ermitteln Sie daraus mithilfe der anschließenden Auswertungstabelle den „Reifegrad" Ihres Personalcontrollings. Gegebenenfalls können Sie Handlungsbedarfe ableiten und Ideen gewinnen, oder Sie sehen möglicherweise Ihre eigene Einschätzung bestätigt.

Sie können aus der Summe der einzelnen Unterpunkte den Reifegrad des Personalcontrollings in Ihrem Unternehmen am Schluss wie folgt einschätzen:

Einstiegsphase (E): „Die Aussage trifft kaum oder gar nicht für unser Unternehmen zu."

Institutionalisierungsphase (I): „Die Aussage trifft teilweise/weitgehend für unser Unternehmen zu."

Professionalisierungsphase (P): „Die Aussage trifft völlig auf unser Unternehmen zu."

Bitte beantworten Sie jede Frage mit „Ja" oder „Nein":

**Checkliste 3**

| Reifegrad des Personalcontrollings | | |
|---|---|---|
| **1. Institutionalisierung des Personalcontrollings im Unternehmen** | **Ja** | **Nein** |
| 1.1 Personalcontrolling hat in den vergangenen drei Jahren im eigenen Unternehmen an Bedeutung gewonnen. | | |
| 1.2 Das Personalcontrolling hat in unserem Unternehmen einen hohen Stellenwert. | | |

---

108 Im anschließenden Abschnitt finden Sie dann die Befragungsergebnisse der DGFP zur Nutzung von einzelnen Kennzahlen, sodass Sie Ihr Unternehmen vergleichen können mit dem Schnitt aus über 130 Unternehmen, die an der Befragung der DGFP zum Thema Nutzung von Kennzahlen und eingeschätzte Relevanz 2010 teilgenommen haben.

### Fortsetzung Checkliste 3

| | | | |
|---|---|---|---|
| 1.3 | Berichte des Personalcontrollings werden regelmäßig als Entscheidungsgrundlage genutzt. | | |
| 1.4 | Eine Stelle/Funktion (oder anteilig) beschäftigt sich gezielt und dauerhaft mit Personalcontrollingaufgaben. | | |
| 1.5 | Das Personalcontrolling ist im Personalbereich verankert. | | |
| 1.6 | Der Personalcontroller berichtet direkt an die Personalleitung. | | |
| 1.7 | Personalzahlen kommen ausschließlich vom Personalcontroller. | | |
| Zwischensumme | | | |
| **2.** | **Hauptaufgaben des Personalcontrollings im Unternehmen** | **Ja** | **Nein** |
| 2.1 | Strategische Entscheidungen durch Informationen vorbereiten | | |
| 2.2 | Personalkosten transparent machen | | |
| 2.3 | Einen Beitrag zur Unternehmensberichterstattung leisten | | |
| 2.4 | Ein eigenes Personalberichtswesen aufbauen und betreuen | | |
| 2.5 | Auswirkungen neuer Entwicklungen frühzeitig einschätzen | | |
| 2.6 | Beitrag des Personalmanagements zum Unternehmenserfolg transparent machen | | |
| 2.7 | Effizienz der Personalarbeit transparent machen, ggf. inkl. Leistungsverrechnung | | |
| 2.8 | DV-gestützte Informationssysteme aufbauen, pflegen | | |
| 2.9 | Kosten der Personalarbeit transparent machen | | |
| 2.10 | Personalprozesse beschreiben | | |
| 2.11 | Durchführung der Personal(kosten)planung | | |
| 2.12 | Sonstige Aufgaben | | |
| Zwischensumme | | | |
| **3.** | **Instrumente des Personalcontrollings im Unternehmen** | **Ja** | **Nein** |
| 3.1 | Instrumente für den Zugriff auf Daten | | |
| | ▪ Händisch erstellte Datenzusammenstellungen auf Papierbasis | | |
| | ▪ Datenzusammenstellung auf Excelbasis | | |
| | ▪ Data-Warehouse-Lösungen zur Datenzusammenstellung | | |
| Zwischensumme | | | |
| 3.2 | Instrumente für die Datenauswertung | | |
| | ▪ Beziehungs-, Verhältniszahlen und Indexzahlen | | |
| | ▪ Statistische Verfahren der Ursache-Wirkungs-Analyse | | |
| | ▪ Prognoseverfahren, z. B. Szenarioverfahren | | |
| | ▪ Wertschöpfungsrechnungen | | |
| | ▪ Human-Capital-Bewertungsverfahren | | |
| |    ▪ Kosten-Nutzen-Analysen | | |
| |    ▪ Benchmarking | | |
| |    ▪ Prozesskostenrechnung | | |
| |    ▪ Kennzahlenorientierte Steuerungssysteme | | |
| | ▪ Analyse der Zielerreichung | | |
| | ▪ Strategische Analyseverfahren (wie SWOT-Analysen) | | |
| Zwischensumme | | | |

| | **Fortsetzung Checkliste 3** | | |
|---|---|---|---|
| 3.3 | Instrumente für die Datendokumentation und -verbreitung | | |
| | ■ Berichte, wie z. B. Unternehmensberichte | | |
| | ■ Cockpitsysteme | | |
| | ■ Präsentationen und Entscheidungsvorlagen | | |
| | Zwischensumme | | |
| **4.** | **Datenquellen für das Personalcontrolling im Unternehmen** | **Ja** | **Nein** |
| 4.1 | Personalabrechnung | | |
| 4.2 | Rechnungswesen | | |
| 4.3 | Personalinformationssysteme | | |
| 4.4 | Ergebnisse aus Mitarbeiterbefragungen | | |
| 4.5 | Dokumentierte Zielvereinbarungen | | |
| 4.6 | Dokumentierte Mitarbeiterbeurteilungen | | |
| 4.7 | Geschäftsbericht des eigenen Unternehmens | | |
| 4.8 | Ergebnisse aus Kundenbefragungen | | |
| 4.9 | Externe Publikationen | | |
| 4.10 | Daten aus anderen Unternehmensbereichen, z. B. dem Vertrieb | | |
| 4.11 | Personalentwicklungdaten, z. B. aus Skill-Datenbanken | | |
| 4.12 | Andere Datenquellen | | |
| | Zwischensumme | | |
| **5.** | **Welchen Adressaten liefert das Personalcontrolling regelmäßig Daten?** | **Ja** | **Nein** |
| 5.1 | Geschäftsführung | | |
| 5.2 | Personalleitung | | |
| 5.3 | Finanzbereich | | |
| 5.4 | Linienführungskräften | | |
| 5.5 | Betriebsrat | | |
| 5.6 | Shareholdern | | |
| 5.7 | Externen (z. B. Statistischem Landesamt, Verbänden) | | |
| 5.8 | Sonstigen Adressaten | | |
| | Zwischensumme | | |
| **6** | **Wem ist Ihr Personalcontrollingbereich unterstellt?** | **Ja** | **Nein** |
| 6.1 | Der Leitung der zentralen Personalabteilung | | |
| 6.2 | Der Leitung der zentralen Controllingabteilung | | |
| 6.3 | Der Geschäftsführung bzw. der Leitung der Geschäftseinheit | | |
| | Zwischensumme | | |
| **7.** | **Rollenverständnis des Personalcontrollers im Unternehmen** | **Ja** | **Nein** |
| 7.1 | Aufbereitung strukturierter Informationen | | |
| 7.2 | Proaktive Beschaffung strukturierter Informationen | | |
| 7.3 | Aussprechen von Handlungsempfehlungen | | |

### Fortsetzung Checkliste 3

| | | Ja | Nein |
|---|---|---|---|
| 7.4 | Unterstützung strategischer Projekte des Unternehmens | | |
| 7.5 | Frühe Einbindung in strategische Projekte des Unternehmens | | |
| 7.6 | Initiieren von personalwirtschaftlichen Veränderungen (Strategie, Struktur, Prozesse etc.) | | |
| Zwischensumme | | | |
| **8.** | **Technische Ausstattung des Personalcontrollings** | **Ja** | **Nein** |
| 8.1 | Existenz einer einheitlichen IT-Datenbasis | | |
| 8.2 | Vorhandensein und Einsatz von Auswertungssystem/-en | | |
| 8.3 | Zugriffsrechte auf alle personalrelevanten Daten | | |
| Zwischensumme | | | |
| **9.** | **Zunahme der Bedeutung des Personalcontrollings in Ihrem Unternehmen in den nächsten drei Jahren** | **Ja** | **Nein** |
| 9.1 | Deutlicher Bedeutungsgewinn | | |
| 9.2 | Geringer Bedeutungsgewinn | | |
| 9.3 | Weder Bedeutungsgewinn noch -verlust | | |
| 9.4 | Geringer Bedeutungsverlust | | |
| 9.5 | Deutlicher Bedeutungsverlust | | |
| Zwischensumme | | | |

**Auswertungshinweise:**

Bitte zählen Sie nach jedem Punkt in der Spalte „Zwischensumme" die angekreuzten „Ja" und „Nein".

| Frage | Einstiegsphase (E) | Institutionalisierungsphase (I) | Professionalisierungsphase (P) |
|---|---|---|---|
| 1 | 0–3 | 4–6 | 7 |
| 2 | 0–3 | 4–8 | 9–12 |
| 3.1 | 0–1 | 2 | 3 |
| 3.2 | 0–4 | 5–7 | 8–11 |
| 3.3 | 0–1 | 2 | 3 |
| 4 | 0–5 | 6–8 | 9–12 |
| 5 | 0–5 | 6–7 | 8 |
| 6 | | Wenn 6.1: Ja | Wenn 6.1: Ja |
| 7 | 0–3 | 4–5 | 6 |
| 8 | 0–2 | 3 | 3 |
| 9 | | Wenn 9.1 oder 9.2 oder 9.3: Ja | Wenn 9.1 oder 9.2: Ja |

Erläuterung des Schlüssels: Für die Feststellung des Reifegrads müssen Sie Folgendes beachten:

- Bei Frage 1 gilt, dass die (zweite) Stufe „I" ab viermal „Ja" erreicht wird, für die (dritte) Stufe „P" muss immer „Ja" angekreuzt werden.
- Bei Frage 2 gilt, dass die Stufe „I" ab viermal „Ja" erreicht wird, für die Stufe „P" muss mindestens neunmal „Ja" angekreuzt werden.
- Bei Frage 3.1 gilt, dass die Stufe „I" mit zweimal „Ja" erreicht wird, für die Stufe „P" muss dreimal „Ja" angekreuzt werden.
- Bei Frage 3.2 gilt, dass die Stufe „I" ab fünfmal „Ja" erreicht wird, für die Stufe „P" muss achtmal „Ja" angekreuzt werden.
- Bei Frage 3.3 gilt, dass die Stufe „I" mit zweimal „Ja" erreicht wird, für die Stufe „P" muss dreimal „Ja" angekreuzt werden.
- Bei Frage 4 gilt, dass die Stufe „I" ab sechsmal „Ja" erreicht wird, für die Stufe „P" muss mindestens neunmal „Ja" angekreuzt werden.
- Bei Frage 5 gilt, dass die Stufe „I" ab sechsmal „Ja" erreicht wird, für die Stufe „P" muss achtmal „Ja" angekreuzt werden.
- Bei Frage 6 gilt, dass die Stufe „I" erreicht wird, wenn 6.1 mit „Ja" beantwortet wird. Gleiches gilt für die Stufe „P".
- Bei Frage 7 gilt, dass die Stufe „I" ab viermal „Ja" erreicht wird, für die Stufe „P" muss sechsmal „Ja" angekreuzt werden.
- Bei Frage 8 gilt, dass sowohl für die Stufe „I" als auch für die Stufe „P" dreimal „Ja" angekreuzt werden muss.
- Bei Frage 9 gilt, dass für die Stufe „I" die Antwort 9.1 oder die Antworten 9.2 und 9.3 angekreuzt werden müssen. Für die Stufe „P" müssen 9.1 oder 9.2 angekreuzt werden.

Zählen Sie im Anschluss alle „E", „I" und „P" zusammen. Wenn Sie mindestens fünfmal „I" als Zwischenergebnis haben, haben Sie den Reifegrad „I": „Institutionalisierungsphase". Wenn Sie mindestens fünfmal als Zwischenergebnis „P" und außerdem in den anderen Kategorien mindestens die Ausprägung „I" haben, dann haben Sie den Reifegrad „Professionalisierungsphase" erreicht.

# 2 Strukturierte Kennzahlenübersicht

Die folgenden zwölf Tabellen ordnen ca. 180 HR-Kennzahlen den verschiedenen Dimensionen in je einem Gestaltungsfeld des Personalmanagements zu. Sie entstanden als Ergebnis des Fragebogendesigns für die DGFP-Studie „HR Kennzahlen auf dem Prüfstand"[109], wobei sich die Struktur der Gestaltungsfelder am DGFP-Modell des integrierten professionellen Personalmanagements orientiert.[110]

Die befragten DGFP-Mitgliedsunternehmen wurden unter anderem nach ihrer Nutzung sowie ihrer Einschätzung der Steuerungsrelevanz der einzelnen Kennzahlen befragt. Zum Vergleich der eigenen Einschätzung einzelner Kennzahlen werden die Befragungsergebnisse hier ebenfalls wiedergegeben.

Abbildung 100

**Kennzahlen Gestaltungsfeld: Unternehmens- und Personalstrategie**

| Dimension | Kennzahlenbeschreibung | Nutzung bei % der Befragten | Relevant für % der Befragten |
|---|---|---|---|
| Strategisches Personalmanagement | Anteil der strategischen Projekte, an denen ein Vertreter des Personalbereichs an der Projektleitung beteiligt war, an allen strategischen Projekten | 16 % | 43 % |
| | Anteil der Arbeitnehmer, die die Unternehmensstrategie kennen, an allen Arbeitnehmern (gemessen z. B. durch Mitarbeiterbefragung) | 35 % | 77 % |
| Arbeitnehmer | Anteil bestimmter Mitarbeitergruppen an allen Arbeitnehmern | 94 % | 90 % |
| | Anzahl der Arbeitnehmer aus bestimmten Mitarbeitergruppen im Verhältnis zum definierten Soll | 49 % | 71 % |
| | Anteil der weiblichen/männlichen Arbeitnehmer nach bestimmten Mitarbeitergruppen an allen Arbeitnehmern | 83 % | 69 % |
| | Anteil der Arbeitnehmer nach bestimmten Organisationsbereichen (IT, Marketing, Fertigung, Produktion, HR usw.) an allen Arbeitnehmern | 87 % | 83 % |
| | Verhältnis der Personen in Geschäftsführung/Vorstand zu leitenden Angestellten | 31 % | 29 % |
| Teilzeitarbeitnehmer | Anteil der Teilzeitkräfte an allen Arbeitnehmern | 91 % | 82 % |

---

109 DGFP e.V (Hg.) (2011b): DGFP Studie „HR Kennzahlen auf dem Prüfstand", erschienen als PraxisPapier 5/2011. Der Ergebnisbericht mit den grafisch dargestellten Tabellen ist verfügbar über www.dgfp.de/praxispapiere (Stand: 12.12.2012).
110 DGFP e. V. (Hg.) (2012c), S. 42 ff.

### Fortsetzung Abbildung 100

| Dimension | Kennzahlenbeschreibung | Nutzung bei % der Befragten | Relevant für % der Befragten |
|---|---|---|---|
| Befristet Beschäftigte | Anteil der befristet Beschäftigten an allen Arbeitnehmern | 81 % | 82 % |
| | Durchschnittliche Dauer der Befristung in Monaten | 20 % | 34 % |
| Leiharbeitnehmer | Anteil der Leiharbeitnehmer an allen Arbeitnehmern | 67 % | 82 % |
| Geringfügig Beschäftigte | Anteil der geringfügig Beschäftigten an allen Arbeitnehmern | 48 % | 43 % |
| Altersstruktur | Anteil der Arbeitnehmer aufgeteilt nach bestimmten Altersgruppen an allen Arbeitnehmern | 87 % | 97 % |
| Qualifikationen | Anteil der Arbeitnehmer aufgeteilt nach bestimmten Schul- und Berufsausbildungsgruppen an allen Arbeitnehmern | 41 % | 68 % |
| Hochschulabsolventen | Anteil der Hochschulabsolventen nach Disziplinen (technisch, naturwissenschaftlich, kaufmännisch, geisteswissenschaftlich usw.) an allen Arbeitnehmern | 34 % | 54 % |
| Schwerbehinderte | Anteil der Arbeitnehmer mit Schwerbehinderung an allen Arbeitnehmern | 82 % | 49 % |
| | Anteil der Arbeitnehmer mit Schwerbehinderung an den zu besetzenden Soll-Stellen für Schwerbehinderte | 51 % | 48 % |
| Ideenmanagement | Anzahl der eingegangenen Verbesserungsvorschläge im Durchschnitt je Arbeitnehmer | 50 % | 68 % |
| | Anzahl der abschließend beurteilten/prämierten/realisierten Verbesserungsvorschläge je Arbeitnehmer | 52 % | 64 % |
| | Gesamtprämie (inkl. Anerkennungsprämien) je Verbesserungsvorschlag (mit und/oder ohne abgelehnte Verbesserungsvorschläge) in Euro | 42 % | 52 % |

### Abbildung 101  Kennzahlen Gestaltungsfeld: Unternehmenskultur und Veränderungen

| Dimension | Kennzahlenbeschreibung | Nutzung bei % der Befragten | Relevant für % der Befragten |
|---|---|---|---|
| Unternehmenswerte | Bekanntheitsgrad der Unternehmenswerte bzw. Leitlinien unter den Arbeitnehmern (gemessen z. B. durch Mitarbeiterbefragung) | 42 % | 79 % |
| | Grad der Identifikation der Mitarbeiter mit den Unternehmenswerten (gemessen z. B. durch Mitarbeiterbefragung) | 50 % | 89 % |
| Change-Projekte | Anteil der Change-Projekte, an denen ein Vertreter des Personalbereichs an der Projektleitung beteiligt war, an allen Change-Projekten | 12 % | 43 % |
| | Anteil der erfolgreich (d. h. planungskonform) abgeschlossenen Change-Projekte an allen durchgeführten Change-Projekten | 14 % | 53 % |

## Kennzahlen Gestaltungsfeld: Wertschöpfungsmanagement — Abbildung 102

| Dimension | Kennzahlenbeschreibung | Nutzung bei % der Befragten | Relevant für % der Befragten |
|---|---|---|---|
| Mitarbeiterproduktivität | Umsatz je Arbeitnehmer in Euro | 58 % | 69 % |
| Personalaufwand | Anteil des Personalgesamtaufwandes am Umsatz | 78 % | 89 % |
| | Primäraufwand[111]: Anteil am Umsatz und je Arbeitnehmer in Euro | 52 % | 70 % |
| | Sekundäraufwand[112]: Anteil am Umsatz und je Arbeitnehmer in Euro | 31 % | 50 % |
| | Personalgesamtaufwand je Arbeitnehmer in Euro (differenziert nach Arbeitnehmergruppen und/oder Organisationseinheiten) | 64 % | 69 % |
| | Anteil des gesetzlichen, tariflichen und betrieblichen Aufwandes am Personalgesamtaufwand je Arbeitnehmer | 43 % | 60 % |
| | Zuführungen zu den Rückstellungen je Arbeitnehmer in Euro und anteilig am Personalgesamtaufwand | 43 % | 53 % |
| | Durchschnittliche Personalkosten/Arbeitsstunde | 65 % | 86 % |
| Vergütungsbestandteile | Lohn- und Gehaltssumme je Arbeitnehmer in Euro und anteilig am Personalgesamtaufwand | 65 % | 72 % |
| | Variable Vergütungsbestandteile je Arbeitnehmer in Euro und anteilig am Personalgesamtaufwand | 56 % | 73 % |
| | Mehrarbeitsvergütungen je Arbeitnehmer in Euro und anteilig am Personalgesamtaufwand | 47 % | 61 % |
| | Gezahlte Betriebsrenten je Rentner in Euro | 37 % | 34 % |
| Kostenanteil HR-Funktionen | Durchschnittliche Personalkosten (Primäraufwand) je HR-Mitarbeiter | 34 % | 49 % |
| | Durchschnittliche HR-Kosten (Sekundäraufwand) je Arbeitnehmer | 30 % | 54 % |
| | Anteil der HR-Kosten am Personalgesamtaufwand | 37 % | 65 % |
| Arbeitszeit und Mehrarbeit | Durchschnittliche wöchentliche und jährliche Arbeitszeit in Stunden aller Arbeitnehmer | 63 % | 78 % |
| | Bezahlte Mehrarbeit je Arbeitnehmer in Stunden | 60 % | 69 % |
| | Anteil der bezahlten Mehrarbeit an der Jahressollarbeitszeit | 43 % | 69 % |
| Planungsvalidität | Durchschnittliche Abweichung Plan – Ist der Qualität der Personalplanung (in Bezug auf Prozess und Methodik) | 31 % | 66 % |

---

111 Zum Beispiel zu verstehen als sämtliche Bruttoentgelte, einschließlich Prämien, Sonderzahlungen und Boni, sowie alle durch die Beschäftigung sich ergebenden gesetzlichen Abgaben (Sozialversicherungsbeiträge, Pauschalsteuern, anteilige Schwerbehindertenausgleichsabgabe und Umlage zur Berufsgenossenschaft).

112 Zum Beispiel Aufwand für Gebäude, Einrichtungen, Infrastruktur oder auch EDV.

### Abbildung 103 — Kennzahlen Gestaltungsfeld: Arbeitsrecht und Sozialpartnerschaft

| Dimension | Kennzahlenbeschreibung | Nutzung bei % der Befragten | Relevant für % der Befragten |
|---|---|---|---|
| Arbeitsgericht | Anteil aller aus Arbeitgebersicht erfolgreich abgeschlossenen Arbeitsgerichtsprozesse an allen Arbeitsgerichtsprozessen | 12 % | 22 % |
| | Anteil der Einigungsstellenverfahren an allen mitbestimmungspflichtigen Geschäftsvorgängen | 8 % | 15 % |
| | Durchschnittliche Höhe aller Abfindungen in Euro und anteilig am Personalgesamtaufwand | 24 % | 27 % |
| | Anteil der Abfindungen am Personalgesamtaufwand | 28 % | 32 % |
| Betriebsrat | Anteil der Betriebsräte an allen Arbeitnehmern | 47 % | 26 % |
| | Anteil der freigestellten Betriebsräte an allen Arbeitnehmern | 42 % | 23 % |
| | Anteil der Kosten des Betriebsrates am Personalgesamtaufwand | 36 % | 41 % |
| | Anzahl Ausfallzeiten in Stunden durch Betriebsratssitzungen | 17 % | 38 % |
| Compliance | Anteil Mitarbeiter, die an einer Compliance-Schulung teilgenommen haben, an allen Arbeitnehmern | 40 % | 51 % |
| | Anteil der geahndeten Vorfälle an allen gemeldeten Vorfällen | 23 % | 44 % |
| Streik | Durchschnittliche Anzahl Arbeitstage, die durch Streiks ausgefallen sind, je Arbeitnehmer | 22 % | 23 % |
| Tarifverträge | Anzahl angewandter Tarifverträge | 35 % | 32 % |
| Gewerkschaftlicher Organisationsgrad | Anteil der gewerkschaftlich organisierten Mitarbeiter an allen Arbeitnehmern | 5 % | 15 % |
| Disziplinarmaßnahmen | Durchschnittliche Anzahl der erteilten Abmahnungen je Arbeitnehmer | 4 % | 19 % |

### Abbildung 104 — Kennzahlen Gestaltungsfeld: Beziehungen und Netzwerke

| Dimension | Kennzahlenbeschreibung | Nutzung bei % der Befragten | Relevant für % der Befragten |
|---|---|---|---|
| Expertengremien | Anteil der Arbeitnehmer, die in externen Expertengremien mitarbeiten, an allen Arbeitnehmern | 7 % | 26 % |
| Virtuelle Netzwerke | Anteil der Arbeitnehmer, die in virtuellen Netzwerken (z. B. XING, Facebook, LinkedIn) aktiv sind, an allen Arbeitnehmern | 2 % | 12 % |
| Personalprozesse | Anzahl der outgesourcten Personalprozesse an allen Personalprozessen | 9 % | 29 % |
| Externe Kosten | Anteil der Sachkosten für externe Berater (alle Projekte im Unternehmen) am Personalgesamtaufwand | 33 % | 69 % |
| | Anteil der Sachkosten für externe Berater (alle Projekte im Unternehmen) am Umsatz | 21 % | 51 % |
| | Anteil der Sachkosten für externe Berater (ausschließlich für HR-Projekte) am Personalgesamtaufwand | 23 % | 51 % |
| | Anteil der Sachkosten für externe Berater (ausschließlich für HR-Projekte) am Umsatz | 14 % | 40 % |

## Kennzahlen Gestaltungsfeld: Internationales Personalmanagement — Abbildung 105

| Dimension | Kennzahlenbeschreibung | Nutzung bei % der Befragten | Relevant für % der Befragten |
|---|---|---|---|
| Entsendungsmanagement | Anteil der Entsendeten an allen Arbeitnehmern | 31 % | 43 % |
| | Anteil der Expats an allen Entsendeten | 26 % | 34 % |
| | Anteil der Impats an allen Entsendeten | 25 % | 29 % |
| | Anteil der Third Country Nationals an allen Entsendeten | 12 % | 18 % |
| | Durchschnittliche Dauer einer Entsendung in Monaten | 20 % | 33 % |
| | Durchschnittliche Dauer der Vorbereitungszeit von Expats in Wochen | 5 % | 26 % |
| | Anteil der eignungsgerecht platzierten Rückkehrer an allen Rückkehrern | 7 % | 43 % |
| Internationale Personalorganisation | Anteil der HR-Abteilungen im Ausland von allen HR-Abteilungen | 17 % | 25 % |
| | Anzahl der betreuten Standorte im Ausland | 27 % | 36 % |
| | Anteil der länderübergreifenden Personalprozesse an allen Personalprozessen | 13 % | 37 % |

## Kennzahlen Gestaltungsfeld: Personalmarketing und -auswahl — Abbildung 106

| Dimension | Kennzahlenbeschreibung | Nutzung bei % der Befragten | Relevant für % der Befragten |
|---|---|---|---|
| Bleibequote Leistungs- und Potenzialträger | Verbleibende Leistungs- und Potenzialträger nach Ablauf eines definierten Zeitraums | 13 % | 78 % |
| Externe Arbeitgeberattraktivität aus den Perspektiven, Regionen, Zielgruppen und Branchen | Platzierung des Unternehmens in Arbeitgeberrankings im Branchenvergleich | 30 % | 70 % |
| | Anteil der Kosten für Arbeitgeberattraktivitätsbefragungen am Personalgesamtaufwand | 3 % | 30 % |
| Kosten Recruiting | Gesamtkosten Recruitingprozesse (interne und externe) je Neueinstellung | 38 % | 80 % |
| | Teilkosten Recruitingprozess (für jeden Recruitingkanal) je Neueinstellung | 20 % | 61 % |
| Recruitingkanäle | Durchschnittliche Dauer je Recruitingprozess (von der Personalanforderung bis zum ersten Arbeitstag des neuen Arbeitnehmers) | 38 % | 81 % |
| | Einstellungseffizienz pro Recruitingkanal im Verhältnis zu allen Einstellungen | 21 % | 75 % |
| | Anzahl der Initiativbewerbungen im Verhältnis zur Gesamtzahl an Positionen im Unternehmen | 21 % | 61 % |

### Fortsetzung Abbildung 106

| Dimension | Kennzahlenbeschreibung | Nutzung bei % der Befragten | Relevant für % der Befragten |
|---|---|---|---|
| Personalauswahl | Anzahl der Neueinstellungen je Recruiter | 12 % | 35 % |
| | Anteil der Zugänge (interne und externe) an allen Arbeitnehmern | 49 % | 65 % |
| | Durchschnittliche Anzahl persönlicher Interviews je Recruiter | 10 % | 27 % |
| | Durchschnittliche Anzahl telefonischer Interviews je Recruiter | 4 % | 21 % |
| Einstellungsqualität | Anteil der Arbeitnehmer, die nach Ablauf der Probezeit ausscheiden, an allen Zugängen | 33 % | 75 % |
| | Beurteilung des neu eingestellten Arbeitnehmers in Noten durch die Führungskraft nach einem Jahr | 35 % | 68 % |
| Arbeitgeberattraktivität | Arbeitgeberbeurteilung in Noten durch den neu eingestellten Arbeitnehmer nach einem Jahr | 12 % | 65 % |
| Sponsoring | Anteil der Kosten für regionale und überregionale Sponsoring-Aktivitäten am Umsatz | 22 % | 30 % |

### Abbildung 107  Kennzahlen Gestaltungsfeld: Personalbetreuung und Mitarbeiterbindung

| Dimension | Kennzahlenbeschreibung | Nutzung bei % der Befragten | Relevant für % der Befragten |
|---|---|---|---|
| Betreuungsquoten | Anzahl betreute Arbeitnehmer je Personalreferent | 59 % | 86 % |
| | Anzahl betreute Arbeitnehmer je Entgeltsachbearbeiter/Gehaltsabrechner | 52 % | 76 % |
| | Anzahl betreute Führungskräfte je Businesspartner | 34 % | 64 % |
| Fehlzeiten | Bezahlte und unbezahlte Fehlzeiten nach Gründen je Arbeitnehmer in Stunden | 60 % | 86 % |
| | Anteil der bezahlten und unbezahlten Fehlzeiten nach Gründen an der Jahressollarbeitszeit | 52 % | 77 % |
| | Ausfallzeitkosten je Tag und Arbeitnehmer | 38 % | 66 % |
| | Durchschnittliche Anzahl der Arbeitsunfälle je Arbeitnehmer | 65 % | 75 % |
| Betriebszugehörigkeit | Durchschnittliche Betriebszugehörigkeit pro Jahr nach Arbeitnehmergruppen (z. B. Altersgruppen, Hierarchiegruppen ...) | 75 % | 81 % |
| Gesundheitsmanagement | Kosten des betrieblichen Gesundheitsmanagements je Arbeitnehmer | 20 % | 62 % |
| | Anteil der Kosten des betrieblichen Gesundheitsmanagements am Umsatz | 11 % | 34 % |
| | Anteil der Kosten des betrieblichen Gesundheitsmanagements am Personalgesamtaufwand | 13 % | 52 % |
| Commitmentindex | Grad der internen Arbeitgeberattraktivität, der Führungsqualität, Identifikation mit dem Arbeitgeber (gemessen z. B. durch Mitarbeiterbefragung) | 42 % | 83 % |
| Mobilitätsquote Führungskräfte | Anteil der Führungskräfte, die in einem definierten Zeitraum einen Ortswechsel vollzogen haben, an allen Führungskräften | 8 % | 24 % |

| Weitere Kennzahlen zur Mitarbeiterbindung[113] | |
|---|---|
| Themenfeld: Personalbeschaffung<br>Zielsetzung: Bindungsorientierte Suche | Sollprofilerfüllungsgrad |
| | Anzahl geeigneter Bewerber auf eine Stelle im Verhältnis zu nicht geeigneten |
| Themenfeld: Retentionmarketing<br>Zielsetzung: Bekanntheit/Beliebtheit als Arbeitgeber nach außen | Platzierung in Arbeitgeberrankings |
| | Anzahl Veröffentlichungen und Nennungen in der Presse/im Internet (evtl. pro Mitarbeiter) |
| | Anzahl positiver Bewertungen auf kununu oder ähnlichen Plattformen |
| Themenfeld: Retentionmarketing<br>Zielsetzung: Beliebtheit als Arbeitgeber bei den heutigen Mitarbeitern | Platzierung in Studien wie „great place to work" |
| | Anzahl positiver Bewertungen auf kununu oder ähnlichen Plattformen |
| | Einstellungen (Quote) aufgrund von Werbung durch eigene Mitarbeiter |
| Themenfeld: Onboarding<br>Zielsetzung: Erfolg der Einarbeitung | Frühfluktuationsquote (Fluktuation in der Probezeit) |
| | Note/Ergebnis der Probezeitbeurteilung |
| | Verteilung der Kündigungsgründe aus Austrittsinterview |
| | Ergebnis/Note aus Mitarbeiterbefragung |
| Themenfeld: Onboarding<br>Zielsetzung: Erfolg der Integration | Quote der Mitarbeiter, die nach 2 Jahren noch im Unternehmen sind |
| | Quote der Mitarbeiter, die nach 2 Jahren mit mind. „gut" beurteilt werden |
| | Anzahl von Paten/Mentoren, die nach 2 Jahren noch Kontakt zum „Schützling" haben |
| Themenfeld: Personalentwicklung/Weiterbildung<br>Zielsetzung: Bindungswirkung von Weiterbildung | Quote der Mitarbeiter, die an „Bildungsreihen" teilnehmen |
| | Quote der Mitarbeiter, die zeitnah nach einer „Bildungsreihe" kündigen |
| | Anzahl von Weiterbildungsmaßnahmen pro Leistungsträger |
| Themenfeld: Personalentwicklung/Förderung<br>Zielsetzung: Bindungswirkung von Förderung | Quote der internen Beförderungen |
| | Anzahl (Quote) der Wechsel von Führungs- zu Fachlaufbahn und umgekehrt |
| | Quote der Mitarbeiter, die 6 Monate nach einer Beförderung kündigen |
| | Quote der Mitarbeiter mit individuellem Entwicklungsplan |
| | Quote der Mitarbeiter mit individuellem Entwicklungsplan, die während der Umsetzung kündigen |

---

113  Vgl. Wickel-Kirsch (2012) in: Bröckermann/Pepels (Hg.) (2012).

## Fortsetzung Abbildung 107

| Themenfeld / Zielsetzung | Kennzahl |
|---|---|
| Themenfeld: Personalentwicklung/Potenzialanalyse<br>Zielsetzung: Akzeptanz und Erfolg der Potenzialanalyse | Quote der Mitarbeiter, die aus Potenzialanalyseverfahren ausgewählt wurden und 2 Jahre danach befördert wurden |
| | Anzahl (Quote) der Eigenkündigung nach nicht bestandener Potenzialanalyse |
| Themenfeld: Führung<br>Zielsetzung: Bindungswirkung von Führung bzw. Führungskraft | Quote der Mitarbeiter, die sich selbst für eine Potenzialanalyse bewerben |
| | Führungszufriedenheitsindex (aus Befragung) |
| | Quote der Beschwerden nach Mitarbeitergespräch/Beurteilung (bei Betriebsrat oder bei Vorgesetzten) |
| | Anzahl von Veranstaltungen zum Thema „Führung" |
| Themenfeld: Anreizsysteme<br>Zielsetzung: Bindungswirkung von Arbeitszeitmodellen | Anzahl der angebotenen Arbeitszeitmodelle |
| | Nutzungsgrad der angebotenen Teilzeitmodelle |
| | Quote der (vorzeitigen) Rückkehrer aus Elternzeit |
| Themenfeld: Anreizsysteme<br>Zielsetzung: Bindungswirkung von anderen Maßnahmen | Anzahl/Quote der erfolgreichen BEM-Prozesse |
| | Anzahl der angebotenen Laufbahnmodelle |
| | Anzahl der angebotenen Maßnahmen zum Gesundheitsmanagement |
| | Quote der Mitarbeiter, die berufsunfähig werden |
| | Euro pro Mitarbeiter für Kinderbetreuung/Altenbetreuung |
| | Anzahl der angebotenen Betreuungsplätze |
| | Quote der Mobbing-/Sucht-/Alkoholberatungen etc. |
| | Anzahl „Resturlaubstage" Tage pro Mitarbeiter |
| | Überstundenquote |
| Themenfeld: Anreizsysteme<br>Zielsetzung: Bindungswirkung von Gehalt | Quote der Mitarbeiter, die einen (variablen) Leistungsanteil am Gehalt erhalten |
| | Höhe des leistungsorientierten Anteils am Gesamtgehalt |
| Themenfeld: Sozialleistungen<br>Zielsetzung: Akzeptanz der Sozialleistungen bei Leistungsträgern | Befragungsindex aus Mitarbeiterbefragung |
| | Häufigkeit der Anfragen zur Verfügbarkeit von Sozialleistungen (auch im Bewerbungsinterview) |
| | Häufigkeit der Wahl von Sozialleistungen |
| Themenfeld: Bindung allgemein<br>Zielsetzung: Erfolg der Mitarbeiterbindung | Eigenkündigungsquote „Leistungsträger" |
| | Durchschnittliche Betriebszugehörigkeit von Leistungsträgern |

## Kennzahlen Gestaltungsfeld: Leistungsmanagement und Vergütung — Abbildung 108

| Dimension | Kennzahlenbeschreibung | Nutzung bei % der Befragten | Relevant für % der Befragten |
|---|---|---|---|
| Zielvereinbarungsquote | Anteil der Arbeitnehmer mit dokumentierten, messbar formulierten individuellen Zielen an allen Arbeitnehmern, mit denen Zielvereinbarungen abgeschlossen werden können | 65 % | 77 % |
| Variable Vergütung | Anteil der Arbeitnehmer, die Anspruch auf eine variable Vergütung haben, an allen Arbeitnehmern | 63 % | 69 % |
|  | Anteil der variablen Vergütung an der Gesamtvergütung, nach Hierarchieebenen aufgeschlüsselt | 54 % | 72 % |
| Leistungsquote | Anteil derjenigen Mitarbeiter, deren Leistung als angemessen für die zu bewältigenden Aufgaben beurteilt wird, von allen beurteilten Stelleninhabern | 28 % | 64 % |

## Kennzahlen Gestaltungsfeld: Personal- und Managemententwicklung — Abbildung 109

| Dimension | Kennzahlenbeschreibung | Nutzung bei % der Befragten | Relevant für % der Befragten |
|---|---|---|---|
| Personalentwicklung | Aufwand für Personalentwicklung (ohne Reisekosten) je Arbeitnehmer in Euro | 65 % | 87 % |
|  | Anteil des Aufwandes für Personalentwicklung (ohne Reisekosten) am Umsatz | 23 % | 48 % |
|  | Anteil des Aufwandes für Personalentwicklung (ohne Reisekosten) am Personalgesamtaufwand | 37 % | 67 % |
|  | Reisekosten für Personalentwicklung je Teilnehmertag in Euro | 18 % | 32 % |
|  | Anzahl der Tage für allgemeine Qualifizierung je Arbeitnehmer | 59 % | 80 % |
|  | Anzahl der Tage für fachbezogene Qualifizierung je Arbeitnehmer | 44 % | 70 % |
|  | Anzahl der Tage für führungsbezogene Qualifizierung je Arbeitnehmer | 44 % | 72 % |
| Talentquote | Anteil der identifizierten Potenzialträger an allen Arbeitnehmern, differenziert nach Unternehmensbereichen und -funktionen | 41 % | 88 % |
| Interne Besetzungsquote | Anteil der Besetzungen durch interne Personen an allen Zugängen | 42 % | 79 % |
| Nachfolgequote | Anteil der Besetzungen von Führungskräften durch interne Personen an allen Zugängen | 37 % | 74 % |
| Auszubildende | Anteil der Auszubildenden an allen Arbeitnehmern | 86 % | 80 % |
|  | Anzahl der Auszubildenden im Verhältnis zu definiertem Soll | 44 % | 60 % |
|  | Anteil der Auszubildenden im letzten Ausbildungsjahr, die übernommen werden, von allen Auszubildenden im letzten Ausbildungsjahr | 58 % | 63 % |
|  | Durchschnittliche Verweildauer von ehemaligen Auszubildenden, die in ein Angestelltenverhältnis übernommen wurden, nach einem bestimmten Zeitraum | 21 % | 49 % |

**Abbildung 110** — Kennzahlen Gestaltungsfeld: Personalfreisetzung

| Dimension | Kennzahlenbeschreibung | Nutzung bei % der Befragten | Relevant für % der Befragten |
|---|---|---|---|
| Fluktuation | Anteil der Gesamtabgänge bestimmter Arbeitnehmergruppen an allen Arbeitnehmern | 63 % | 81 % |
| | Anteil der arbeitnehmerseitig initiierten Austritte von definierten Leistungsträgern an den Gesamtabgängen | 49 % | 81 % |
| | Anteil der Gesamtabgänge bestimmter Arbeitnehmergruppen nach unterschiedlichen Gründen (freiwillig, nicht freiwillig, in gegenseitigem Einvernehmen) an allen Arbeitnehmern | 62 % | 89 % |
| Frühfluktuation | Anteil der Gesamtabgänge bestimmer Arbeitnehmergruppen in den ersten 6, 9 oder 12 Monaten an allen Neueinstellungen | 26 % | 76 % |
| Fluktuationskosten | Anteil der Fluktuationskosten am Personalaufwand | 11 % | 61 % |
| Pensionierungen | Anteil der Regelpensionierungen an allen Pensionierungen | 16 % | 23 % |
| | Anteil der Frühpensionierungen an allen Pensionierungen | 13 % | 24 % |
| | Anteil der Pensionierungen aus gesundheitlichen Gründen an allen Pensionierungen | 10 % | 33 % |
| | Durchschnittliches Lebensalter der Pensionäre zum Austrittszeitpunkt (bei altersbedingtem Ausscheiden), differenziert nach Arbeitnehmergruppen und/oder Organisationseinheiten | 11 % | 33 % |
| Arbeitszeitflexibilität | Anteil aller Arbeitnehmer, die temporär in flexiblen Arbeitszeitmodellen arbeiten, an allen Arbeitnehmern | 31 % | 53 % |

**Abbildung 111** — Kennzahlen Gestaltungsfeld: Führungs- und Selbstkompetenz

| Dimension | Kennzahlenbeschreibung | Nutzung bei % der Befragten | Relevant für % der Befragten |
|---|---|---|---|
| Führungsqualität | Qualität der Führung auf Basis z. B. einer Mitarbeiterbefragung | 51 % | 88 % |
| | Durchschnittliche Anzahl Mitarbeitergespräche, die eine Führungskraft mit ihren Mitarbeitern führt | 30 % | 61 % |
| Führungsspanne | Anzahl Arbeitnehmer je Führungskraft | 41 % | 72 % |

# 3 Literaturverzeichnis und -hinweise

Arens, A.; Schmitz, M.; Baier, J.; Strack, R. (2007): Demographic Risk Management. In: personalmagazin 6/2007, S. 72–74.

Armutat, S. et al. (2007): Organisation des Personalmanagements. Expertise Center – Service Center – Key Account Personalmanagement. Bielefeld.

Bauer, C. (2006): Simulationsbasierte Strategieunterstützung mit System Dynamics am Beispiel der Kooperation von Beratungsunternehmen. Marburg.

Berendes, K. et al. (2011): Strategische Personalplanung. Die Zukunft heute gestalten (Reihe: DemographieManagement kompakt, hg. von: ddn. Das Demographie Netzwerk). Bremerhaven.

Breisig, Th. (2004): Zielvereinbarungssysteme. In: Gaugler, E.; Oechsler, W.; Weber, W. (Hg.): Handwörterbuch des Personalwesens. Stuttgart. Sp. 2053–2064.

Bröckermann, R.; Pepels, W. (Hg.) (2004): Personalbindung: Wettbewerbsvorteile durch strategisches Human Resource Management. Berlin.

Buzan, T.; Buzan B. (2005): Das Mind Map Buch. Die beste Methode zur Steigerung Ihres geistigen Potenzials. 5. Aufl., München.

DGFP e.V. (Hg.) (2001): Personalcontrolling in der Praxis. Stuttgart.

DGFP e.V. (Hg.) (2004): Wertorientiertes Personalmanagement – ein Beitrag zum Unternehmenserfolg. Bielefeld.

DGFP e.V. (Hg.) (2006): Erfolgsorientiertes Personalmarketing in der Praxis. Bielefeld.

DGFP e.V. (Hg.) (2007a): Human Capital messen und steuern – Annäherungen an ein herausforderndes Thema. Bielefeld.

DGFP e.V. (Hg.) (2007b): Personalcontrolling: Status quo und Perspektiven. PraxisPapiere, Ausgabe 5/2007 (www.dgfp.de/praxispapiere).

DGFP mbH (Hg.) (2008a): Personalwirtschaftliche Kennziffern 2008. Ergebnisbericht. Düsseldorf.

DGFP mbH (Hg.) (2008b): Personalmanagement Quoten 2008. Ergebnisbericht. Düsseldorf.

DGFP e.V. (Hg.) (2011a): DGFP Studie: Megatrends und HR-Trends. PraxisPapiere, Ausgabe 7/2011 (www.dgfp.de/praxispapiere).

DGFP e.V. (Hg.) (2011b): DGFP Studie: HR Kennzahlen auf dem Prüfstand. PraxisPapiere, Ausgabe 5/2011 (www.dgfp.de/praxispapiere).

DGFP e. V. (Hg.) (2012a): Langzeitstudie Professionelles Personalmanagement 2012 (pix). PraxisPapiere, Ausgabe 4/2012 (www.dgfp.de/praxispapiere).

DGFP e. V. (Hg.) (2012b): Employer Branding. Die Arbeitgebermarke gestalten und im Personalmarketing umsetzen. Bielefeld.

DGFP e. V. (Hg.) (2012c): Integriertes Personalmanagement in der Praxis. Prozesse und professionelle Standards. 2. Aufl., Bielefeld.

DGFP mbH (Hg.) (2012a): HR-Kennzahlen & Steuerungsgrößen 2012. DGFP-Report. Düsseldorf.

DGFP mbH (Hg.) (2012b): HR-Kapazitäten & Vergütung 2012. DGFP-Report. Düsseldorf.

DGFP e. V. (Hg.) (2013, in Vorbereitung): Ganzheitliches Gesundheitsmanagement. Bielefeld.

DIN Deutsches Institut für Normung e. V. (Hg.) (2005): Qualitätsmanagementsysteme – Grundlagen und Begriffe (ISO 9000:2005). Berlin.

Diedrichs, M. (2004): Risikomanagement und Risikocontrolling. München.

Domsch, M.; Gerpott, T. J. (2004): Personalbeurteilung. In: Gaugler, E.; Oechsler, W.; Weber, W. (Hg.): Handwörterbuch des Personalwesens. Stuttgart. Sp. 1431 ff.

Eller, R.; Gruber, W.; Reif, M. (Hg.) (2002): Handbuch Operationelle Risiken: Aufsichtsrechtliche Anforderungen, Quantifizierung und Management, Praxisbeispiele. Stuttgart.

Egger, N.; Fiechter, J.-M. R.; Rohlf, J.; Rose, J.; Schrüffer, O. (2005): SAP BW Reporting und Analyse. Bonn.

Fahrmeir, L.; Hamerle, A.; Tutz, G. (Hg.) (1996): Multivariante statistische Verfahren. 2. Aufl., Berlin und New York.

Häder, M.; Häder, S. (2000): Die Delphi-Methode als Gegenstand methodischer Forschungen: In: Häder, M.; Häder, S.: Die Delphi-Technik in den Sozialwissenschaften. Methodische Forschungen und innovative Anwendungen. Opladen. S. 11–32.

Henselek, H. (2004): Personalkosten und -aufwand. In: Gaugler, E.; Oechsler, W. A.; Weber, W. (Hg.): Handwörterbuch des Personalwesens. 3. Aufl., Stuttgart. Sp. 1554–1566.

Horváth & Partners (Hg.) (2007): Balanced Scorecard umsetzen. 4. Aufl., Stuttgart.

Jäger, W. (2013, in Arbeit): In: ÖCI und Wickel-Kirsch, S. (Hg.): Prozessmodell Personalcontrolling.

Kaplan, R. S.; Norton, D. P. (1997): Balanced Scorecard. Stuttgart.

Kirkpatrick, D. L. (1987): Evaluation. In: Craig, R. L. (Hg.): Training and Development Handbook. New York. S. 301–349.

Kobi, J.-M. (2012): Personalrisikomanagement – Strategien zur Steigerung des People Value. 3. Auflage, Wiesbaden.

Liebel, H. J.; Oechsler, W. A. (unter Mitarbeit von Christian Holstegge u. a.) (1994): Handbuch Human Resource Management. Wiesbaden.

Lisges, G.; Schübbe, F. (2007): Personalcontrolling. 2. Aufl., München.

Macharzina, K.; Wolf, J. (2005): Unternehmensführung. Das internationale Managementwissen. 5. Aufl., Wiesbaden.

Mag, W. (1998): Einführung in die betriebliche Personalplanung. 2. Aufl., München.

Maschmeyer, V. (1998): Management by Balanced Scorecard – alter Wein in neuen Schläuchen? In: Personalführung, 5/1998, S. 74–80.

Offert, K. (2012): Risikomanagement in Unternehmen mit Basel III. 2. Aufl., Herne.

Riekhof, H.-Chr. (1997): Die Idee des Geschäftsprozesses: Basis der lernenden Organisation. In: Riekhof, H.-Chr. (Hg.): Beschleunigung von Geschäftsprozessen. Wettbewerbsvorteile durch Lernfähigkeit. Stuttgart. S. 7–28.

Romeike, F.; Müller-Reichhart, M. (2008): Risiko Management in Versicherungsunternehmen. 2. Aufl., Weinheim.

Schaich, E. (1996): Schätz- und Testmethoden für Sozialwissenschaftler. 2. Aufl., München.

Schanz, G. (2000): Personalwirtschaftslehre. 3. Aufl., München.

Schmelzer, H. J.; Sesselmann, W. (2006): Geschäftsprozessmanagement in der Praxis. 5. Aufl., München/Wien.

Scholz, Chr. (2000): Personalmanagement. Informationsorientierte und verhaltenstheoretische Grundlagen. 5. Aufl., München.

Scholz, Chr. (1994): Personalmanagement. Informationsorientierte und verhaltenstheoretische Grundlagen. 4. Aufl., München.

Scholz, C.; Stein, V.; Bechtel, R. (2006): Human-Capital-Management. Wege aus der Unverbindlichkeit. 2. Aufl., München/Unterschleißheim.

Schuler, H. (2004): Personalauswahl. In: Gaugler, E.; Oechsler, W. A.; Weber, W. (Hg.): Handwörterbuch des Personalwesens. 3. Aufl., Stuttgart. Sp. 1366–1379.

Schulte, Chr. (2002): Personal Controlling mit Kennzahlen. 2. Aufl., München.

Strack, R. (2002): Workonomics™: Wertorientierte Steuerung des Humankapitals. In: Klinkhammer, H. (Hg.): Personalstrategie. Neuwied.

Strack, R.; Baier, J.; Fahlander, A. (2008): Managing Demographic Risk. In: Harvard Business Review, 2/2008, S. 119–128.

Szczepanski, J. (2008): Operationelle Risiken – Möglichkeiten für die Gestaltung eines Frühwarnsystems für Finanzdienstleister am Beispiel der Allianz Deutschland AG. Saarbrücken.

Ulrich, D. (1997): Human Resource Champions: The Next Agenda for Adding Value and Delivering Results. Boston.

Werner, F. (2006): Die demografische Entwicklung und ihre Auswirkungen auf die Personalarbeit der Commerzbank. In: Personalführung, 3/2006, S. 18–27.

Wilhelm, R. (2007): Prozessorganisation. 2. Aufl., München/Wien.

Wickel-Kirsch, S. (2012): Personalbindung: Wettbewerbsvorteile durch strategisches Human Resource Management. In: Bröckermann, R.; Pepels, W. (Hg.) (2012): Das neue Personalmarketing – Employee Relationship Management als moderner Erfolgstreiber: Band 1: Handbuch Personalgewinnung. Berlin. S. 97–98.

Wickel-Kirsch, S. (1999): Harte Fakten durch Balanced Scorecard. In: Personalwirtschaft, 10/1999, S. 70–73.

Wimmer, P.; Neuberger, O. (1998): Personalwesen 2. Personalplanung, Beschäftigungssysteme, Personalkosten, Personalcontrolling. 2. Aufl., Stuttgart.

Wöhe, G. (2005): Einführung in die Allgemeine Betriebswirtschaftslehre. 22. Aufl., München.

Wucknitz, U. (2005): Personal Rating und Personal Risikomanagement: Wie mittelständische Unternehmen ihre Bewertung verbessern. Stuttgart.

Wunderer, R.; Jaritz, A. (2006): Unternehmerisches Personalcontrolling. Evaluation der Wertschöpfung im Personalmanagement. 3. Aufl., München.

Zeithaml, V.; Parasuraman, A.; Berry, L. L. (1992): Qualitätsservice. Frankfurt/New York.

# 4 Abbildungs- und Checklistenverzeichnis

| | | |
|---|---|---|
| Abb. 1: | Dimensionen des Personalcontrollings | 20 |
| Abb. 2: | Beispiel: Berichtssystem eines Unternehmens | 23 |
| Abb. 3: | Unternehmensbeispiel: Kosten-Nutzen-Betrachtung am Beispiel von Nichtraucherkursen (Stand 2006/2007) | 26 |
| Abb. 4: | Budgetierung Personalaufwand | 27 |
| Abb. 5: | Regelkreis im Personalcontrolling | 28 |
| Abb. 6: | Instrumente und Datenquellen des Personalcontrollings | 31 |
| Abb. 7: | Klassifizierung von Kennzahlen | 32 |
| Abb. 8: | Definitionsblatt für Kennzahlen am Beispiel Ausbildungsquote | 33 |
| Abb. 9: | Beispiel für ein Kennzahlensystem | 34 |
| Abb. 10: | Verschiedene Möglichkeiten der organisatorischen Verortung des Personalcontrollers im Organigramm | 44 |
| Abb. 11: | Stakeholder des Personalcontrollings | 45 |
| Abb. 12: | Übersicht über die rechtlichen Aspekte | 49 |
| Abb. 13: | Beteiligung des Betriebsrats | 58 |
| Abb. 14: | Personalplanungsarten | 65 |
| Abb. 15: | Beispiel 1 für Gliederungsmöglichkeiten von Personalbestandsdaten | 67 |
| Abb. 16: | Beispiel 2 für Gliederungsmöglichkeiten von Personalbestandsdaten | 68 |
| Abb. 17: | Prozessablauf Personalplanung bei RWE Power AG | 77 |
| Abb. 18: | Kontenstruktur Personalaufwand bei RWE Power AG | 79 |
| Abb. 19: | Kostenstellensicht Personalaufwand bei RWE Power AG | 80 |
| Abb. 20: | Aufgaben bei der Personalgewinnung | 85 |
| Abb. 21: | Die einzelnen Schritte des Personalgewinnungsprozesses | 86 |
| Abb. 22: | Kennzahlen Personalgewinnung | 87 |
| Abb. 23: | Kennzahlen zu Teilprozessen der Personalgewinnung | 90 |
| Abb. 24: | Beispiel für Kennzahlen zu den Personalgewinnungskosten | 91 |
| Abb. 25: | Beispiel für „Cost per Hire"-Kosten | 91 |
| Abb. 26: | Beispiele für Zeitkennzahlen im Beschaffungsprozess | 92 |
| Abb. 27: | Basiskennzahlen zur Messung der Zeit | 93 |
| Abb. 28: | Beispiel für Qualitätskennzahlen im Beschaffungsprozess | 95 |
| Abb. 29: | Vergleiche zwischen Tätigkeit und Person | 100 |

| | | |
|---|---|---|
| Abb. 30: | Beispiel Personaleinsatzplanung für den Bereich „Kasse"... | 105 |
| Abb. 31: | Einsatzplanung des Personals an der Kasse im Detail ......... | 106 |
| Abb. 32: | Telearbeit als Teil der Familienförderung im Unternehmen | 107 |
| Abb. 33: | Telearbeit in der KVB, Gründe und Nutzen........................ | 108 |
| Abb. 34: | Telearbeit in der KVB, Kosten normaler Arbeitsplatz/ Telearbeitsplatz.................................................................. | 109 |
| Abb. 35: | Telearbeit in der KVB (Stand 09.04.2008)........................... | 109 |
| Abb. 36: | Personal-Portfolio.............................................................. | 113 |
| Abb. 37: | Vier-Ebenen-Modell zur Auswertung von Qualifizierungsmaßnahmen in Anlehnung an Kirkpatrick (1987).............. | 120 |
| Abb. 38: | Leistungsportfolio.............................................................. | 122 |
| Abb. 39: | Strategische Landkarte Personalentwicklung .................... | 125 |
| Abb. 40: | Balanced Scorecard Personalentwicklung........................... | 126 |
| Abb. 41: | Prozesse beim Seminarmanagement.................................. | 129 |
| Abb. 42: | Mindmapping zu den Einflussfaktoren auf „Aufbau von Fähigkeiten".................................................. | 140 |
| Abb. 43: | Beispiele für „Key Success Factors" (KSFs) ...................... | 141 |
| Abb. 44: | Beispiele für „Key Performance Indicators" (KPIs) zu den KSFs ....................................................................... | 142 |
| Abb. 45: | Zusammenstellung der KSFs und KPIs für den Ergebnisbereich „Aufbau von Fähigkeiten"...................................... | 142 |
| Abb. 46: | Priorisierte Kennzahlen für den Ergebnisbereich „Aufbau von Fähigkeiten".................................................. | 143 |
| Abb. 47: | Ursache-Wirkungs-Verhältnis der KPIs des Ergebnisbereichs „Aufbau von Fähigkeiten" zu den anderen KPIs des Unternehmens..................................................... | 144 |
| Abb. 48: | Personalkosten in faktor- und prozessorientierter Sicht ..... | 163 |
| Abb. 49: | Kostenverteilung der drei Hauptkostengruppe ................... | 165 |
| Abb. 50: | Matrix Einflusspotenzial bei den Personalkosten............... | 168 |
| Abb. 51: | Matrix Einflusspotenzial bei den Kosten der Personalarbeit.................................................................................. | 174 |
| Abb. 52: | Beispiel für Struktur von Personalkostenverrechnungssätzen ................................................................................ | 177 |
| Abb. 53: | Identifikation der Kapazitätsrisiken.................................... | 184 |
| Abb. 54: | Gegenüberstellung von Bedarfs- und Bestandsszenarien .... | 185 |
| Abb. 55: | Unternehmensbeispiel RWE Power AG: Modelllogik der strategischen demografieorientierten Personallangfristplanung ................................................................. | 186 |

| | | |
|---|---|---|
| Abb. 56: | Verwendungsmöglichkeiten des Arbeitszeitfonds im Beispielunternehmen | 192 |
| Abb. 57: | Möglichkeiten der Arbeitszeitreduzierung bei tariflichen Pflegezeiten und tariflichen Erziehungszeiten | 193 |
| Abb. 58: | Möglichkeiten der bezahlten Arbeitszeitreduzierung bei älteren Mitarbeitern im Schichtbetrieb gemäß LePha abhängig von der Wahl von geblockter Altersfreizeit (AFZ) oder herkömmlicher AFZ | 195 |
| Abb. 59: | Risikofelder im Personalmanagement | 197 |
| Abb. 60: | Engpassrisiko | 198 |
| Abb. 61: | Anpassungsrisiko | 199 |
| Abb. 62: | Demotivationsrisiko | 200 |
| Abb. 63: | Austrittsrisiko | 200 |
| Abb. 64: | Risiko-Assessment eines exemplarischen Risikofeldes | 201 |
| Abb. 65: | Die 3-Säulen-Struktur von Solvency II | 203 |
| Abb. 66: | Risikokategorien in einem Versicherungsunternehmen | 205 |
| Abb. 67: | Der Risikomanagementprozess als Regelkreis | 206 |
| Abb. 68: | Methoden zur Risikoidentifizierung | 206 |
| Abb. 69: | Beispiel für die Bewertung von Auswirkungen und Eintrittswahrscheinlichkeit von Einzelrisiken | 207 |
| Abb. 70: | Quantifizierungsmethoden aus der Praxis | 208 |
| Abb. 71: | Beispiel für ein Risikomanagement-Handbuch (Ausschnitt) | 209 |
| Abb. 72: | Beispiel für ein Ampelsystem in einem Versicherungsunternehmen | 209 |
| Abb. 73: | Überblick über Personalinformationssysteme | 211 |
| Abb. 74: | Beispiel einer Balanced Scorecard im Personalbereich | 221 |
| Abb. 75: | Beispiel einer ausgefüllten HR-Scorecard-Dimension | 222 |
| Abb. 76: | Ansatz der Szenariosimulation (Berendes, Dynaplan) | 225 |
| Abb. 77: | Charakter der strategischen Personalplanung (SPP) (Berendes, Dynaplan) | 226 |
| Abb. 78: | Grundbausteine des Planungsmodells in der Planungs- und Simulationsumgebung Dynaplan Smia | 227 |
| Abb. 79: | Szenarioprozess (Berendes, Dynaplan) | 228 |
| Abb. 80: | Allgemeines IPO-Modell | 232 |
| Abb. 81: | Aufbau einer Prozesskostenrechnung | 237 |
| Abb. 82: | Portfoliodarstellung für die Prozessauswahl | 246 |
| Abb. 83: | Barrierenportfolio | 248 |

| | | |
|---|---|---|
| Abb. 84: | Handlungsalternativen zum Shared Service Center | 253 |
| Abb. 85: | Mitarbeiterkapazität in VZK (Vollzeitkapazität) je Prozess.. | 254 |
| Abb. 86: | Anteil verwendeter Medien je Prozess in Prozent | 255 |
| Abb. 87: | Geschätztes Einsparpotenzial | 255 |
| Abb. 88: | Prozessflow Zeugniserstellung (Ausschnitt) | 256 |
| Abb. 89: | Mögliche Kennzahlen eines internationalen Personalcontrollings | 261 |
| Abb. 90: | Datenblatt einer einzelnen Landesgesellschaft | 267 |
| Abb. 91: | Entwicklung des Gesamtunternehmens, aktuelles Jahr im Vergleich zum Vorjahr | 268 |
| Abb. 92: | Abweichung Ergebnis Landesgesellschaft zum Durchschnitt des Gesamtunternehmens | 269 |
| Abb. 93: | Entwicklung einer einzelnen Landesgesellschaft, aktuelles Jahr im Vergleich zum Vorjahr | 270 |
| Abb. 94: | Globale qualitative HR-Kennzahlen (Beispiel) | 271 |
| Abb. 95: | Definition der strategischen HR-Prozesse und ihr Zielerreichungsgrad | 273 |
| Abb. 96: | Das HR-Cockpit gibt auf der Startseite die vier Zielrichtungen wieder | 275 |
| Abb. 97: | Analyseinstrumente der Unternehmens- und Personalstrategie | 280 |
| Abb. 98: | Entwicklungstendenzen im Personalcontrolling | 286 |
| Abb. 99: | Arbeitsteiliges Personalcontrolling | 287 |
| Abb. 100: | Kennzahlen Gestaltungsfeld: Unternehmens- und Personalstrategie | 295 |
| Abb. 101: | Kennzahlen Gestaltungsfeld: Unternehmenskultur und Veränderungen | 296 |
| Abb. 102: | Kennzahlen Gestaltungsfeld: Wertschöpfungsmanagement | 297 |
| Abb. 103: | Kennzahlen Gestaltungsfeld: Arbeitsrecht und Sozialpartnerschaft | 298 |
| Abb. 104: | Kennzahlen Gestaltungsfeld: Beziehungen und Netzwerke | 298 |
| Abb. 105: | Kennzahlen Gestaltungsfeld: Internationales Personalmanagement | 299 |
| Abb. 106: | Kennzahlen Gestaltungsfeld: Personalmarketing und -auswahl | 299 |

| Abb. 107: | Kennzahlen Gestaltungsfeld: Personalbetreuung und Mitarbeiterbindung | 300 |
|---|---|---|
| Abb. 108: | Kennzahlen Gestaltungsfeld: Leistungsmanagement und Vergütung | 303 |
| Abb. 109: | Kennzahlen Gestaltungsfeld: Personal- und Managemententwicklung | 303 |
| Abb. 110: | Kennzahlen Gestaltungsfeld: Personalfreisetzung | 304 |
| Abb. 111: | Kennzahlen Gestaltungsfeld: Führungs- und Selbstkompetenz | 304 |

Checkliste 1: Implementierung einer Balanced Scorecard ............ 127
Checkliste 2: Stufen der Prozesskostenrechnung ......................... 130
Checkliste 3: Reifegrad des Personalcontrollings ........................ 289

# 5 Stichwortverzeichnis

Abfindungen: 154, 162 f., 165 f., 168, 170 f., 173, 298
Altersstruktur: 33, 102, 181, 187, 198, 201, 224, 281, 296
Altersstrukturanalyse: 209, 225 f., 280
Altersteilzeit: 38, 68, 154, 167, 169, 171, 173, 179, 181, 192
Altersversorgungsrückstellung: 170
Anforderungsprofil: 99, 101, 182
Anpassungsrisiko: 197, 199
Arbeitgeberattraktivität: 153, 198, 299 f.
Arbeitsteilige Organisation: 286 f.
Assessment: 111, 142, 201, 206, 250 f., 270.
Audit: 170
Aufgaben: 23, 27, 45, 48, 55, 60, 65, 85, 96, 112 ...
Aufhebungsverträge: 154
Aufwendungen für Altersversorgung: 161
Ausscheidensvereinbarungen: 154
Austrittsrisiko: 197, 200
Azubi: 67, 105, 117, 186

Balanced Scorecard: 25, 36, 39, 124, 126 f., 136 ff., 219 ff., 325
Bedarfsentwicklung: 180, 182 ff., 186
Benchmarking: 38, 123, 148, 150, 165, 249, 290, 329
Berichterstattung: 17, 23, 67, 175, 194 f., 290
Berichtsempfänger: 40 f.
Bestandsentwicklung: 180 f., 184, 186

BetrVG: 49, 57 ff., 157 ff.
Betriebliches Gesundheitsmanagement (BGM): 185
Betriebsvereinbarung: 49, 52, 60 f., 166 f., 192
Beurteilungssysteme: 29
Beziehungs-, Verhältnis- und Indexzahlen: 36
Bilanz: 29, 71, 202 f.,
Bonus: 24, 162 f., 328
Bonusrückstellung: 170
Budgetierung: 26 f., 118
Bundesdatenschutzgesetz: 49 f.
Businesspartner: 94, 228, 249, 260, 273 ff., 284 f., 287, 300, 323

Cafeteria-Modelle: 101
Ceteris-paribus-Methode: 223 f.
Cockpit: 27, 41, 98, 211 f., 216 f., 219, 272, 274 ff., 284, 287, 291
Commitment: 89, 98, 135, 262, 300
Corporate Governance: 204
Cost Driver 129 f., 235
Cost per Hire 91, 98
Culture & Work Environment: 260, 262

Dashboard: 212, 216 f., 219, 284, 287
Data Mining: 35, 37, 214, 283
Data Warehouse: 35, 214 ff., 225, 228, 290
Datenanalyseverfahren: 37
Datenauswertung: 36, 290

Datenbanken: 30, 211, 213 f., 216, 264, 291
Datendokumentation: 40, 291
Datengeheimnis: 53, 55
Datenquellen: 29 ff., 215, 291
Datenquellen, extern: 30, 215
Datenquellen, intern: 29
Datenschutz: 44 f., 49 f., 54 ff., 62, 84, 134
Datensicherung: 56
Delphi-Methode: 37, 206, 223
Demotivationsrisiko: 197, 199 f.
Dicing: 218
Durchlaufzeit: 74, 240
Dynamische Szenariosimulation: 224

Effektivität: 20, 23, 73, 146, 153, 198, 201, 244, 248
Efficiency of HR Service Delivery: 260
Effizienz: 18, 21, 23, 43, 73 f., 89, 108, 123, 146 153, 155 f., 172, 244, 248, 253, 266, 281, 290
Einstellung: 23, 83, 87 f., 91, 94 f., 139 f., 146, 181, 186, 194, 198 f., 201, 221, 227, 251, 299 f., 304
Employee & Organizational Development/Talent Management: 260
Employer Branding: 85 f., 88, 96 ff., 326
Engpassrisiko: 168 f., 197 f., 201
Entgelt: 24, 60, 77, 79 ff., 107, 118, 145 ff., 161, 164 f., 173 f., 190 ff., 195, 212, 254 f., 286 f., 297 f.
Entgelt, Grund: 79 f., 82

Ergonomie: 104
Ertrag: 19, 29, 38, 70, 124, 208
ESS: 105, 253
Evaluation: 27, 30, 154 ff., 228, 329
Excel-Lösung: 35, 84

Familie und Beruf: 101, 107, 185, 201
Fehlzeiten: 24, 70, 102 f., 108 f., 209, 300
Finanzcontrolling: 27, 175, 202, 285 ff.
Fluktuation 23, 31, 102 f., 108 f., 146, 155, 179, 181, 185 f., 198, 201, 209, 219, 227, 301, 304
Fluktuationsquote: 31, 33, 35, 69, 200, 301
Früherkennung: 25, 201
Frühverrentung: 179 ff.
FTE: 38, 67 ff., 47, 76 f., 83, 145, 147, 163, 167, 172, 182, 184 f., 225, 254, 287
Führungsqualität: 135 f., 300, 304

GAP-Analyse: 183, 188
Gleitzeit: 101
Human Capital: 38
Human-Capital-Bewertungsverfahren: 38, 290

Hypothesentests: 37
Indikatoren: 18, 21, 25, 31 f., 37 f., 198, 201, 207
Indizes: 32
Informationssystem: 23, 27 ff., 34, 41, 202, 211 f., 214, 218, 241, 272, 274, 290 f.
Inputgrößen: 38, 119, 128

International Accounting Standards 204
Internationales Personalcontrolling: 259
Internationales Personalcontrolling, Definition: 259
Interviews 91 f., 128, 255, 262, 300
IPO-Modell 232

Jobfamilie: 73, 76, 78 180, 182 ff., 186 f., 189, 226 f.
Jobsharing: 101

Kapazitäten: 75, 147, 150 f., 167, 170, 173 f., 253, 257
Kapazitätsrisiken: 183 f.
Kennzahlen, absolute: 36
Kennzahlen, Beziehungs-: 163
Kennzahlen, Index-: 32
Kennzahlen, Verhältnis: 32
Kennzahlensysteme: 34, 38, 143, 151, 217, 259, 260, 325, 328
Kernprozesse: 121, 154, 244 f.
Key Performance Indicator: 136, 141 f., 219, 270 f., 283
Key Success Factor: 139, 141
Kompetenzen: 29, 45, 111 f., 120, 265
Kontrolle: 25, 34, 47, 56, 59, 61, 85, 120, 202 ff., 232, 247, 249, 279
Kosten- und Leistungsrechnung: 18, 29
Kosten-Nutzen-Analyse: 38, 91, 290
Kostentreiber: 235 f.
Krankheit: 102, 105, 108, 135, 200
Kündigung: 55, 62, 69, 87, 88, 95, 135, 153, 158 f., 167, 169, 181, 200 f., 301 f.

Kündigung, arbeitgeberinitiiert: 88
Kündigung, arbeitnehmerinitiiert: 88, 135

Leistungsdisposition: 100
Leistungsfähigkeit: 26, 100
Löhne und Gehälter: 24, 161, 170, 173

Mitarbeiterbefragung: 30, 134 ff., 200, 291, 295 f., 300 ff., 304, 325, 327
Mitarbeitergespräche: 134 ff., 146, 304
Mitarbeiterqualifikation: 21
Mitbestimmung: 49, 57 ff., 61, 159, 298
Mittelwertvergleiche: 36
Monitoring: 204, 208
Motivation: 32, 59, 100, 104, 113, 124, 135, 153, 168 f., 179, 185, 232, 244
Motive: 85
MSS: 105, 253, 257

Nachfolge: 29, 99, 101, 114 f., 197 f., 201, 273
Nachfolgequote: 115, 198, 303
Nachwuchskosten: 162 f., 167, 169 f., 173 f.
Navigationshilfen: 211

Ökonomisierung: 17 f.
OLAP-Cubes: 211, 214
Outplacement: 154
Outputgrößen: 85 87, 128
Outsourcing: 171, 175, 182, 250, 253, 324

Performance Management: 260 f.
Personalabbau: 75, 153 ff., 183, 188, 227
Personalabbau, Aufgaben: 153 ff.
Personalabbau, Definition: 153 ff.
Personalabrechnungssysteme: 211
Personalarbeitskosten:. 171 ff.
Personalaufwand: 23, 26 f., 38, 70 ff., 76 ff., 90, 161, 164, 172, 176, 200, 297, 304
Personalaufwandsplanung: 70 ff., 77
Personalbedarf: 19, 34, 65, 67 f., 76 f., 84, 97, 103, 180, 182, 184, 186 ff., 198, 224
Personalbestand. 33, 36, 67, 68, 114, 116 f., 181, 183 f., 186 ff., 224, 226, 280 f.
Personalbetreuung: 145 ff., 233, 252, 300
Personalbetreuung, Aufgaben: 145 ff.
Personalbetreuung, Definition: 145 ff.
Personalcontroller: 29, 35, 40, 43, 44 ff., 64, 66, 69 f., 181, 195, 202, 212, 231, 265, 279, 284, 290 f., 324
Personalcontrolling, Definition: 19
Personalcontrolling, faktororientiert: 21 f.
Personalcontrolling, operativ: 21
Personalcontrolling, prozessorientiert: 21
Personalcontrolling, qualitativ: 21
Personalcontrolling, quantitativ: 21
Personalcontrolling, strategisch: 21
Personaleinsatz: 19, 34, 65, 76, 99 ff., 154, 233, 241
Personaleinsatz, Definition: 99 ff.

Personalentwicklung: 34, 65, 69, 99, 107, 111 ff., 149, 202, 221, 233, 291, 301 f., 303, 323, 326
Personalentwicklung, Aufgaben der: 111 ff.
Personalentwicklung, Definition: 111 ff.
Personalführung: 100, 133 ff., 325 f.
Personalführung, Aufgaben der: 133 ff.
Personalgewinnung: 85 ff., 228, 233
Personalgewinnung, Definition: 85 ff.
Personalgewinnung, Prozess: 85
Personalgewinnungskosten: 91
Personalinformationssysteme: 211, 214, 291
Personalintensität: 164
Personalkapazitäten: 65, 75
Personalkosten: 17, 22, 24 f., 32, 34, 65, 70, 76, 87, 118, 130, 153 ff., 161 ff., 257, 290, 297
Personalmarketing: 75, 85 f., 88, 96, 165, 180, 184, 201, 299, 326
Personalnebenkosten: 79, 161, 165
Personalplanung: 65 ff., 175 f., 179 f. 194, 199, 201, 216, 224 ff., 233, 242, 245, 279, 283, 297
Personalplanung, Arten: 65
Personalplanung, Definition: 65 f.
Personalrisiken: 197 f., 202, 205
Personalrisikomanagement: 197 ff., 285, 325
Pivoting: 218

Portfolio: 39 f., 112 ff., 121 ff., 208, 245 ff., 262, 280 f., 327
Portfolio, Personal-: 112 ff.
Portfolio, Leistungs-: 121 f., 327
Potenzialerkennung: 111
Produktivität: 92, 95, 104, 153, 155, 182, 186, 236, 297
Prognose 36 f., 66, 83, 111, 130, 179 ff., 194, 217, 222, 224, 283, 290
Prozessanalyse: 38, 126, 128 ff., 150, 232, 251
Prozessaudit: 30, 327
Prozessbericht: 247
Prozessdokumentation: 251
Prozesskostenrechnung: 38, 90, 128 ff., 148, 231, 234 f., 237, 290
Prozessoptimierung: 22, 38, 128, 146, 153, 231 ff.
Prozesssteuerung 233, 247

Qualifizierungsmaßnahmen: 88, 119 f., 170

Rahmenbedingungen, rechtliche: 49 ff.
Ratingverfahren: 17
Rechnungswesen: 29, 79, 123 f., 161, 177, 206, 291
Recruitment: 260 f.
Regelkreis: 27 f., 41, 99, 206
Regressionsanalyse: 37
Reifegrad des Personalcontrollings: 289 ff.
Relationale Datenbanken: 211, 214
Restrukturierung: 75, 136, 148, 153, 155, 158, 171, 231, 252, 326

Retention 98, 260 f., 270 f., 281, 301
Risiken, operationelle: 204 ff.
Risiko: 26, 153, 168 f., 173 f., 179 f., 184 ff., 197 ff., 283, 285
Risikoidentifizierung, Methoden der: 206
Rolle: 30, 43 ff., 54 f., 66, 89, 92, 99 f., 163, 170 f., 175, 231 f., 254, 259, 273, 279 f., 284

Sabbaticals: 101
Sachkosten, personalinduziert: 161 f., 165, 169 f., 173
SAP HR: 78, 80, 83 f., 257, 327, 329
Service Center: 18, 252 f.
Simulation 180 ff., 186 ff., 208, 222, 224 ff., 249, 280
Slicing: 218
Solvency II: 202 ff.
Soziale Abgaben: 24, 79, 161
Sozialplan 58, 154, 156, 158 f., 170 f., 185
Standardisierung: 97, 238, 243, 245, 256, 263
Standards: 123, 181, 204 f., 225, 250 f., 253, 275
Steuerungssysteme: 38, 217, 290
Strategische Landkarte: 125
Supportprozesse: 244 f.
SWOT-Analyse: 39, 206, 280, 290
Szenariosimulation: 224 ff.
Szenariotechnik: 37

Tabellenkalkulation: 211, 213
Talent Management: 260, 325 f.
Target Costing 131

Unternehmenskultur: 259, 296
Unternehmenswerte: 134, 137, 296
Urlaub: 79, 102 f., 159, 161, 165, 177, 193, 302
Ursache-Wirkungs-Analyse: 37, 290

Varianzanalysen: 36
Vertrauensarbeitszeit: 101

Weiterbildungstage: 32, 117 ff.
Wertschöpfungsbeitrag 19, 126
Wertschöpfungsrechnungen: 37, 290
Werttreiber: 18, 39, 217
Wirkungszeit: 240 ff., 250
Work Force Productivity: 260, 262
Work-Life-Balance: 107, 185

Ziele: 18 ff., 23 ff., 34, 74, 91 ff., 95, 98, 107, 111, 122, 124 ff., 133 ff., 137 f., 140, 142, 154 f., 220 ff., 249, 260, 263, 271 ff., 290, 303
Zielvereinbarung: 39, 127, 135, 291, 303
Zielvereinbarungssystem: 30, 135 f.
Zufriedenheit: 46, 111, 119 f., 126, 136, 142, 146, 150, 239, 248, 302
Zugriff auf Daten 35, 290
Zugriffsrechte 30, 292
Zulagen: 70, 72, 79 f., 82 f., 162 f.

# 6 Autorenverzeichnis

**Dr. Sascha Armutat** ist Leiter des Bereichs „Forschung und Themen" der DGFP e. V. In dieser Funktion koordiniert er unter anderem das Produktmanagement und die praxisorientierten Forschungsaktivitäten der DGFP. Er moderiert verschiedene Expertengruppen, beteiligt sich als Autor an den Veröffentlichungen der DGFP und gibt die DGFP-Schriftenreihen PraxisEdition (www.dgfp.de/wissen/praxisedition) und PraxisPapiere (www.dgfp.de/wissen/praxispapiere) heraus. Dr. Sascha Armutat ist neben seinen Aufgaben bei der DGFP Gastdozent am Lehrstuhl für Personal und Organisation der Universität Potsdam.
E-Mail: armutat@dgfp.de

**Oliver Barta** ist seit 2007 Leiter Personal der Bosch Thermotechnik GmbH mit der Gesamtverantwortung für das in- und ausländische Personalgeschäft des Unternehmens. Nach dem Jurastudium war er bis 1997 als selbstständiger Rechtsanwalt tätig. In der Zeit von 1997 bis 2001 verantwortete er die Bereiche Grundsatzfragen Personal und Personalentwicklung der Mannesmann Rexroth AG. Anschließend übernahm er bis 2003 die Personalleitung des Geschäftsbereiches Service der Bosch Rexroth AG. Vor seinem Wechsel zur Bosch Thermotechnik war er als Leiter Grundsatzfragen Personal der Bosch Rexroth AG tätig.
E-Mail: Oliver.barta@de.bosch.com

**Hede Gesine Elsing** ist freiberufliche Beraterin für HR- und Qualitätsthemen. Zuvor war sie Direktorin HR Service & HR Businesspartner bei der Tognum AG in Friedrichshafen, nachdem sie Leiterin der Zentralfunktion Personal und Qualitätsmanagement bei der Kassenärztlichen Vereinigung Bayerns (KVB) in München war. Vor ihrer Tätigkeit bei der KVB war sie Personalverantwortliche bei de-medis dental depot (heute: Henry Schein) in Langen, nachdem sie als Teamleiterin für HRMS die P&I AG in Wiesbaden verlassen hatte.
E-Mail: hgelsing@gmx.de

**Dieter Gerlach** ist seit dem 1. Januar 2008 als freiberuflicher Berater für strategisches Personalmanagement tätig. Davor war er über 15 Jahre in leitender Funktion im Zentralen Stab Personal der Commerzbank AG, Frankfurt am Main, tätig. Schwerpunkte seiner damaligen und heutigen Tätigkeit sind das Personalcontrolling, Personalstrategien sowie Personalorganisation und -strukturen. Er moderiert seit zehn Jahren das jährliche Personalcontroller-Treffen der DGFP und hat darüber hinaus auch bei anderen Veröffentlichungsprojekten der DGFP mitgewirkt.
E-Mail: dieter_a_gerlach@yahoo.de

**Prof. Dr. Stefan Huber** ist seit 2004 Professor für Personal und Berufsbildung an der Fakultät für Wirtschaftswissenschaften der Fachhochschule Köln. Nach dem Studium der Betriebswirtschaftslehre und der Psychologie war er mehr als zehn Jahre in leitenden Funktionen im Personalbereich von Industrieunternehmen tätig, zuletzt als Vice President HR für eine amerikanische Holding in der Metall- und chemischen Industrie. Seine Schwerpunkte in Forschung, Training und Beratung sind Personalstrategien, -systeme und -prozesse sowie Personalcontrolling, Coaching von Personalmanagern sowie HR-Outsourcing und HR-Interimsmanagement.
E-Mail: stefan.huber@fh-koeln.de

**Paul Kittel** leitet seit Anfang 2002 die Abteilung HR-Management-Informationssysteme der METRO AG und beschäftigt sich dort mit dem strategischen Personalcontrolling und der Entwicklung innovativer Reportingsysteme. Die Konzeptionierung der benötigten IT-Werkzeuge gehört dabei ebenso zu seinem Tätigkeitsbereich wie deren Nutzung im Controllingumfeld. Paul Kittel studierte an der RWTH Aachen Physik, bevor er im Jahr 1995 im Rahmen des Qualitätsmanagements der Vobis AG in die METRO Group eintrat. Seit 1997 ist er in verschiedenen Personalbereichen der METRO Group tätig.
E-Mail: Kittel@metro.de

**Dr. Bernd Kosub** ist seit 1997 bei der Munich Re tätig und hat dort unterschiedliche Funktionen im Personalmanagement wahrgenommen. Als Leiter der Abteilung Personalcontrolling beschäftigte er sich insbesondere mit der Entwicklung und Implementation von strategischen und operativen Personalcontrollinginstrumenten. Davor war er bei Munich Re für die Mitarbeiterentwicklung zuständig und war wissenschaftlicher Mitarbeiter im Fachbereich Wirtschafts- und Organisationswissenschaften an der Helmut-Schmidt-Universität in Hamburg. Darüber hinaus ist er seit über fünfzehn Jahren als Berater und Trainer für unterschiedliche Themen des Personalmanagements im In- und Ausland tätig. Schwerpunkte von Dr. Bernd Kosub sind Personalcontrolling, Performance und Talent Management, internationale HR-Beratungen sowie die Entwicklung und Umsetzung von HR-Strategien.
E-Mail: bkosub@munichre.com

**Uta Lecker-Schubert** war nach ihrem Studium der Volks- und Betriebswirtschaftslehre im In- und Ausland in verschiedenen Tätigkeitsbereichen der Personalabteilungen der Siemens AG und BMW AG in München tätig. Zum Personalcontrolling kam sie 2004 bei der HUK-COBURG Versicherungsgruppe, wo sie im Bereich HR-Grundsatzfragen unter anderem den Bereich Personalcontrolling und Personalrisikomanagement verantwortete. Besondere Schwerpunkte waren unter anderem die Einführung und Umsetzung einer HR Balanced Scorecard, der Aufbau eines Mittelfristplanungs- und Kennzahlensystems, Untersuchungen zu Auswirkungen des demografischen Wandels und die mehrmalige Projektleitung der konzernweiten Mitarbeiterbefragung. Seit 2011 verantwortet Uta Lecker-Schubert die Leitung der Regionalstelle Düsseldorf der Deutschen Gesellschaft für Personalführung e. V.
E-Mail: lecker@dgfp.de

**Alfred Lukasczyk** begann nach dem Studium der Betriebswirtschaftslehre in Bochum im Personalmanagement eines großen Energiekonzerns. Seit über zehn Jahren ist er im HR-Bereich von Evonik Industries AG bzw. Vorgängergesellschaft tätig, insbesondere im Themenfeld Personalentwicklung und Personalmarketing. Seit 15 Jahren ist er auch als Dozent und Lehrbeauftragter an renommierten Hochschulen tätig. Er hat eine Vielzahl von Artikeln in Fachzeitschriften publiziert sowie an Buchveröffentlichungen aus dem Bereich HR-Management mitgewirkt. Er ist Mitherausgeber des Buches „Talent Management" (Luchterhand) und Co-Autor des Buches „Employer Branding" der DGFP. Er hat zahlreiche Präsentationen und Vorträge im nationalen und internationalen Umfeld zu Themen wie Talent Management oder Employer Branding gehalten.
E-Mail: alfred.lukasczyk@evonik.com

**Volker Nürnberg** ist seit 2011 Chief Human Resources Officer für das Biopharma-Unternehmen IDT Biologika GmbH. Davor war er zwei Jahre als Personalleiter verantwortlich für 1.400 Mitarbeiter und Mitarbeiterinnen im größten Produktionswerk für feste Formen (Tabletten und Kapseln) innerhalb des Novartis-Konzerns.
In internationaler Personalverantwortung war Volker Nürnberg 2005 bis 2009 für die spanische URSA-Gruppe für Deutschland, Österreich, die Schweiz und die Türkei. Nach dem Studium der Statistik in Dortmund und Sheffield (U.K.) war er in verschiedenen Stationen zunächst für die Adam Opel AG tätig. Nach einer kurzen Station als Assistent des Personalvorstandes der Coca-Cola Erfrischungsgetränke AG in Berlin baute er dort den Bereich Personalcontrolling auf und führte das „SAP R/3 HR"-Modul ein. Von 2002 bis 2005 war er anschließend Personalleiter in drei verschiedenen Verkaufsgebieten. In diese Zeit fielen mehrere umfangreiche Restrukturierungsmaßnahmen, unter anderem eine Standortschließung.
Volker Nürnberg beschäftigt sich neben dem operativen Tagesgeschäft mit Fragen zur strategischen Unternehmensführung und zur wertorientierten Personalführung (zum Beispiel Konzeption und Einführung von außertariflichen Vergütungssystemen sowie Pla-

nung, Durchführung und Auswertung von Mitarbeiterbefragungen). Er nimmt seit 2009 auch Beratungsaufträge zu diesen Spezialthemen des Personalmanagements wahr.

Für die DGFP e.V. ist er seit 2000 als Referent tätig.

E-Mail: volker.nuernberg@idt-biologika.com

**Jörg Sasse** ist HR Controlling-Specialist bei der Loesche GmbH, Düsseldorf. Er verfügt über mehr als 20-jährige Praxiserfahrung im Bereich Personalcontrolling. Jörg Sasse ist der Praktiker, wenn es „um Zahlen" geht. Er hat fast 10 Jahre an den praxisbetonten Prozessaudits und Benchmarks der DGFP zusammen mit den Personalexperten für Personalabrechnung und Controlling stets auf messbare Ergebnisse hingearbeitet.

E-Mail: Joerg.Sasse@loesche.de

**Michael Schmitz** ist seit dem 1. Januar 2013 Leiter Personnel Steering and Reporting der internationalen Stromerzeugungsgesellschaft RWE Generation SE in Essen. Nach seiner Ausbildung im IT-Bereich begleitete er bereits parallel zum Studium der Informatik und Betriebswirtschaft an der FernUniversität Hagen den Aufbau des Personalcontrollings im RWE-Konzern. Ab 2000 verantwortete er das Personalcontrolling, ab 2009 Personalcontrolling und -strategie der nationalen Stromerzeugungsgesellschaft RWE Power.

Umfassende Projektverantwortung übernahm er rund um das Thema HR-Controlling/-Strategie, unter anderem bei der Einführung von SAP HR, einer BSC, eines konzernweiten internationalen HR-Controllings auf der Basis von SAP BI, einer Personalkapazitäts- und -aufwandsplanung mit SAP BI sowie eines strukturierten Prozesses zur Ableitung des HR-Leistungsportfolios aus der Unternehmensstrategie. Einen weiteren Meilenstein stellt die Einführung einer strategischen Personallangfristplanung unter Berücksichtigung der demografischen Entwicklung dar sowie die Begleitung der daraus resultierenden Maßnahmen.

E-Mail: m.sz@rwe.com

**Oliver Sehorsch** ist Leiter der Abteilung Total Rewards & HR Prozesses bei der Celesio AG (M-Dax, 45.000 Mitarbeiter, 23 Mrd. € Umsatz, 27 Länder) in Stuttgart. In dieser Funktion hat er neben der Harmonisierung der Vergütungssysteme und der Einführung von langfristigen Bonussystemen die Verbesserung der HR-Prozesse und -Systeme vorangetrieben.

Dabei arbeitete er zusammen mit den internationalen Landesgesellschaften an Human-Resources-Strategien und einheitlichen Personalprozessen. Zusammen mit dem Management leitete er unter anderem die Aufgaben der Personalabteilung aus der Unternehmensstrategie ab und entwickelte verschiedene HR-relevante Prozesse. Durch ein spezifisches Kennzahlensystem wurden diese Prozesse nachhaltig gesteuert und verfolgt. Im Bereich Mergers & Acquisitions unterstützte er die Integration neuer Personalabteilungen in den Konzernverbund.

2009 betreute er als Group HR Direktor eine neu akquirierte Firma, welche weltweit im Bereich Vertriebsaußendienst tätig ist. Hierbei steuerte er alle operativen und strategischen Personalthemen.

Zuvor arbeitete er vier Jahre in der strategischen Personalentwicklung bei einem großen Versicherungsunternehmen, leitete konzernweite Projekte und war als Trainer in der Führungskräfteentwicklung aktiv. Er erwarb zudem Kenntnisse im Bereich Vergütungsberatung, Mergers & Acquisitions, Projektplanung und Personalbeschaffung bei einer großen Unternehmensberatung.

Er ist Gastredner auf nationalen und internationalen Personalkongressen.

E-Mail: oliver.sehorsch@celesio.com

**Susanna Steinle** ist seit April 2007 bei der LANXESS Deutschland GmbH in Leverkusen tätig. Sie hatte bis Juni 2011 die Position Leiterin Global HR Controlling inne und leitet seither die Abteilung Global HR Systems. Zuvor war sie Direktor HR Systems in der Cognis Deutschland GmbH & Co. KG und dort global für die Bereiche HR Controlling, SAP HR und Job Evaluation verantwortlich. Ihre ersten HR-Controlling- und Benchmarking-Erfahrungen sammelte sie während ihrer Tätigkeit als Referentin Personalcontrolling in der Henkel KGaA. Sie hat die Lehrbefugnis für Sonderschulen und ist Staatlich geprüfte Betriebswirtin (EDV).
E-Mail: susanne.steinle@lanxess.com

**Prof. Dr. Silke Wickel-Kirsch** ist seit 2006 Professorin insbesondere für Personalwirtschaft und Organisation am Fachbereich Design, Informatik, Medien, Studiengang Media Management, an der Hochschule RheinMain in Wiesbaden. Nach dem Studium der Betriebswirtschaftslehre an der Ludwig-Maximilians-Universität (LMU) München mit den Schwerpunkten Industriebetriebslehre und Personalwirtschaft promovierte sie an der Bundeswehrhochschule in München bei Prof. Dr. Rainer Marr, Lehrstuhl für Personal und Organisation, über zukunftsweisende Organisationsstrukturen. Während der Zeit der Promotion war sie Assistentin des Bereichsleiters „Organisation" der Bayerischen Vereinsbank AG, München, im Rahmen des Promotionsprogramms (und erhielt 1995 den Preis der Bayerischen Landesbank für die beste Promotion in Bayern im Themenbereich „Banken"). Es folgten berufliche Stationen als Leiterin „Personalcontrolling" der Henkel KGaA, Düsseldorf, Leiterin in der strategischen Planung der Bayerischen Vereinsbank AG, München, Professorin für Personalwirtschaft im Fachbereich Wirtschaft an der Fachhochschule Mainz und Professorin für Personalwirtschaft und Organisation an der Hochschule RheinMain in Wiesbaden im Studiengang International Business Administration.
E-Mail: silke.wickel-kirsch@hs-rm.de

# Personalmanagement

## Modell für ein integriertes, professionelles Personalmanagement

Die Autoren beschreiben übergeordnete und mitarbeiterbezogene Handlungsfelder der betrieblichen Personalarbeit und verdeutlichen, welche Prozesse, welche Instrumente und welche Inhalte ihre professionelle Ausgestaltung prägen. Dadurch bieten sie Praktikern eine konkrete Konzeptions- und Gestaltungshilfe, mit der sie die unterschiedlichen Herausforderungen in den Griff bekommen.

**DGFP e.V. (Hg.)**
**Integriertes Personalmanagement**
Prozesse und professionelle Standards
**DGFP-PraxisEdition, 93**
2. Auflage 2012, 276 S.,
29,– € (D)
ISBN 978-3-7639-4978-6
ISBNE-Book 978-3-7639-3126-2
Best.-Nr. 6001960a

**wbv.de**

W. Bertelsmann Verlag
Bestellung per Telefon **0521 91101-11** per E-Mail **service@wbv.de**